| 추천사 |

'바로 그 길(道)'이라는 표현은 '기독교'라는 단어가 생겨나기 전 '그리스도 신앙'을 뜻하는 용어로 종종 사용되었다(행 9:2). 로마 시에 거주했던 "길 따름이들(롬 16장)"의 신앙은 그들의 일상을 어떻게 변화시켰을까? 『로마에서 보낸 일주일』은 건실한 성서학의 성과를 바탕으로 잘 짜인 팩션을 통해, 사회경제적으로 크나큰 대가를 치러야 했던 초창기 기독교인의 신앙과 실천이 지금도 여전히 따라야 할 '길'임을 구체적으로 보여준다. 이 책의 독자는 신약성서의 행간에 놓여 있는 1세기 로마의 사회상을 여느 신약학자보다 더 잘 파악하고 있는 자신을 발견하게 될 것이다.

— 김선용 | 신약학 독립연구자, 번역가

복음은 무시간적인 공간에서 형이상학의 형식으로 선포된 것이 아니다. 이 책은 1세기 제국의 심장 도시 로마에서 복음이 이해되는 방식과 그것을 믿고 따를 때 가져오는 결과를 생생하게 보여준다.
이 역사소설을 다 읽고 나면 21세기 우리 땅에서 복음은 구체적으로 무엇인지 혹은 무엇이어야 하는지를 묻게 된다.

— 김학철 | 연세대학교 학부대학 교수

『~에서 보낸 일주일』 시리즈로 나온 다른 책들처럼 이 책도 고대 그리스-로마 세계를 들여다보게 하는 요긴한 창문이다. 이른바 '신약배경사'를 딱딱한 설명 대신 드라마로 그려냄으로써 바울과 베드로, 마가가 살았던 그 세계에 대한 입체적 지식을 제공한다. 해방 노예, 피후견인, 가장이자 자영업자 스다구가 그리스도인으로서 고민하며 성장해 가는 모습이 주는 감동과 도전은 덤이다.

— 조재천 | 전주대학교 신약학 교수

1세기 로마 사회와 문화 속에서 살아가던 그리스도인에게 예수를 믿고 따른다는 것은 무엇을 의미했을까? 이 책은 가상의 등장인물들을 통해 당시에 있었을 법한 그리스도인들의 삶과 대화를 이어가면서도, 그 중간에 당시의 사회 문화적 배경에 관한 유익한 역사적 정보들을 제공한다. 노예들은 밤에 매트나 덮개를 덮고 복도나 집의 열린 공간에서 잠을 잤다. 낙태나 영아유기는 로마의 통상적인 관행이었지만, 그리스도인들은 그렇게 하지 않는 것을 신앙의 표지로 삼았다. 한 가정집에서

KB205783

모일 수 있는 그리스도인들의 숫자는 많아야 50여 명 정도였다. 독자들은 이 책을 읽으며, 오늘날 한국 사회에서 예수를 믿고 따른다는 것이 어떻게 나타나야 할지를 상상하게 될 것이다. 짧은 분량의 책이지만, 저자의 성실한 연구와 친절한 구성이 두드러지는 책이다. 신약성경을 이해하기 위해서 뿐 아니라, 초기교회 성도들과 더불어 그 '새롭고 산 길'을 따르려는 오늘날의 그리스도인들에게 믿을만하고 유익한 길잡이가 될 것이다.

— **채영삼** │ 백석대 신학대학원 신약학 교수

최고의 독서였다!

— **로드니 스타크** │ 베일러 대학교 종교학 연구소 공동 소장

제임스 L. 파판드레아가 또 해냈다. 뛰어난 학자요 교부 신학자로서 대중영화에 나타난 기독교 신앙에 대해서도 글을 쓴 그가 이번에는 역사에 대한 사랑을 이야기에 대한 열정으로 버무려 냈다. 이 독특한 책은 초기 그리스도인의 삶에 관한 함축적 교훈으로 방점을 찍은 가상의 스토리를 멋들어지게 그려낸다. 파판드레아 박사의 문체 덕분에 이 훌륭한 책은 열두 살 아이부터 백십이 세 노인에 이르기까지 누구나 쉽게 읽을 수 있는 책이 되었다. 브라보!

— **앤서니 질** │ *The Political Origins of Religious Liberty* 저자

제임스 L. 파판드레아의 상상력 넘치는 이야기는 상당량의 설득력 있는 역사 지식에 기반을 두고 있지만, 그러면서도 신선하고 독특한 방식으로 전개된다. 이 시대의 독자들은 초대 교회와 자신들의 삶 사이에 연속성도 있고 불연속성도 있음을 느끼게 될 것이다. 1세기 로마 그리스도인들을 돌아보면, 현대 문화의 도전 가운데서 널리 행해지고 있는 신앙의 관습들이 친숙해 보이는 동시에 낯설어 보이기도 한다. 파판드레아가 상상으로 구성해낸 이야기의 모든 면면에 반드시 동의하지 않아도 그가 재창조해낸 역사에서 큰 유익을 얻을 수 있다. 나는 가끔 로마에서 강의를 하곤 하는데, 이 책은 이제 필수 교재다. 누구든 이 위대한 도시를 찾는 그리스도인이라면 먼저 이 책을 읽고 가야 할 것이다!

— **켈리 M. 케픽** │ 커버넌트 칼리지 신학 교수

로마에서 보낸 일주일

1세기 로마에서
그리스도를 따른다는 것

A Week in the Life of Rome

제임스 L. 파판드레아 지음 | 오현미 옮김

북오븐

로마에서 보낸 일주일

: 1세기 로마에서 그리스도를 따른다는 것

초판 1쇄 인쇄 2021년 9월 8일 | 초판 1쇄 발행 2021년 9월 15일

지은이 제임스 L. 파판드레아 | 옮긴이 오현미

펴낸곳 북오븐 | 펴낸이 이혜성 | 등록번호 제2020-000093호
이메일 bookoven@bookoven.co.kr
페이스북 facebook.com/bookoven | 인스타그램 instagram.com/book_oven
총판 비전북 주문전화 031-907-3927 | 주문팩스 031-905-3927

ISBN 979-11-974071-2-3 (03230)

과거를 다루는 이 책을 미래에 헌정합니다:
나와 생일이 같은 줄리아
견진성사 때 나를 대부로 삼아준 에반
우리 손자 잭슨
그리고 우리 조카 페이지, 스펜서, 클레어, 덜틴에게.

| 차례 |

〈주제 연구〉 목록

어떤 아이디어가 입에서 나오면 그것을 바로 시험해 보면서 꼼꼼히 따져 결론에 이르려는 사람들이 있지요. 제가 바로 그런 사람입니다. 이는 곧 내가 신뢰하는 동료들과 가까운 친구들은 불운하게도 세상에 공표될 일 없는 미검증 이론과 설익은 개념을 걸핏하면 들어 주어야 한다는 뜻이지요. 나와 대화할 때 인내심을 보여 주고 정직하게 의견을 내준 이분들께 감사드립니다. 이번 책과 관련해서는 동료이자 친구인 마이크 아퀼리나, 찰리 코스그로브, 스테파니 반슬라이크에게 특히 고마움을 전하고자 합니다. 이 책에 관해 여러분들과 나눈 대화, 여러분이 주신 의견에 매우 감사를 드립니다. 댄 리드를 비롯해 가족처럼 환영받는다고 느끼게 해준 IVP 모든 분께도 감사드립니다.

| 주요 등장인물 |

스다구(Stachys)─노예였다가 해방된 45세가량의 그리스인. 우르바노 집안의 노예였으나 지금은 우르바노의 피후견인이며 사업가다. 로마 시민에게서 해방되어 자유민이 되었기에 스다구도 로마 시민권을 갖고 있다. 최근 마리아와 "결혼"했고(비록 법적으로 혼인신고가 된 결혼은 아니지만), 마가의 계부다. 전처와의 사이에서 낳은 더디오라는 열두 살배기 아들이 있고, 전처는 더디오가 겨우 한 살이었을 때 아기를 낳다가 죽었다. 로마서 16장 9절을 보면, 이 책의 스토리가 진행된 지 칠 년 후쯤, 바울이 로마 그리스도인들에게 편지를 쓰면서 스다구에게 문안 인사를 전한다.

마리아(Maria)─한때 부유했던 예루살렘 출신의 유대인 과부로, 예수와 제자들의 사역을 후원했다. 야고보가 순교한 뒤, 베드로가 옥에서 탈출하자 남은 재산을 다 들여 베드로를 예루살렘에서 몰래 빼내, 주후 42년 아들 마가, 종 로데와 함께 로마로 데려왔다. 마리아는 글라우디오 황제가 유대인을 로마에서 추방하기 직전 홀아비인 스다구와 결혼했는데, 이는 마리아가 종 로데와 함께 로마에 계속 머물 수 있었다는 뜻이다. 마리아는 예루살렘의 마리아로 교회에 알려졌다(행 12:12).

더디오(Tertius)─스다구의 열두 살배기 아들이자 마리아의 의붓아들. 더디오의 어머니는 더디오가 한 살 때 아기를 낳다가 죽었다. 더디오는 훗날 사도 바울을 위해 서기로 일하게 되며 바울의 구술을 받아 로마 교인들에게 보내는 편지를 쓴다. 그 기회를 빌려 로마서 16장 22절에서 고향 교회 사람들에게 문안 인사를 한다.

마가(Marcus)─마리아의 아들이자 스다구의 의붓아들로 스물여덟 살이다. 사도 바울의 동료 바나바의 사촌인 마가는 요한 마가로도 알려졌고, 바울과 바나바의 첫 번째 전도 여행 때 동행했다(행 15:37-39, 골 4:10, 몬 24절). 글라우디오의 칙령에 따라 어머니를 데리러 로마로 돌아온 마가는 어머니가 스다구와 결혼했다는 것을 알게 된다. 이제 마가는 스다구의 집에서 모이는 가정교회

뿐만 아니라 로마 교회 전체를 지도하면서 사도 베드로가 예루살렘 공의회를 마치고 돌아오기를 기다리고 있다. 마가는 자신의 복음서를 기록해 나가고 있기도 하다.

우르바노(Urbanus)—부유한 로마인 지주(地主)이자 기수 계급(equestrian class:말을 비롯해 전쟁에 필요한 무기를 마련할 수 있을 정도의 재산을 갖춘 귀족층을 말한다. 원래 로마 기병들로 구성되었으며, 클라우디우스 법에 따라 원로원 의원이 무역이나 사업에 종사하는 게 금지되자 기수 계급은 정치보다 상업에 치중하게 되었고, 그래서 이들 중에는 부유한 사업가가 많았다-옮긴이) 상인이다. 전에 자신의 집 노예였던 스다구의 후견인이다. 오십 대 중반으로, 아내보다 스무 살 이상 나이가 많다. 아내 사비나와의 사이에 두 딸, 드루배나와 드루보사를 두었다. 로마서 16장 9절에서, 로마 그리스도인들에게 편지를 쓰던 사도 바울이 우르바노에게 문안 인사를 한다.

사비나(Sabina)—우르바노의 아내로, 원로원 계급에 속하는 부유한 집안 출신이다. 드루배나와 드루보사의 어머니고, 나이는 서른 살가량.

로데(Rhoda)—전에 예루살렘에서 마리아 집안의 종이었다가 해방된 유대인 여성(행 12:13). 나이가 몇 살인지는 정확히 알 수 없다.

빌롤로고(Philologus)—자유민이지만 가난한 로마인. 이달리야 밖에서 온 "외국인"이라서 로마 시민권이 없다. 로마 교회 집사 중 한 사람이고 나이는 이십 대 후반이다. 빌롤로고와 율리아에게는 프리마, 올름바, 쌍둥이 남매 네레오와 네레아, 아나스타시아, 이렇게 다섯 자녀가 있다. 로마서 16장 15절에서는 빌롤로고와 율리아, 그리고 세 자녀가 로마 그리스도인들에게 편지를 쓰는 사도 바울에게 문안 인사를 받는다.

율리아(Julia)—빌롤로고와 사실혼 관계에 있는 아내. 열두 살 때 빌롤로고와 "결혼"했지만 혼인신고를 하지 않았다. 현재 열아홉 살이고 다섯 자녀가 있다. 진기한 경우이기는 하지만, 짧은 결혼 기간에 그렇게 많은 자녀를 두었다는 점에서가 아니라 다섯 자녀가 모두 생존했다는 점에서 그렇다. 로마서 16장 15절에서, 로마 그리스도인들에게 편지를 쓰는 사도 바울이 율리아와 남편 빌롤로고, 그리고 세 자녀에게 문안 인사를 한다.

스크라프^(Scrap)—원로원 의원인 노(老) 티투스 플라비우스 클레멘스(Titus Flavius Clemens the Elder) 집안의 여덟 살배기 노예 소년. 자유민이 될 때 주인의 이름을 따서 이름을 짓게 되며 나중에 로마 주교 클레멘트로 교회에 알려지게 된다.

젊은 클레멘스^(Clemens the Younger)—노(老) 티투스 플라비우스 클레멘스의 아들이며 로마 교회의 집사. 훗날 빌립보서 4장 3절에서 바울이 그를 언급할 때 글레멘드라고 불리게 된다.

브리스가^(Prisca)—아굴라와 브리스길라의 딸. 이 부부가 로마를 떠날 때 브리스가는 뒤에 남아 천막 가게를 운영한다. 한때 이 가게에서 모이는 유대 그리스도인들의 회집이 있었지만, 글라우디오 칙령으로 유대인들이 로마에서 쫓겨난 이후 더는 모이지 않는다. 브리스가라는 이름은 브리스길라의 단축형이며, 그래서 바울의 편지에서 브리스가를 언급하는 부분은 사실 브리스가의 어머니 브리스길라를 가리킨다.

부데^(Pudens)—로마 원로원 의원이며 그리스도인. 디모데후서 4장 21절에서 이름이 언급된다. 전승에 따르면, 사도 베드로가 부데의 집을 로마 사역 본부로 삼았다고 한다. 부데에게는 푸덴지아나와 프라세데라는 두 딸이 있다.

누기오 게타^(Lucius Geta)—로마 황제 근위대장. 근위대는 황제를 호위하는 정예 경호부대다. 근위대원들은 로마에서 대단히 위세를 떨쳤다. 이들은 전 황제 칼리굴라 암살을 모의했고, 현 황제 글라우디오를 왕좌에 앉혔다. 근위대장으로서 게타는 황제에게 영향력을 행사할 수 있었을 것이다.

나깃수(Narcissus)—황제 글라우디오가 가장 신뢰하는 해방 노예 중 한 사람. 황제의 개인 비서였으며, 이는 사람들에게 황제를 알현할 수 있는 은혜를 내리기도 하고 심지어 중요한 관직 임명에 관해 황제에게 조언할 수 있는 권력을 지녔다는 뜻이다. 글라우디오의 세 번째 아내 살해를 지시했고, 이렇게 해서 네로의 어머니 아그리피나가 황후 자리에 앉을 수 있었다. 나깃수 집안의 노예 중에는 그리스도인도 있었다.

리노 혹은 아퀼리누스(Linus/Aquilinus)—로마에 있는 한 가정 교회의 지도자 혹은 "목자." 한 푸줏간 주인의 아파트에서 예배를 주관한다. 베드로의 순교 후 리노가 로마 교회의 지도자로서 베드로의 첫 계승자가 된다. 베드로가 죽은 때로부터 주후 76년까지 로마의 감독으로 섬기게 된다.

클레투스 혹은 아나클레투스(Cletus/Anacletus)—로마에 있는 가정 교회의 또 다른 목자로, 원로원 의원 부데의 집에서 예배를 인도한다. 리노를 뒤이어 주후 76년부터 88년까지 로마 감독을 지낸다.

아벨레(Apelles)—티베르 강 건너편의 빈민 지역 트란스 티베림(Trans Tiberim)에 있는 자신의 아파트에서 회집하는 가정 교회 목자. 로마서 16장 10절에서, 로마 그리스도인들에게 편지를 쓰는 사도 바울이 아벨레에게 문안 인사를 한다.

암블리아(Ampliatus)—로마 교회의 집사. 로마서 16장 8절에서, 로마 그리스도인들에게 편지를 쓰는 사도 바울이 암블리아에게 문안 인사를 한다.

때는 주후 50년. 사도들은 예루살렘에서 이제 막 회의를 마쳤고, 로마의 그리스도인들은 회의를 마친 베드로가 돌아오기를 기다린다….

달의 날

밤하늘이 바다로 어우러져 들어가, 수평선도 보이지 않았고 사방에 빛 한 줄기 보이지 않았다. 타르타루스(Tartarus:그리스 신화에서 말하는 지하 감옥, 또는 그곳을 관장하는 신-옮긴이)의 바닥 모를 구렁처럼 시꺼먼 바다는 소용돌이치며 기침했고, 금방이라도 배를 삼켜 버릴 듯 선체를 두드리고 물을 토해내며 위협했다. 비는 수그러들 기세 없이 퍼부으며 망토와 튜닉을 차갑게 적셨고, 냉기는 살갗을 뚫고 뼛속까지 스몄다. 배는 파도가 내리는 벌에 비틀거렸고, 바닥에 들어찬 물이 선원이고 승객이고 할 것 없이 모두의 발을 쓸어내리는 사이, 사람들은 팔을 내저으며 가까운 난간을 부여잡았다. 조금 전까지만 해도 가장자리에 기대 서 있던 한 승객이 갑자기 사라지고 안 보였다. 그의 비명은 거센 비바람과 파도 소리가 순식간에 삼켜 버렸고, 다른 승객들은 목숨을 부지하려고 무엇이든 닥치는 대로 끌어안고 움켜쥔 채 두려움에 질려 그 광경을 바라볼 수밖에 없었다. 베드로는 그 가여운 사람의 영혼을 위해 짧게 기도한 뒤 눈을 감고 속을 다스리려 애썼다. 자칫하다가는 조금 전에 먹은 음식을 다 토해낼 것 같았다. 그때 갑자기 번개가 번쩍이며 배 전체를 밝게 비추었다. 마치 커튼이 확 열리며 한낮의 빛이 쏟아져 들어오는 것 같았다. 뒤이어 천둥이 으르렁거리다가 꽈꽝 내리쳤고, 천둥의 잔향과 함께 사방은 다시 어두워졌다.

  후견인의 집 아트리움(atrium:로마 시대 저택의 안마당-옮긴이)에서 꾸벅꾸벅 졸던 스다구는 흠칫 놀라 잠이 깨었다. 창피한 광경을 누가 보지는 않았는지 주위를 둘러본 스다구는 자기 혼자뿐이라는 것을 알고 안도의 한숨을 내쉬었다. 따뜻하고 습한 여름철 산들바람이 아트리움으로 불어오자 천창(天窓)에 드리운 아마포 볕가리개가 살랑살랑 나부꼈다. 스다구는 눈이 따갑지 않도록 햇볕을 가려 주는 차일이 고마웠다. 그는 후견인이 하사한 정장 토가의 주름 위로 햇볕에 그을린 자기 손을 내려다보았다. 하얀 모직 토가는 그리스인답게 길쭉한 스다구의 팔다리에서 이내 불편하게 겉돌았고, 긴장감으로 손이 뻣뻣해진 그는 하릴없이 곱슬머리 금발을 손가락으로 훑으며 머리를 긁적였다.

  "스다구, 내 친구!" 아트리움으로 들어온 우르바노가 잰걸음으로 스다구에게 다가와 다정하게 팔을 잡았다. 우르바노는 로마인치고는 체구가 커서 스다구와 거의 눈높이가 맞을 정도였다. 황제의 머리 모양에 맞춰 짧게 잘랐다가 다시 자를 때가 지나버린 우르바노의 짙은 색 머리카락은 더벅머리로 자라 있었다. 빙긋이 미소를 지으며 스다구를 진심으로 반가워하는 우르바노의 숱 많고 짙은 눈썹 아래로 그의 얼굴이 환히 반짝였다.

스다구는 허리를 쭉 펴고 섰다. 후견인이 이토록 따뜻하게 맞이해 주다니 자랑스러웠다. 근육질의 운동선수 같은 스다구는 아트리움 천창으로 새어 들어오는 햇빛에 반짝이는 눈만 아니었다면 그리스 조각상처럼 보였을 것이다. 그는 겸손한 얼굴로 눈을 껌벅였다. "도미누-움(Domin-um), 안녕하십니까. 건강하시죠. 사비나 마님과 따님들도요."

"그럼, 그럼, 우린 늘 잘 있지. 스다구, 여기서 혼자 뭐 하는 건가?"

우르바노는 스다구를 놀리는 듯 이마를 찡그리며 물었다. "오늘 인사하러 오는 걸 잊었나 했지. 왜 자네 차례에 찾아오지 않았나? 지각은 자네답지 않은데."

"그게, 사실은, 지각한 게 아닙니다. 오전 내내 여기 있었거든요. 다른 사람들에게 앞 순서를 양보했습니다."

후견인-피후견인 제도

로마 사회는 관계 네트워크로서 작동했다. 그중 가장 중요한 인간관계로 손꼽히는 것은 평등하지 않은 사람들 간의 관계였다. 로마 문화에서는 사실상 모든 사람에게 후견인이 있었다. 후견인이란 자기보다 부유하고 힘 있어서 도움이 필요할 때 도와줄 수 있는 사람이나 조직을 말한다. 로마에서의 삶은 아무래도 불안정했고 제국의 경제는 나선형을 그리며 계속 하강했기에 사람들에게는 안전망이 필요했다. 그리고 이 안전망은 후견인 제도로 나타났다. 중상계급의 경우, 한집안의 남자나 가장이 그보다 더 부유한 후견인의 피후견인이 되었다. 후견인은 피후견인에게 어느 정도 안전을 제공해 주고, 이들이 법적 분쟁에 휘말릴 때 도움을 주었다. 또한 후견인은 피후견인에게 선물을 주기도 하고 이따금 정찬에 초대하기도 했으며, 때로 날마다 음식 바구니나 동전을 제공하기도 했다. 피후견인은 이에 대한 보답으로 매일 아침 후견인을 찾아와 존경을 표하고, 법정에서나 투표 때 후견인을 정치적·도덕적으로 지지했다.

해방 노예는 자동으로 전 주인의 피후견인으로 간주되었고, 노예 신분에서 풀려난 후에도 계속 그 집에 머물러 사는 경우도 많았다. 로마에서 노예였다가 풀려난 사람들 대다수는 전 주인과 적어도 어떤 식으로든 계속 관계를 맺으며 살았다.

노동 계층은 개인 후견인은 없을지라도 자기들만의 길드(guilds)가 있었다. 길드는 일종의 공제 조합 역할을 했고, 이런 단체에는 흔히 조합원들에 대해 일정한 책임을 져주는 부유한 후견인이 있었다. 장례 공제회는 장례 치를 만한 돈이 없는 사람이 세상을 떠났을 때 격식을 갖춰 장례를 치러 주었다. 몹시 가난한 사람이나 이주민에게는 후견인이 없을 수도 있었는데, 이는 이들이 늘 빈곤의 한계 지점에서 살아간다는 뜻이었다.

황제는 제국 전체의 후견인으로 간주되었다.

우르바노는 곧 다른 얼굴이 되었다. 이번에는 조금 과장되게 어리둥절한 표정이었다. "뭐라고? 그렇게까지 자기를 낮출 이유가 뭔가? 자네보다 신분이 낮은 내 피후견인들을 먼저 들여보냈다고? 그 사람들은 아마 자기들끼리 싸우고 속이면서 자리다툼을 벌였을 텐데. 순자산이 내가 더 많네 네가 더 많네, 도토리 키 재기하면서 말일세. 그래봤자 누가 내 발밑에 제일 먼저 엎드릴지 정하는 것뿐인데 말이지."

"한 가지 청을 드릴 게 있는데, 다른 사람들이 듣는 게 싫어서 그랬습니다." 스다구는 점점 긴장되었다. 할 말이 있어 오기는 했지만 사실 어떻게 말을 꺼내야 할지 몰랐다.

"얘기해 보게." 우르바노의 말투는 다정했다.

"사실, 너무 큰 청이라. 그러니까 그게 뭐냐면…"

"어서 말해 보게, 스다구. 오늘 난 법정에 가 봐야 하네. 자네도 와서 내 변호사에게 손뼉을 좀 쳐줘야 할 거야."

"네, 그래야죠. 사실은… 주제넘은 말씀인 걸 잘 알지만, 나리를 이름으로 불러도 되는지 여쭈려고 왔습니다. 그러니까, '도미누스'(Dominus:영어로는 Lord라고 번역되는 라틴어. 주인, 상전이라는 의미-옮긴이)라고 하지 않고 말입니다."

우르바노는 처음에 주저했다. "우리가 그 정도까지 허물이 없던가? 자네가 한때 내 노예였다는 것을 기억할 테지?"

"네, 도미…"

"이유를 말해 보게."

스다구는 숨을 깊이 들이쉬고는 머리를 긁적였다. "아시다시피 제가 길 따름이들(Way-followers) 학습반에 들어가지 않았습니까?"

"알지, 길 따름이가 뭔지 자네가 아직 말해 주진 않았지만."

우르바노의 다정했던 말투가 점점 심드렁해지고 있었다.

"길 따름이는 여러 면에서 여느 로마인과 다르지 않습니다. 특별한 나라 출신도 아니고요, 모두 똑같은 언어를 쓰지도 않고 공통의 풍습도 없습니다. 이들은 대체로 유대인들의 신앙을 가졌지만, 자기들의 생활방식을 기꺼이 받아들여서 세례 받고 입문하려고만 하면 누구라도 환영합니다. 그런데 이들은 특히 한 특정 유대인에게 헌신합니다. 그 사람 이름은 예수아(Iesua)인데요, 자기가 길이요, 진리요, 생명이라고 했습니다."

"잠깐, 그자는 강 건너편에서 온갖 말썽의 원인이 돼서 황제가 유대인들을 몽땅 추방하게 만든 크레스투스(Chrestus)라는 자 아닌가?"

"그게, 사람들은 그분을 크리스토스(Christos)라고 부르죠, 어쨌든 그분 맞습니다. 하지만 그 일은 그분 잘못도 아니고 길 따름이들의 잘

못도 아닙니다. 그런데, 길 따름이들에게는 예수아 크리스토스가 도미누스이고, 그분이 이들의 주님(Lord)이십니다. 이들에게는 다른 어떤 주님도 허용되지 않아요. 제가 그 모임에 들어가서 이들과 한 상에 둘러앉는다면, 저는 다른 누구를 도미누스라고 부를 수가 없어요."

이쯤 되자 우르바노는 약간 화가 났다. "뭐라고? 하지만 나는 자네 후견인일세! 내가 자네 주인님이라고! 내 아버님 돌아가신 후 내가 자네에게 자유를 주어 자네 아들의 어미와 함께 살 수 있게 해 주었지. 엘리시움(Elysium:그리스 신화에서, 신들에게 영원한 생명을 부여받은 영웅과 선인들이 가는 낙원-옮긴이)에 있는 영혼들이 그 여자를 축복하기를. 내 올리브 밭을 관리하던 자네를 독립시켜 자네 소유의 올리브 기름 사업을 하게 해 줬고, 게다가 자네는 내게 빚도 많이 지고 있지."

"네, 저는 늘 감사드릴 것이고, 나리는 언제나 제 후견인이십니다. 나리를 절대 배신하지 않을 겁니다. 예수아는 저희더러 후견인을 배신하라거나 어떤 식으로든 후견인을 욕되게 하라고 하지는 않습니다. 그런데 제 새 아내 마리아는… 이들 종파의 규칙을 배워서 한 상에 둘러앉으라고 고집을 피웁니다."

우르바노는 스다구를 위아래로 훑어보았다. "자네는 언제나 훌륭하고 충성스러운 노예였어. 그리고 지난 십오 년 동안 훌륭하고 충성스러운 피후견인이었지. 내게 굴욕을 안길 생각이 아니라는 것은 잘 알겠네. 제기랄! 나를 어떻게 부를 것인가 하는 이 얘기를 다른 피후견인들 앞에서 꺼냈다가 내가 그 사람들 보는 데서 당황스러워 할까 봐 자네가 철저히 욕을 보기로 한 거였구먼. 말해 주게, 스다구, 자네는 새로 시작한 신앙생활 때문에 기꺼이 욕을 당하기로 한 건데 그 때문에 내 눈에는 자네가 더 존경스러워 보이니 어찌 된 거지?" 스다구가 대답할 말을 찾기도 전에 우르바노가 결론을 내렸다. "좋아. 이제부터 나를 주인님이라고 안 불러도 좋네. 그리고 아침마다 제일 먼저 나를 찾아오게, 다른 모든 피후견인들보다 먼저 말일세."

곧이어 스다구는 우르바노에게 떠밀려 문 쪽으로 향했다. 우르바노의 팔이 이번에는 스다구의 어깨에 둘려 있었다. "자, 내가 법정에 가야 해서 이제 움직여야 하네. 새 법원 건물 바실리카 율리아 (Basilica Julia) 계단에서 다른 피후견인들하고 함께 만나기로 하지. 제 삼시까지 도착해야 하니, 이제부터 무슨 용무를 보든 늦지 말도록 하게. 응원해 줄 수 있는 사람이라면 누구에게든 응원받아야 하거든. 아, 참 잊을 뻔했군." 우르바노는 토가 자락에서 작은 가죽 쌈지 하나를 빼 들더니 데나리온 하나를 꺼냈다. "이걸 받게. 피후견인들 모두에게 음식 바구니를 나눠 주는 것보다는 이게 훨씬 간편하지."

시간과 때

대다수 로마인에게 하루 노동 시간은 겨우 여섯 시간 남짓이었다. "낮

잠"(siesta) 시간에도 문을 여는 점포는 예외였고, 오후에는 누구나(노예를 포함해) 목욕하러 가야 한다는 보편적 전제가 있었던 것 같기는 하지만, 목욕탕에서 일하는 사람은 하루 노동 시간이 조금 더 긴 직업군에 속했을 것이 확실하다. 노동 시간이 조금 더 긴 또 하나의 직업군은 소매상인과 선술집에서 일하는 사람들로, 이들은 다른 사람들이 한가롭게 쉬는 시간에서 이익을 얻고자 했다. 한편, 어떤 자료를 보면 상점들도 오후 1시 경이면 문을 닫았고 그래서 상인들도 목욕하러 갈 수 있었다고 한다. 어떤 경우든, 대다수 상류층 사람들은 점심시간 전에 일을 마치고 오후 시간은 한가롭게 보내려 했던 것이 확실하다. 하지만 노동 계층 남자든 집안을 건사하는 여자든 대다수 로마인은 아마 예정된 시간에 하루 노동을 끝낼 수 있을 만큼 융통성 있게 시간을 운영하지 못했을 것이다.

로마인들은 시간을 세밀하게 구분하지 않았다는 것을 기억하는 게 중요하다. 이들은 해시계와 물시계로 시간을 표시했다(부자들은 실제로 주머니용 해시계를 썼다). 이는 정한 시간을 1분도 틀리지 않게 지키기는 불가능했다는 뜻이다. 예를 들어 제 삼시가 시작될 때 약속 장소에 도착하려고 애를 쓸 수는 있지만, 약속 장소가 물시계 있는 곳이 아닌 한 정말로 제 삼시 첫머리에 도착했는지 확실하게 알 방법이 없었다. 대개, 어떤 시간에 만나기로 한 사람들은 아마 그 시간 언저리에서 오래 기다리곤 했을 것이다. 또한, 낮의 길이가 계절에 따라 변했기에, 낮 동안 각 시간의 길이도 일관성이 없었을 것이고 대략 이 정도였을 것으로 추측하는 수준을 넘지 못했을 것이다.

그러므로 로마인들의 하루 일과는 대략 다음과 같았을 것이다.

동트기 전: 잠에서 깨어, 옷 입고, 빵과 물로 가볍게 아침 식사를 한다.

제 일시(오전 6-7시): 일과를 시작하고, 아이들은 학교 공부를 시작한다.

제 이시(오전 7-8시): 피후견인들이 후견인 집을 찾는다.

제 삼시(오전 8-9시): 공회 광장(forum)의 업무가 시작되고, 법정이 개정한다.

제 사시(오전 9-10시): 노동/업무가 재개된다.

제 오시(오전 10-11시): 상류층 로마인들은 하루 업무를 마친다.

제 육시(오전 11시-정오): 쇼핑, 점심 식사

제 칠시(정오-오후 1시): 점심 식사, 목욕탕 가기

제 팔시(오후 1-2시): 목욕탕 가기, 부자들에게는 한가한 시간

제 구시(오후 2-3시): 정찬을 먹으러 가는 사람들은 외출 준비를 한다.

제 십시(오후 3-4시): 부자들이 정찬을 위해 모인다.

제 십일시(오후 4-5시): 정찬

제 십이시(오후 5-6시): 정찬(정찬은 보통 두 시간 정도 진행되고, 연회는 그보다 더 길다)

하루는 일몰 때 끝나고, 일몰 후 사람들은 대개 실내에 머문다.

로마력은 12궁(宮)에 기초를 두었으며, 운 좋은 날과 불길한 날이 있는 것이 특징이다. 한 달 중 중요한 날로는 칼렌즈(Calends)라고 하는 그 달의 첫날, 논즈(Nones: 3, 5, 7, 10월의 7일, 나머지 달의 5일), 아이즈(Ides: 3, 5, 7, 10월의 15일, 나머지 달의 13일)가 있다. 원로원은 휴회하는 달인 9월, 10월을 제외하고 매 달 칼렌즈와 아이즈에 모였다.

"네, 하지만 피후견인들은 날마다 정찬 초대가 선물로 주어질 날을 고대한다고 감히 말씀드릴 수 있을 것 같습니다."

"하! 기생충 같은 자들이 많지." 우르바노는 다시 스다구의 어깨

에 팔을 둘렀다. "하지만 이제 우리는 진정한 친구니 자네는 곧 정찬 초대를 기대해도 되네, 내 약속하지."

아트리움을 나온 스다구는 우르바노의 집에서 나와 티부르티나 길로 접어들었다. 그는 도시 동쪽 성벽 밖에 있는 부자 동네를 걷는 게 좋았다. 부유하다는 것은 곧 조용하다는 의미였기 때문이다. 게다가 자기 집에서 모이는 길 따름이들의 아침 기도회는 이미 거의 끝날 시간이었기 때문에 굳이 서두를 필요도 없었다.

스다구가 시내로 들어가는 동안 로마의 햇볕은 점점 뜨거워졌다. 그늘은 없었다. 조용한 곳을 걷기 좋아하는 스다구였지만, 햇볕 때문에 아파트 건물 그늘과 도심의 차일을 찾게 되었다. 그는 에스퀼리누스 언덕을 올라, 깨진 질그릇 더미를 지났다. 그리고 노예 묘지를 빙 돌고 도료 판매인 마을을 통과해, 에스퀼리아나 문에서 시내로 들어가 내리막길로 세 광장 쪽으로 향했다.

일단 성문 안으로 들어오자 거리는 좁고 구불구불해졌고, 게다가 진흙투성이였다. 스다구는 좁은 길거리에서 그늘을 찾으려고 했던 자신이 어처구니가 없었다. 더구나 길거리가 얼마나 진흙과 똥 천지인지 뭐가 진흙이고 뭐가 똥인지 구별할 수조차 없다는 것을 깜박하다니. 그는 토가 밑단을 끌어올린 뒤 조심조심 진흙과 똥을 피해 걸었다.

도심이 가까워질수록 큰 소리로 물건 파는 상인들, 문간과 아치에 서 있는 매춘부들, 길거리까지 차고 넘치는 선술집 손님들, 고함치며 강의하면서 학생들을 집중시키려 하는 선생들, 갖가지 징조를 외치는 점쟁이와 약장수들, 면도해 주고 머리도 깎아 주는 이발사들로 길이 막혔다. 로마는 날마다 몇 시간씩 거대한 상점으로 변하는 것 같았다. 스다구는 인파를 뚫고 나가 마침내 아구스도(아우구스투스) 광장의 비교적 탁 트인 공간에 발을 들여 놓을 수 있었다. 그는 마르티우스 신전에서 오른쪽으로 길을 잡았다. 고개를 들어 하늘을 보니 지평선 쪽에 짙은 구름이 보였다. 비가 오려나 하는 생각이 들었다.

스다구는 폰티날리스 문 성벽 바로 밖, 북쪽으로 이어지는 플라미누스 길 초입의 카피톨리누스 언덕 기슭 가까이에 살고 있었다. 집에 도착해 보니 아침 기도회가 이제 막 끝나는 참이었다. 그는 아직 여기저기 모여 있는 사람들 사이를 지나 아내에게로 갔다. 아내는 시편을 노래하다가 촛불을 불어 *끄*고 또 노래 하다가 촛불을 불어 *끄*기를 반복하고 있었다.

하나님이여 내 속에 정한 마음을 창조하시고 내 안에 정직한 영을 새롭게 하소서
나를 주 앞에서 쫓아내지 마시며 주의 성령을 내게서 거두지 마소서

스다구는 살그머니 뒤로 다가가 아내의 엉덩이에 두 손을 얹으며 목에 입을 맞추었다.

마리아는 살짝 놀라며 어깨를 웅크렸다. "당신이군요." 마리아는 길고 검은 머리카락을 홱 제끼며 돌아서서는, 데나리온을 내놓으

라는 듯 한 손을 내밀었다.

　스다구는 아내의 손에 데나리온을 쥐여 주었다. "내 눈동자여."

　마리아의 도톰한 입술 한쪽 끝이 올라가며, 오뚝한 콧날 아래 삐딱한 미소가 피어올랐다. "아니 당신, 성경을 읽었군요. 반가운 일이네요."

　"그대의 목은 상아 망대 같고, 그대의 코는 레바논 망대 같구려."

　"지나치면 못써요." 마리아는 선웃음과 함께 동전 2세스테르스를 남편에게 건넸다. 점심값과 면도 값이었다.

로마의 주화와 돈

　로마의 주화는 금, 은, 청동, 구리로 제작했다. 금화 '아우레우스'(aureus)가 가장 가치가 높았다. 크기는 대략 10센트짜리 미국 주화 크기였고, 25데나리온 또는 100세스테르스(sesterces)의 가치가 있었다.

　은화 '데나리온'(denarius)도 대략 10센트 주화 크기였다. 1데나리온은 4세스테르스의 가치가 있었고 노동자의 하루치 기준 품삯이었다. 그러나 상시 고용인이 아닌 로마인은 하루에 1/2 데나리온으로 살아갔다.

　청동 동전은 '세스테르티우스'(sestertius, 세스테르티의 복수형으로, 흔히 세스테르스로 번역된다)로, 1달러 은화 크기였고 1/4데나리온의 가치가 있었다. 로마인은 점심 한 끼 값으로 1세스테르티우스를 지불해야 했고, 정찬이 포함된 여관방 하나를 빌리는 데는 3세스테르스를 내야 했다.

구리 동전은 '아스'(as)라고 했다. 10아스가 1데나리온이며, 데나리온이라는 이름이 10(ten)을 뜻하는 단어의 어원과 연결되는 것은 바로 이 때문이다. 하지만 아스의 가치는 유동적일 때가 있었던 것 같으며, 그래서 16아스나 18아스를 1데나리온으로 볼 수도 있다.

로마 주화의 앞면에는 황제의 초상과 함께 황제의 공식 칭호를 축약한 문자, 이를테면 IMP('황제'를 뜻하는 '임페라토르'의 약어), COS(집정관의 약어, 그리고 이와 함께 이 사람이 집정관에 재직한 횟수를 나타내는 숫자를 새겨 넣었는데. 이는 주화에 날짜를 새겨 넣는 것과 의미가 같았다), PONT MAX ('폰티펙스 막시무스', 즉 로마의 공식 대사제), PP ('파테르 파트리아이', 즉 '조국의 아버지')를 비롯해서, 황제가 정복한 곳의 지명에서 유래된 칭호를 새겨 넣을 수도 있었다. 주후 95년에 발행된 주화에서 도미티아누스 황제의 호칭 약어에 있는 문자들의 숫자 값을 더하면(a=1, b=2 등으로 가정해서), 합계가 666이다(계 13:18을 보라). 로마 황제들과 요한계시록에 관한 더 상세한 내용은 필자의 책 *The Wedding of the Lamb*을 보라.

주화 뒷면에는 황제의 정책을 의인화한 사진이나 이미지가 새겨져 있는데, 이를 보면 백성이 자신의 치세를 어떻게 생각해 주기를 바라는지 알 수 있었다. 예를 들어, 클라우디우스의 주화는 '리베르타스'(libertas)라는 단어로써 그의 치세를 새로운 아우구스투스 시대로 선포했다.

로마의 경제는 생산보다는 세금 수입에 바탕을 두었다. 로마시는 특히 거의 모든 것을 수입에 의존했고, 수입품 대다수는 속주(屬州)에서 가져왔다. 로마인들은 로마의 주요 수출품이 평화라고 주장했는데, 식민지화의 대가로 평화를 전해 주었으므로 이는 공정한 교역이라고 이들은 말할 터였다. 하지만 생산 감소로 결국 경제는 후퇴했고, 이 때문에 장차 황제가 되는 이들은 주화를 만들 때 들어가는 귀금속의 양을 줄임으로써 주화의 가치를 떨어뜨릴 수밖에 없었다. 이 때문에 사람들은 통화(通貨)에 대한 신뢰를 잃고 물물교환에 점점 더 치중했으며, 이에 따라 로마 황제들은 군대에 급료를 주기가 힘들어졌다. 게다가 인플레이션은 노동자가 기대할 수 있는 임금 상승 수준을 뛰어넘어, 도시 안에 존재하는 부패의 네트워크에 가담하지 않고는 생계를 이어나가기 힘든 지경이 되었다. 정직한 노동자라면, 벌어들이는 돈이 해마다 줄어드는 것을 실감했을 것이다. 투자자들이 아파트(apartments)를 빌린 뒤 이를 다시 전대(轉貸)함에 따라 집세는 계속 올랐고, 주택 소유자와 직거래할 수 있는 아파트를 찾기는 점점 더 어려워졌다.

현금을 쌓아둘 수 있을 만큼 부유한 로마인들은 이 돈을 신전에 보관했다. 로마의 여러 신전은 신전 건물 밑에 은행 역할을 하는 보관실을 갖추고 있었다. 물론 이 보관실에는 문지기가 있었다. 하지만 신전을 약탈하려는 시도는 드물었던 것으로 보인다. 그런 행위는 신성모독으로 여겨졌을 것이기 때문이다. 구 광장(Old Forum)에 있는 사투르누스(Saturnus) 신전은 제국의 금고였다. 이곳은 황제의 개인 재산도 보관했다. 제국의 재산과 황제의 재산은 구별이 없었고, 구별이 있다 해도 미미했던 까닭이다. 원로원 계층에서는 사업이나 장사를 하는 것에 난색을 표했지만, 일부 기수 계급은 대부를 해주고 이자를 받아 돈을 벌었다. 이들은 로마 제국의 벤처 투자가였다.

원로원 의원이 되기 위해서는 말 그대로 백만장자여야 했다. 원로원 의원이 되려면 매년 적어도 백만 세스테르스의 수입이 있어야 했다. 기수 계급이 되는 데에는 연간 사십만 세스테르스의 수입이 요구되었다.

- **사진 1.1.** 클라우디우스 황제의 초상이 새겨진 로마의 금화 아우레우스(로마 팔라초 마시모, 국립 로마 박물관)

- **사진 1.2.** 아그리피나의 초상이 새겨진 로마의 금화 아우레우스 "아우구스타"라는 아그리피나의 호칭에 주목하라(로마 팔라초 마시모, 국립 로마 박물관).

- **사진 1.3.** 사투르누스 신전. 정면 아래 공간에 주목하라. 이 공간이 로마 정부의 자금 창고로 쓰였다(로마, 리퍼블리칸 포럼)

"아버지!"

스다구는 고개를 돌려 의붓아들 마가에게 눈인사를 했다. 마가가 두툼한 손에 짤막한 손가락을 내밀어 악수를 청했다. 마가는 비교적 젊은 나이였지만 벌써 이마가 눈에 띄게 벗겨지고 있었다. 하지만 일자 눈썹 밑에서 스다구를 빤히 바라보다가 그의 눈에 와서 멈추는 마가의 눈빛은 예리하고 맑았다. 스다구는 마가의 손을 꼭 쥐었다. "그래, 마가. 기도회는 어땠나?"

"은혜로웠습니다. 관심 가져 주셔서 감사합니다." 마가는 가까이서 있는 젊은 여인을 향해 손짓을 해보였다. "아버지, 브리스가 아시죠? 부모님이 아굴라와 브리스길라라고, 천막 만드시는 분들이죠. 유대인 추방 때 이 성을 떠나셨는데, 브리스가의 어머니가 로마인이라 브리스가는 여기 남아서 가게를 운영할 수 있게 되었습니다."

스다구는 젊은 귀족 여인을 향해 고개를 숙여 경의를 표했고, 마리아는 마가와 브리스가의 어깨에 손을 얹으며 말했다. "우리 요한이에게 딱 어울리는 아내감 아닐까요?" "어머니." 마가가 마리아의 말을 가로막고서는 한숨을 쉬었다. "전 이제 스물여덟 살이에요. 제발 요한이라고 부르지 마세요. 그리고 어쨌든, 우리가 여기 바벨론 같은 곳에서 몸을 사리고 살려면 사람들이 우리 유대식 이름을 쓰는 일이 없어야 해요. 어머니도 저를 부를 때 다른 사람들처럼 제 세례명 마가로 부르셔야 해요. 그리고 어머니도 미리암이 아니라 마리아예요." 마가는 브리스가를 향해 말했다. "아까 어머니 말씀은 미안해요." 브리스가는 아무 말 없이 미소를 지으며 시선을 떨구었다. 브리스가의 얼굴이 발갛게 달아올라 있었다.

마가는 목소리를 높여 좌중을 주목시켰다. "자, 스다구 님이 돌아오셨으니, 광고를 하나 하겠습니다." 모두들 조용해졌다. "제가 베드로 님에게서 편지를 한 통 받았습니다." 길 따름이들은 숨을 죽였다. "지금 베드로 님은 우리에게 돌아오는 중일 겁니다." 숨을 죽이고 있던 이들이 모두 안도의 한숨을 내쉬면서 환호했다. "배편으로 오실 것이고, 며칠 안에 여기 도착하실 겁니다. 하지만 유대인 추방 정책 때문에 보디올 본항을 피해 오스티아를 통해 들어오셔야 합니다. 그곳에 있는 우리 친구 몇 사람이 밤을 틈타 베드로 님을 맞이해서 무사히 하선하게 도와드릴 겁니다. 그런 다음 우리가 로마로 모셔오는 거죠."

사람들은 저마다 한 마디씩 걱정을 늘어놓았다. 그러자 마가가 다시 말했다. "밤중에 이동하는 게 위험하다는 건 저도 압니다. 하지만 사실상 다른 선택이 없습니다. 우리는 베드로 님을 몰래 모셔와야 합니다. 그리고 알려드릴 게 또 있습니다. 예루살렘 공의회에서 비유대인 신자들에 관해 한 가지 결정을 내렸습니다."

사람들은 다시 숨을 죽인 채 귀를 기울였고, 마가가 이야기를 이어갔다. "세례 받기를 원하는 비유대인 신자들은…" 이야기의 극적 효과를 위해서 잠시 뜸을 들였지만, 마가의 얼굴에 번진 미소가 이미 깜짝 소식을 흘리고 있었다. "우리 조상들의 모든 율법을 따르지 않아도 됩니다. 음식물을 제한하지 않아도 되고, 남자들은 할례를 받지 않아도 됩니다." 귀에 들릴 만한, 그러나 숨죽인 환호가 사람들 사이에서 새어 나왔다. "하지만 우상에게 제물로 바쳤던 고기를 먹는 건 금해야 합니다."

"대단하시군!" 빌롤로고가 갑작스레 격분해서 소리를 지르자 사람들이 모두 그쪽을 돌아보았다. 그는 얼굴이 벌게져 있었다. 빌롤로고의 아내 율리아가 남편을 진정시키려는 듯 팔을 잡았지만, 화려한 리본으로 마치 말꼬리처럼 양 갈래로 묶은 율리아의 길고 붉은 머리털 때문에 두 부부는 오히려 모든 이들의 시선을 더 끌 뿐이었다.

마가가 얼굴을 찌푸렸다. "무슨 문제라도 있나요, 빌롤로고?"

빌롤로고는 마가와 눈을 마주치려 하지 않았다. "어떤 때는 일 년 내내 고기라고는 그거 한 번 겨우 구해서 먹습니다. 그리고 나는 고기를 정말 좋아한다고요." 몇몇 사람이 웃음을 터뜨렸다.

마가는 웃음을 참으려고 애를 썼지만, 자기도 모르게 새어 나오는 웃음을 어쩔 수가 없었다. "네, 무슨 말씀인지 알겠습니다. 우리도 다 고기를 좋아합니다. 하지만 제가 생각하기에는 공의회의 결정이 옳습니다. 우리는 스스로 우상숭배를 멀리해야 하고, 그것이 우리 자신을 거룩하게 지키는 한 가지 방법입니다."

소식을 다 전하고 사람들이 마침내 다 돌아가자 마가는 어머니의 뺨에 입을 맞춘 뒤 스다구를 향해 꾸벅 인사를 했다. "저는 브리스가를 데려다주고 올게요."

"잠깐," 마리아가 마가를 불러 세우고는 팔을 잡았다. 마리아는 마가의 머릿속에 아직 하지 않은 말이 남아 있다는 걸 알 수 있었다. "편지에 또 뭐라고 했지?"

"그게요, 아시잖아요, 으레 하는 말이죠." 마리아는 아들의 눈을 빤히 쳐다보았다. 마가는 어머니에게 다 털어놓지 않고서는 집을 나설 수 없으리라는 것을 깨달았다. 그는 한숨을 푹 내쉬고는 입을 열었다. "행간을 읽어보니, 사도들 사이에 아직도 의견이 일치되지 않는 부분이 있다는 인상을 받았어요. 주로 베드로와 바울 사이에 말이죠. 사도들이 바울을 열방의 사도라고 부르기 시작한 것 어머니도 아시죠? 믿어지세요? 그 사내의 뻔뻔스러움이요. 그러니까 제 말은, 베드로가 로마인들을 처음 회심시켰고, 이날까지 바울보다는 베드로가 회심시킨 비유대인이 훨씬 더 많다는 뜻이에요. 그리고 제가 바울이라는 사람을 알아요. 그래서 그가 자기 그릇에 비해 너무 중요한 사람이 되어가는 게 그냥 좀 걱정돼요."

"그런데 누가 마가를 사도들을 판단하는 사람으로 정했죠?" 로데였다. 로데는 마가를 어렸을 때부터 알던 사람으로, 한때 마가 어머니 집안의 노예였지만, 마가가 주제넘는 말을 한다 싶자 서슴없이 면박을 주었다. 로데는 칠흑처럼 검고 가지런한 앞머리 아래 눈썹을 치켜뜨고는 마가의 대답을 기다렸다.

"어쨌든," 마가는 다시 본론으로 돌아가려고 했다. "자세한 내용은 베드로 님이 오면 알게 되겠죠."

마리아는 스다구와 둘만 있게 되자마자 그의 손을 잡고 눈을 들여다보며 말했다. "잘 됐어요? 그분께 물어봤어요?"

스다구는 미소를 지었다. "그래요, 물어봤지. 좋다고 하셨어."

마리아는 스다구보다 더 환하게 웃으며 말했다. "당신이 우리 상에 함께 앉게 되기를 얼마나 바랐는데요. 이제 당신이 세례를 받으면 우리의 결합이 복을 받을 수 있어요. 그렇게만 된다면 제 마음이 훨씬 좋아질 거예요. 우리는 혼인신고를 할 수 없었잖아요."

로마 세계의 결혼과 가정

법적 결혼, 또는 이 책에서 "혼인신고가 된"(registered) 결혼이라고 표현하는 결혼은 기본적으로 하나의 계약이다. 이 계약은 결혼 허가증 기능까지 하는 혼전 약정으로 생각할 수 있다(이 계약을 하려면 신부가 남편에게 마법을 쓰지 않겠다는 약속도 해야 했다!). 하지만 로마 시민권이 없는 사람들은 대개 법적으로 계약을 할 수 없었기 때문에 혼인신고도 할 수 없었다. 혼인신고를 할 수 있는 사람들도 여러 가지 이유로 굳이 신고하지 않는 경우가 많았다. 계약을 하려면 신부의 집안이 신랑에게 지참금을 내야 했다. 하지만 신부에게 가족이 없거나 신부 집안에 돈이 없으면, 그 신부는 지참금을 가져올 수 없었을 테고, 이런 경우 결혼 계약도 없었을 것이다. 때로는 지참금을 돈이 아닌 소유물로 낼 수도 있었으며, 어떤 경우 계약을 목적으로 신부의 옷이나 장신구 같은 별것 아닌 물건이 지참금으로 간주될 수도 있었다. 그러나 로마시에서 누구든 결혼 계약을 하는 주된 이유는, 혼인신고가 된 결혼을 통해 낳는 자녀라야 합법적 자녀로 여겨진다는 것을 확실히 하고, 그리하여 그 자녀가 부모의 재산을 상속받을 수 있도록 하기 위해서였다.

계약이 없으면, 함께 가정을 이루기로 한 커플은 사실혼 관계나 마찬가지였다. 아마 로마 제국 내의 대다수 부부는 혼인신고를 하지 않았을 것이다. 혼인신고를 한 부부만이 합법적 자녀를 낳을 수 있었고, 그래서 사실혼 관계에서 태어난 자녀는 사생자로 여겨졌다. 그렇다고 해서 이 일이 우리가 생각하는 것처럼 당사자들에게 오점은 아니었다. 사실혼은 다만 법적 선택에 제한이 있을 뿐이었고, 이 자녀들은 절차상으로 모계(母系) 쪽의 성(姓)과 신분을 취했다. 하지만 이런 상황에 있는 사람들은 대부분 이 문제를 그다지 중요하게 여기지 않았다. 그런 사실혼 관계는 문서상에서도 그냥 결혼이라고 했고, 이들 커플도 남편과 아내라고 일컬었다. 노예들끼리의 결혼도 인정되었다. 이 경우 남편과 아내가 여전히 따로 팔려 갈 수 있었고, 노예는 여전히 주인에게 성적으로 이용될 수 있었다(최초의 그리스도인 황제 콘스탄티누스는 노예 가정이 매매나 재산 양도 때문에 뿔뿔이 흩어지게 해서는 안 된다는 칙령을 내렸다).

법적으로 결혼할 수 있는 사람을 제한하는 법률도 있었다. 원로원 계급은 해방 노예와 결혼할 수 없었고, 기수 계급의 여인은 해방 노예와 결혼할 수 없었다. 본디부터 자유민인 사람은 과거에 매춘부였던 사람과 결혼할 수 없었다. 하지만 커플들은 사회적 계급의 경계를 넘나들며 동거할 수 있었고 실제로 동거했으며, 그렇게 해도 이들의 사회적 평판에 크게 해가 되지 않았던 것 같다. 어떤 경우든, 남자는 언제든 자유롭게 창녀나 노예와 동거할 수 있었으며, 홀아비일 경우 특히 그러했다. 이 모든 사실을 한마디로 말하면, 혼인신고를 제한하는 법률은 사람들이 결합해서 가정을 이루는 것을 가로막지 않았다는 것이다. 상류층의 결혼은 흔히 정략결혼이어서 신부와 신랑의 바람보다는 그 계약이 집안에 어떻게 이득이 되느냐에 더 치중한다는 이야기를 책에서 자주 보지만, 사실은 많은 커플이 오늘날 사람들과 똑같은 이유에서 만나고 결혼했을 것이다.

혼인신고를 한 부부 중에는 중매 결혼이 많았다. 열 살 무렵의 어린 나이에 약혼을 할 수 있었고, 결혼은 여자는 열두 살, 남자는 열네 살쯤 되는 이른 나이에 할 수 있었다. 하지만 약혼 기간은 2년으로 제한되었고, 그래서 대개 여자는 열다섯 살 무렵 약혼해서 십대 후반에 결혼했고, 남자는 군대에 가지 않는 한 십대 후반에 약혼해서 스무 살 무렵 결혼했다. 군대에 갈 경우, 제대해서 스물일곱 살 경, 혹은 적어도 서른 살까지는 결혼을 했다. 그 결과, 로마 시대의 남편과 아내는 우리 시대의 부부에 비해 나이 차이가 컸고, 초혼의 경우 흔히 열 살 이상 차이가 났으며 재혼이나 삼혼 때는 나이 차이가 더 벌어졌다.

이혼은 지극히 쉽고도 흔했다. 혼인신고를 한 부부는 물론 사실혼 상태의 부부도 마찬가지였다. 이혼은 남편이나 아내 어느 쪽에서든 제안할 수 있었다. 여자도 이혼을 제안할 수 있었다는 것은 남편에게 버림받는 것에 대해 큰 두려움이 있었을 것이라는 의미다. 여자가 혼자 힘으로 산다는 것은 위험했기 때문이다. 이런 이유로, 이혼할 때 지참금은 반환해서 이혼 후 여자가 궁핍해지는 일이 없도록 해야 했다. 지참금 규모가 클 경우, 이는 이혼을 억제하는 역할도 했을 것이다. 한편, 남편들은 인맥이나 연고를 활용하는 장인 앞에서 꼼짝 못할 수도 있었다. 새로운 결혼 계약을 맺기 위해 지참금 반환을 요구할지도 몰랐기 때문이다. 다시 말

해, 여자들은 결혼 후에도 여전히 아버지 집안에 매여 있었으며, 딸에게 더 나은 짝을 찾아 주기 위해 여자 쪽 아버지가 이혼을 주도할 수도 있었다. 시간이 흐르면서, 부유한 남편이나 아내는 자기 집안의 돈과 재산을 따로 관리하는 경향이 커졌다. 그래야 헤어지는 과정이 순조로

■ **사진 1.4.** 로마인 부부의 초상. 폼페이의 한 로마 시대 주택에서 발견된 이 프레스코화에서, 여자는 밀랍판과 철필을 들고 있어 교육받은 여성임을 암시하고 있고, 남자는 두루마리를 들고 있는데, 이는 폼페이에서 관리직을 맡고 있음을 상징하는 것일 수 있다(나폴리, 국립 고고학 박물관)

울 것이니 말이다.

　재혼해서 전 배우자의 자녀들과 한 가정을 이루는 풍조는 아마 오늘날보다 더 널리 유행했을 것이다. 평균 기대 수명이 낮은 데다가 영유아 사망률이 높았다는 것은 과부나 홀아비가 되는 이들이 많았다는 뜻이었고, 오십 세 전에 과부가 된 여자들은 그 후 열 달에서 이 년 사이에 재혼할 것으로 예상할 수 있었다. 상류층 사람들은 사실상 모두 의붓자식을 두었다. 우리가 알기로 유대인이나 그리스도인은 결혼을 평생 가는 결합으로 여겼지만, 특히 부유한 로마인들은 결혼을 그렇게 생각하지 않은 듯하다. 이들에게 결혼이란 가문의 이득을 목적으로 하는 정치적이고 재정적인 협정이었다. 이혼과 결혼은 로마인들이 돈을 가지고 참여하는 통상적 입신 출세주의의 한 부분이었다. 이런 이유로, 많은 로

마인(특히 남자들)이 망설임 없이 가정 밖에서 사랑을 찾았다. 로마인의 결혼은 성적으로 개방적이었고(적어도 남자에게는), 노예나 매춘부와의 섹스도 당연시되고 정상으로 여겨졌다. 불륜 때문에 이혼하는 경우는 드물었다. 로마인들이 정의하는 불륜에 노예나 매춘부와의 섹스는 포함되지 않았기 때문이다. 로마인들이 보기에 불륜은 섹스 문제라기보다, 예를 들어 권력자의 아내와 불륜을 저지르다 발각될 때 집안에 수치를 끼칠 (어쩌면 추방당할) 가능성을 말하는 것이었다. 로마법에서 간통은 혼인신고가 되어 있는 여자가 사생아를 낳아서, 그 자녀가 부지중 친아버지가 아닌 사람에게서 돈과 재산을 물려받을 때로 한정되었다. 그러므로 이혼때, 혼인 신고된 부부 사이에서 태어난 합법적 자녀가 아버지 곁에 남는 것은 이상한 일이 아니었다.

"누가 그걸 신경이나 쓴답디까?" 스다구가 항변했다. 그러더니 갑자기 목소리를 낮추고는 마가와 함께 집 밖으로 나서고 있는 브리스가를 향해 인사를 하는 시늉을 했다. 그리고는 곧 그럴 필요가 없다는 것을 의식했다. 자신도 이제 아굴라와 다름없는 자유민 신분이었기 때문이다. "아굴라와 브리스길라도 혼인신고를 안 했소. 브롤로고와 율리아도 마찬가지고. 그런데 그 문제가 그 사람들에게는 별로 중요해 보이지 않잖소. 그 사람들 어디 출신이라고 했더라?"

"그 문제는 중요해요." 마리아는 스다구의 손을 꼭 쥐었다. "로마인들이 어떻게 생각하느냐를 말하는 게 아니에요. 이 문제는 주님께 중요해요. 아굴라와 브리스길라의 결합은 주 예수아의 사도에게 축복을 받았어요. 베드로가 돌아오면 우리도 그에게 축복을 받을 수 있죠. 하지만 그보다 먼저 당신이 세례를 받아야 해요."

"그래요, 하지만…"

"자, 나와 함께 하고 싶지 않다면, 당신도 다른 남자들이 하는 대로 하면 돼요. 나보다 훨씬 젊은 여자, 자기주장이 그다지 많지 않은 진짜 로마 여자를 아내로 맞으면 된다고요. 그 여자의 신앙과 함께요. 그 여자가 지참금도 가져와서 정상적으로 혼인신고도 할 수 있겠죠."

스다구는 양처럼 순한 얼굴로 어깨를 으쓱해 보였다. "신들이 당신을 내게 주었소. 내가 뭔데 신들과 다툰단 말이오?"

"신들이라니!" 마리아가 코웃음을 쳤다. "나는 그 신들이 누구에게 주고 말고 하는 사람이 아니에요! 돌이 당신에게 생명을 주었나요? 물감 발라 놓은 신상이 당신에게 공기를 줘서 숨 쉬고 있나요?"

"여보, 내가 세례를 안 받겠다고 한 적은 없소. 그리고 전에 말했다시피, 지참금 문제는 내게 아무 의미도 없어요. 당신이 수행원들과 함께 로마로 오기 위해 가진 돈을 다 쓴 것도 나는 존중해요. 그 일로 당신 이름이 영예로워지지, 유대식 이름이든 아니든. 적당한 때가 되면 우리 결혼도 이 축복을 받을 수 있을 거요. 그건 그렇고 난 이제 법정에 가봐야 해요."

방문 밖으로 나서는 스다구를 향해 마리아는 계속 말했다. "그 사람들은 내 수행원이 아니에요. 나를 따라다니는 사람들이 아니라고요. 어떻게 해서든 누군가가 베드로를 예루살렘에서 빼내야 했다고요."

스다구는 집에서 나와 카피톨리누스 언덕을 돌아 구 광장(Old Forum) 쪽으로 향했다. 원로원 건물을 돌아 연단을 지나가는 동안 광장에 드리운 차양이 그늘을 만들어 주었다. 연단에서 황제의 가장 유력한 해방 노예로 손꼽히는 폴리비우스가 공지 사항을 알리는 소리가 들렸다.

"우리의 뛰어난 아버지, 황제, 디베료 글라우디오 가이사 아구스도께서 칙령을 내리사, 의붓아들 누기오 도미티우스 아헤노바르부스를 입양한 것을 축하하기 위해 사흘간의 대회를 마련하셨으니, 이날부터 이 아들은 네로 글라우디오 가이사로 불릴 것이다. 사흘간의 경기일은 오늘이 지나고 삼 일째 되는 날에 시작될 것이다. 일상의 일은 중지해야 할 것이다. 남자들은 토가를 입어야 한다. 그리고 인심 후한 황제께서는 오늘이 지나고 이틀째 되는 날, 그러니까 경기가 열리기 전날에 빵을 배급하라고 칙령을 내리셨다. 배급은 마르티우스 평원에서 제 사시에 시작된다. 배급을 받고자 하는 이들은 직접 나와야 한다. 대신 받는 것은 허용되지 않는다."

듣는 이들의 환호에 폴리비우스는 스다구가 지나가는 동안 공지 낭독을 몇 번 되풀이했다. 바실리카 율리아 계단에 도착한 스다구는 법원 계단에서 주사위나 동전 던지기 놀이를 하는 사람들을 요리조리 피해 걸음을 옮겼다. 대리석 계단에 홈을 파서 만든 게임판에서 보드게임을 하는 이들도 있었다. 바깥보다 시원한 법원 건물 안으로 들어가 보니 우르바노가 하나둘 늘어나는 피후견인들 한가운데 서서 격렬하게 손짓을 하며 이야기를 하고 있었다. 가장자리에 기수 계급을 나타내는 가는 자주색 줄무늬가 들어간 제일 좋은 흰색 토가 차림의 우르바노는 손동작과 함께 열변을 토하는 사이사이 기수 반지를 초조하게 만지작거렸다.

통로 맞은편에는 정복 차림에 상아로 만든 커다란 남근상 목걸이를 한 근위대장 누기오 게타가 지지자들과 함께 서 있었다. 우르바노는 올리브 계약 대금 문제로 게타를 고소했다. 게타는 주문을 취소했다고 주장했고, 우르바노는 게타가 올리브를 가져가지 않아 창고에서 곰팡이가 피어가고 있다고 했다. 처음에 이 소송은 이길 가망이 없어 보였다. 군인을 상대로 한 민사 소송은 십중팔구 패소였다. 법정은 대개 군인 증인들의 증언을 편애했다. 하지만 우르바노의 변호사는 상대보다 변론이 유려했고, 스다구를 비롯해 우르바노의 피후견인들도 상대 측보다 더 크게 환호

■ **사진 1.5.** 바실리카 율리아 법원의 대리석 계단에 새겨진 게임판. 게임의 규칙은 알려져 있지 않지만, 만칼라(mancala:큰 항아리 두 개와 작은 항아리 열두 개에 구슬을 하나씩 나누어 담으면서 구슬을 많이 가져간 사람이 이기는 게임-옮긴이)와 비슷했을 것이다.

를 보냈다(비록 대다수 피후견인이 라틴어라고는 한 자도 못 알아듣는 사람들이었지만). 결국 우르바노는 그날 재판에서 이겼다. 우르바노는 피후견인들 한 사람 한 사람에게 약간의 수고비를 나눠 주고 돌려보낸 뒤 스다구만 불러세웠다. "같이 점심이나 먹자고." 우르바노는 스다구의 팔을 끌어당기며 말했다.

두 사람은 구 광장에서 나와 아구스도 광장 뒷동네 수부라(Suburra) 경계에 있는 가까운 선술집으로 향했다. 술집 안으로 들어서던 스다구는 문설주에 감긴 사슬에 매달린 포도주 주전자에 머리를 부딪쳤다. 그는 문지방에서 휘청하고는, 계산대 쪽으로 올라간 우르바노를 붙잡았다.

"술값 계산은 내게로." 우르바노는 바의 여종업원에게 눈을 찡긋해 보이며 말했다. 여자는 머그 잔 두 개와 포도주 한 주전자를 우르바노에게 건넸다. 포도주는 물이 섞인 것으로, 삼분의 이는 포도주고 삼 분의 일은 물이었다. 우르바노는 술값을 치른 뒤 자기 몫으로 약간의 음식을 주문했다. 막대에 펜 소시지와 올리브 페이스트를 곁들인 납작빵이었다. 스다구도 청동 세스테르티우스를 꺼내 계산대 위에 올려놓고 빵과 치즈를 주문했다.

음식이 나오고 첫 한 입을 베어 물고 나서 스다구는 포도주잔을 들어 올리며 말했다. "오늘 승소하신 것을 축하드립니다."

우르바노는 내키지 않는 듯 잔을 들어 올렸다. "고맙네. 하지만 이건 꺼림칙한 승리야." 그는 포도주잔을 길게 들이켠 뒤 생각에 잠긴 얼굴로 내려놓고는 손가락의 기수 반지를 빙빙 돌리기 시작

■ **사진 1.6.** 오스티아 안티카에 있는 로마 시대 선술집 유적

했다. "그래, 게타는 올리브 값을 내지 않을 수 없을 거야, 하지만 그자는 오늘 창피를 당했고, 그건 곧 이 일이 아직 끝나지 않았다는 의미지. 사실 그자를 법정에 나오게 한 것 자체가 나로서는 위험한 무례였지. 내가 이겼다는 사실, 모든 걸 다 잊을 수 있으면 좋겠군. 그자를 법정에 세운 것 때문에 그자에게서 받아낼 돈보다 더 큰 대가를 치르게 되지 않을까 걱정일세. 나는 그 승리를 위해 돈을 냈는데, 이제 뒤통수를 조심해야 한다고. 자네는 절대 법정 같은 데 가지 말게, 스다구."

"하지만 그자가 나리에게 무슨 짓을 할 수 있을까요?" 스다구는 자신의 후견인이 걱정됐다. 그건 만약 후견인에게 무슨 나쁜 일이 생기면 피후견인들에게도 여파가 미칠 수밖에 없기 때문이기도 했다.

우르바노는 잠시 생각에 잠겼다. "내가 곡물 수급부 장관으로 임명되려고 손을 좀 쓰고 있는 것 자네도 알지?"

"네, 그리고 신들께서…" 스다구는 갑자기 말을 멈췄다.

"그래, 게타는 그 자리에 자기 사람을 밀고 있다네. 이제 그자는 내가 패배하는 모습을 보겠다고 아주 작정할 걸세. 게다가 그자는 황실에 막강한 친구들을 여럿 두고 있지."

"하지만 나리에게도 친구들이 있지 않습니까?"

"맞아, 있지. 하지만 그 친구들이 제대로 친구 노릇을 해줄까? 모두 나깃수를 두려워하는 것 같아. 어떻게 일이 이렇게 거꾸로 갈 수 있는지 수치스러워. 원로원 의원들이 전직 노예들의 발밑에서 설설 기어야 한다니 말이야. 아, 기분 나쁘게 듣지는 말게."

"괜찮습니다."

"그리고 게타가 과연 게임의 법칙을 따를까? 아닐세, 내 생각엔 아니야."

우르바노가 두려움을 드러내자 스다구는 나 같은 사람은 훨씬 더 큰 피해를 볼 수도 있겠구나 하는 생각이 들었다. 더욱 무력한 기분이 되었다. 그래서인지 오히려 오래전부터 한번 하고 싶었던 이야기를 과감히 꺼낼 수 있는 용기가 생겼다. "이야기가 나왔으니 말인데, 드리고 싶은 말씀이 좀 있어요."

"뭔데?"

"나리께서 성공하고 싶어 하고 고위직에 오르고 싶어 하고, 곡물수급부 장관이 되고 싶어 하시는 것처럼, 저도 출세를 하고 싶습니다. 물론 관직에 나가겠다는 말은 아니고요, 제 사업을 수입 쪽으로 확장했으면 좋겠다고 생각하고 있습니다. 만약 나리께서 곡물 수급 책임자가 되시면, 저도 한쪽에서 곡류 수입 사업을 할 수 있지 않을까 합니다만. 그럼 저와 제 가족이 좀 더 안전해지기도 할 테고요.”

“아,” 우르바노는 고개를 끄덕였다. “그거 일리 있군. 하지만 곡류라, 그거 어려운 품목인데. 곡류는 파피루스처럼 황실이 거의 전적으로 관리하는 품목이라서 말일세. 내 연줄로 목재 수입 일은 하게 해줄 수 있을 텐데, 어쩌면 포도주까지. 하지만 스다구, 정말 성공하고 싶은가? 이건 기수가 되는 것하고는 다른 일 같군. 그리고 어쨌든 원로원 의원들은 사업에 종사하는 사람은 깔본다네. 그 사람들은 어떤 물건을 한 가격에 사서 어떤 식으로든 가공을 해서 부가 가치를 높이지도 않은 채 이득을 붙여 되파는 것은 정직하지 못하다고 생각하지. 물론 그자들은 위선자야. 자기들은 안 해도 노예들에게 그 일을 대신 시키거든. 사실, 자네를 실망시키고 싶지는 않지만, 성공이란 게 더 큰 안전을 뜻하지는 않는다네. 성공이란 사람들 앞에 더 드러나게 된다는 뜻이고, 더 드러난다는 것은 위험에 더 많이 노출된다는 뜻이지. 공사장 발판에 올라가는 것처럼, 높이 올라갈수록 추락했을 때 그만큼 더 위험하다고. 내일 내게 찾아올 수도 있고 안 찾아올 수도 있는 무언가를 위해 그렇게 열심히 애쓰기보다는 그냥 오늘의 삶을 누리며 살지 않겠나? 내가 차려준 올리브 기름 사업에 열중하면서 말일세. 내 올리브밭에서 나는 소출도 넉넉하고, 내게서 올리브를 구매하기만 하면 기름틀도 얼마든지 쓸 수 있다는 것 알지 않나. 자네가 무얼 더 원할 수 있겠나? 로마에서는 출세하면 시기의 대상이 된다네. 그리고 토가의 자주색 줄무늬는…” 우르바노는 토가의 가장자리를 들어 올려 가는 자주색 줄무늬를 흔들어 보였다. "등에 그려진 과녁이나 마찬가지일세." 우르바노는 작은 가죽 쌈지를 열어 안을 들여다보며 뒤적뒤적하더니 주화 하나를 찾아냈다. "이건 내 행운의 부적이지."

스다구는 고개를 끄덕였다. 전에도 본 적이 있는 주화였지만, 우르바노가 그걸 꺼내 보여 줄 때마다 스다구도 기분이 좋았다. 주화는 우르바노가 가장 소중히 여기는 소유물로, 율리우스 카이사르의 상이 새겨진 금화였다. 금화는 우르바노가 손가락으로 하도 문질러 대서 마치 금방 만들어낸 것처럼 반짝였다. 우르바노는 달리 아무 말도 하지 않고 그저 금화를 문지르다가 다시 가죽 쌈지에 집어넣었다. 스다구는 존경심에서 우러나온 침묵으로 기다렸고, 두 사람은 말없이 다시 음식을 먹기 시작했다. 식사를 마치자 우르바노는 손에 묻은 빵부스러기를 털어내며 말했다. "자, 이제 면도하고 목욕하러 갈 시간이군." 두 사람은 인사를 나누었다. 스다구는 이발소로 향했고, 우르바노는 식당 여종업원의 팔을 잡아끌고 가게 뒤편 계단으로 올라갔다.

그 시간 이후로는 토가를 입을 필요가 없었기에 스다구는 집에 들러 토가를 벗어 두었다. 2.5미터나 되는 모직 천을 온몸에 둘둘 말고 있다가 벗어나니(게다가 걸려 넘어지지 않으려고 줄곧 옷자락을 잡고 있던 두 손을 다 쓸 수 있게 되니) 정말 좋았다. 튜닉과 망토로 갈아입고 집을 나서면서 보니 학교에 갔던 열두 살배기 아들 더디오가 저만치서 집 쪽으로 오고 있었다. 스다구는 아들을 맞으려고 빙긋이 웃는 얼굴로 서서 기다렸다.

"아빠!" 더디오는 아버지에게 달려오며 목을 껴안으려 하더니 갑자기 아차 하는 얼굴로 자세를 바로잡고 점잖은 표정을 했다.

"더디오, 우리 아들. 오늘 공부는 어땠니?"

"베르길리우스를 또 배웠어요."

"잘했구나. 로마가 있기 전에 먼저 그리스가 있었다는 것을 늘 기억하렴. 우리 그리스인들이 모든 걸 시작했지."

"네, 아버지."

"이제 들어가서 엄마랑 아줌마들을 좀 도와줘야지?"

"네."

"착하기도 하지. 로데가 시키는 일을 하렴. 새어머니에게도 착하게 굴고!"

"저 착해요. 그러니까, 무슨 말이냐면, 착하게 행동할게요." 더디오는 문간에서 기다리고 있던 마리아의 품으로 달려들었다. 마리아는 더디오의 친어머니가 아니었지만, 스다구는 마리아가 더디오를 마치 친자식인 양 사랑한다는 것을 알고 있었다. 더디오의 어머니는 더디오가 아주 어렸을 때 세상을 떠났기 때문에 마리아는 더디오가 어머니로 알고 있는 유일한 사람이었다. 그리고 더디오의 입장에서 마리아는 더디오에게 필요한 유일한 어머니였다. 스다구는 가족을 생각해 봤다. 결혼하기 전 기대했던 것과는 얼마나 달랐는지. 첫 아내는 많은 여자들이 그랬듯 아기를 낳다가 세상을 떠났다. 특이한 일은 아니었고 오래 마음에 담을 일도 아니었다. 그래도 그때 스다구는 자신의 신들에게 기도했다. 진심을 담아 기도했고 정성이란 정성은 다해 제물을 바쳤다. 그랬는데도 아내는 죽었다. 그리고 더디오… 이 이름은 "셋째"라는 뜻이었다. 위로 형이 둘 있었기 때문이다. 하지만 둘 다 더디오 나이만큼도 살지 못했다. 그는 아내와 두 아들을 잃었다. 사산아로 태어나 제 어머니와 함께 저승으로 간 딸은 굳이 말할 것도 없었다. 이제 새 아내와 의붓아들이 생겼다. 그리고 더디오. 자유민의 아들은 성인이 되면 로마 시민이 될 터였고, 그건 자랑스러워할 만한 일이었다.

스다구는 면도를 하고 잔 수염을 다듬었다. 우르바노가 점심때 포도줏값을 치렀다는 것은 스다구의 주머니 사정이 손톱 손질까지 해도 될 정도는 된다는 뜻이었다. 남자들은 대개 이발소에 가서 긴 의자에 둘러앉아 잡담도 하고 체스도 즐겨했다. 하지만 이발사가 황제의 머리모양에 맞춰 머리를 짧게 깎아놓곤 해서 스다구는 이발사와 늘 마찰이 생겼다. 그렇게 머리를 짧게 깎으면 멋진 로마인처럼 보이기는 했다. 하지만 그리스식의 긴 머리모양을 버렸다고 등 뒤에서 동료 그리스인들이 자신을 향해 로마인인 체한다고 흉을 봤다는 것을 스다구는 알고 있었다. 그러나 따지고 보면 스다구는 사업가였고, 그래서 교양 없는 미개인처럼 보여도 될 만한 마음의 여유가 없었다.

이발을 마친 스다구는 갓 깎은 머리카락을 손가락으로 쓸어 넘긴 뒤 북쪽으로 플라미누스 길을 통해 아그리파 목욕탕으로 향했다. 아그리파 목욕탕은 무료입장이었다. 무료입장 목욕탕에서는 물건을 도둑맞을 위험이 있다는 걸 알기는 했지만, 그래도 무료는 무료였고, 또 스다구가 생각하기에 그의 옷이나 신발에는 누군가가 훔쳐 가고 싶을 만큼 특별한 점이 전혀 없었다.

제 십 시쯤 되자 길 따름이들이 스다구와 마리아의 집에 다시 모였다. 마가는 이들을 맞아들여 기도로 모임을 시작했다. 기도를 마치자 마가는 특별히 기도 요청할 일이 있는지 사람들에게 물었다. 율리아가 빌롤로고를 팔꿈치로 찌르는 것을 보고 마가가 장난을 쳤다. "빌롤로고, 고기를 더 많이 먹게 해달라고 기도하고 싶으신가요?"

사람들이 웃음을 터뜨렸고, 빌롤로고는 말없이 자기 발끝만 내려다봤다. 율리아가 그런 빌롤로고를 다시 팔꿈치로 찔렀다. 이윽고 웃음이 잦아들자 빌롤로고가 고개를 들었다. "저, 길드에서 쫓겨났습니다."

사람들이 일순 조용해졌고, 마가도 걱정스러운 얼굴이 되었다. "죄송합니다, 빌롤로고. 무슨 일이 있었나요?"

"그동안 늘 연회에 늦게 가도 별일 없었거든요. 제사가 다 끝난 다음에 도착하니까 우상숭배에 참여하지 않아도 되었고요. 그런데 오늘 연회에 늦을 거라고 마스터 님에게 말했더니 모두 우르르 저한테 몰려와서는 쌍둥이 신에게 제사를 바치라고 밀어붙이더군요. 저는 거절했고요. 제사를 지낼 수 없다고 했더니 수부라의 석공(6ㅣ) 길드에서 제 문제를 공식적으로 투표에 부쳤고, 투표 결과 전 쫓겨났어요."

로데가 목소리를 높였다. "강 건너에 있는 석공 길드로 갈 수 있지 않나요?"

"못 가요." 빌롤로고가 한숨을 내쉬며 대답했다. "난 회반죽공에 불과해요, 2등급이죠. 트란스 티베림 석공들에게는 그쪽 회반죽 공이 있고요, 그리고 어쨌든 나를 받아들이지 말라고 이쪽에서 이미 전갈을 보냈을 겁니다."

모두 소름 끼쳐 했다. 율리아의 뺨에 눈물이 한 방울 흘러내리는 것을 보고는 조금 불편해하기도 했다. 굶주림, 집도 절도 없는 신세, 죽음, 게다가 제대로 된 장례는 꿈도 꾸지 못할 거라는 생각이 모두의 뇌리를 스쳤다.

긴 침묵이 흐른 뒤 마가가 사람들을 인도해 기도했다. 빌롤로고가 새 일자리를 구하게 해주시기를, 주님께서 빌롤로고와 율리아 그리고 다섯 자녀를 돌봐 주시기를. 그리고 마가는 이렇게 기도를 마무리했다. "주님, 자비를 베푸소서."

사람들이 똑같이 기도했다. "주님, 자비를 베푸소서."

"크리스토스여, 자비를 베푸소서."

"크리스토스여, 자비를 베푸소서." 사람들이 또 화답해서 기도했다.

"주님, 자비를 베푸소서."

모두들 한 목소리로 기도했다. "주님, 자비를 베푸소서."

이어서 마가가 선반에서 두루마리 하나를 꺼냈다. "자, 이제 사도 바울이 데살로니가의 길 따름이들에게 보낸 편지 사본을 다시 읽어보도록 하겠습니다."

한편 도성 동편 비미날리스 언덕에 있는 원로원 의원 아킬리우스 부데의 집에서도 또 한 무리의 길 따름이들이 모였다. 부데의 어린 두 딸 푸덴지아나와 프라세데가 덧문을 닫고 촛불을 켰다. 원로원 의원 부데가 발언을 시작해 모두를 주목시켰다. "이제 모임을 시작해야 어두워지기 전에 마칠 수 있습니다. 누구든 어두워진 후에 수부라를 돌아다니는 일이 있어서는 안 되니까요."(수부라는 고대 로마의 악명 높은 빈민가였다-옮긴이) 부데는 클레투스라는 사람을 향해 고갯짓했다.

클레투스가 기도를 시작했고, 그의 기도는 "주님, 자비를 베푸소서"라는 말로 마무리되었다. 이어서 클레투스는 두루마리를 펼쳐, 자기들의 황제와 자기들이 사는 땅의 신들에게 경배하기를 거부한 세 사람에 관한 이야기를 읽어 내려갔다. 대신 이 세 사람은 참되신 한 분의 신에게만 경배했고, 이 일로 황제는 이들을 풀무 불에 던져 산 채로 태워 죽이게 했다. 그러나 이들의 신이 이들을 불 속에서 구했다.

읽기를 마치자 클레투스는 다니엘의 세 친구의 상황이 로마의 길 따름이들의 상황과 얼마나 흡사한지에 대해 이야기했다. 이들도 이들의 신을 배신하고 자기 신들에게 예배하기를 바라는 불신자 황제 밑에서 살고 있으니 말이다. 클레투스는 그리스와 로마의 종교 풍습을 따르라는 유혹에 있는 힘을 다해 저항하라고 사람들에게 권면했다. 설령 역경이나 불편을 겪게 되더라도 그렇게 해야 한다고 했다. 크레투스는 이런 질문으로 이야기를 끝맺었다. "예수아가 주님이심을 여러분의 입으로 고백하십니까?"

모두들 "네"라고 대답했다.

클레투스는 이야기를 이어나갔다. "아버지께서 그분을 죽음에서 일으키셨다고 진심으로 믿습니까?"

"네." 모두 대답했다.

"그렇다면 여러분은 구원받을 것입니다."

이어서 클레투스는 서로를 위해, 다른 도시의 길 따름이들을 위해, 심지어 황제와 원로원을 위해서도 기도하는 시간을 갖자고 했다.

축도 후 사람들은 생선과 폴렌타(polenta: 곡물가루로 만든 죽-옮긴이), 빵, 올리브, 몇 가지 종류 치즈 등 각자 가지고 온 소박한 음식으로 식사를 함께했다. 모두 식사하느라 방이 조용해졌는데, 빌롤로고가 바구니를 들고 숨이 턱까지 차서 들어오는 바람에 곧 침묵이 깨졌다. 빌롤로고가 들고 온 바구니에는 수건으로 감싼 커다란 빵 한 조각이 들어 있었다. 그보다 더 큰 빵 덩이에서 떼어낸 것 같았다. 빌롤로고는 클레투스에게 바구니를 건넸고, 클레투스는 바구니에서 빵을 꺼냈다. 빵을 건넨 빌롤로고는 아무 말 없이 방에서 나가 사라졌다.

클레투스는 두 손에 빵을 받쳐 들고 사람들을 향해 말했다. "비록 이 도성의 서로 다른 집에서, 다른 지역에서 모이긴 하지만, 우리는 하나입니다. 또한 우리는 세상 모든 지역, 세상 모든 도성에서 모이는 모든 길 따름이들과 하나입니다. 그래서 이제 하나의 빵을 나누며 우리의 하나 됨을 기억하고자 합니다. 예수아께서 말씀하시기를, '내가 곧 생명의 빵이다. 너희 조상들은 광야에서 만나를 먹었어도 죽었다. 이 빵은 하늘에서 내려오는 것이니 사람이 먹고 죽지 않게 하는 것이다. 나는 하늘에서 내려온 살아 있는 빵이니 누구든지 이것을 먹으면 영원히 살 것이다. 내가 주는 빵은 세상의 생명을 위한 내 살이니라. 내가 진실로 진실로 너희에게 말하니 인자의 살을 먹지 않고 인자의 피를 마시지 않으면 너희 속에 생명이 없도다. 누구든 내 살을 먹고 내 피를 마시는 사람에게는 영생이 있고, 마지막 날에 내가 그를 다시 살리리니 내 살은 참된 양식이요 내 피는 참된 음료인 까닭이다. 누구든 내 살을 먹고 내 피를 마시는 사람은 내 안에 있고 나도 그의 안에 있도다'라고 하셨습니다. 이것이 우리 믿음의 신비입니다. 크리스토스께서 죽으셨습니다. 크리스토스께서 다시 사셨습니다. 크리스토스께서는 다시 오실 것입니다."

클레투스는 빵을 탁자에 내려놓고 고개를 들고는 하늘을 향해 두 손을 치켜들었다. "우리 주 예수아께서 제자들에게 가르치신 기도로 기도합시다." 모두들 "하늘에 계신 우리 아버지여"라고 목소리를 모았고, 이어서 클레투스가 말했다. "형제자매님들, 세례 요한이 예수아를 가리키며 말하기를 '보라, 여기 세상 죄를 지고 가는 하나님이 어린양이 있다'고 했습니다. 이제 잠시 우리 마음을 점검하면서 우리가 혹시 주님의 계명에 순종 못 하지는 않았는지 스스로 물어보는 시간을 가집시다." 그는 잠시 말을 멈추었다가 다시 입을 열었다. "생각해 본 것을 염두에 두고 우리 죄를 주님께 고백합시다. 세상 죄를 짊어진 하나님의 어린양이시여, 우리에게 자비를 베푸소서. 세상 죄를 짊어진 하나님의 어린양이시여, 우리에게 자비를 베푸소서. 세상 죄를 짊어진 하나님의 어린양이시여, 우리에게 평강을 주소서." 이어서 클레투스는 모두가 볼 수 있도록 빵을 들어 올렸다. "보십시오… 여기, 세상 죄를 짊어지신 하나님의 어린양이 있습니다." 그는 빵을 떼어내어 방 안에 있는 사람들과 두루 나누었다.

모임은 노래로 끝이 났다. 유대인들의 옛 노래가 아니라 새 노래였다.

깨어나라, 잠자는 자여, 죽음에서 일어나라.
크리스토스가 네게 빛을 비추신다.
그는 부활하신 태양이니 새벽별보다 오랜 분이시라.
그의 빛이 내게 생명을 주시리.

화성의 날

아구스도 광장과 로마에서 가장 악명 높은 지역을 분리하는 방화벽 뒤편 수부라의 아침, 빌롤로고가 나무 덧문을 열자 어둑한 아파트 실내로 아련한 빛줄기가 쏟아져 들어왔다. 빌롤로고는 창문을 열고 햇빛을 들일 것이냐 창문을 닫아 외부의 냉기를 막을 것이냐를 고민하지 않아도 되는 여름철이 고마웠다. 율리아가 창가 상자에 심어 놓은 야생화를 보니 절로 미소가 지어졌다. 그는 방화수양동이에서 손으로 물을 떠내 꽃들에게 조금씩 부어 주었다. "잠을 거의 못 잤소." 빌롤로고는 율리아에게 말했다. "사람들이 '불이야!' 소리 지르고 소방대원이 고함을 치는 바람에 잠이 깼는데, 도무지 다시 잠이 와야 말이지. 나흘 사이에 세 번째군. 우리 건물이 아니라 얼마나 다행인지 모르겠다고 생각하면서도 자꾸 죄책감이 드는구먼."

율리아는 남편을 향해 싱긋 웃었다. "우리 아이들의 안전을 염려하는 건데 죄책감 느낄 필요 없어요. 5층에 살면…" 만약 우리 아파트에 불이 나면 가족들을 다 데리고 대피하는 게 얼마나 힘들까 생각하면서 율리아는 어깨를 들썩해 보였다. 율리아는 곰팡내 나는 빵을 작은 구리 화로에 데우면서 조심 또 조심했다. "5층에 살면 적어도 아침에 햇빛은 볼 수 있지." 빌롤로고는 아이들을 쳐다봤다. 막내와 쌍둥이들은 벌써 일어나 있었다. 쌍둥이 네레우스와 네레아는 늘 같이 일어난다. 한 아이가 일어나면 늘 다른 한 아이를 깨우기 때문이다. 막내 아나스타시아는 엄마 아빠의 침대용 걸상 끝에 앉아, 빗질하는 엄마에게 머리를 맡기고 있었다. 첫째 프리마와 둘째 올림파스는 이야기가 달랐다. 빌롤로고는 첫째와 둘째가 누워 있는 매트를 발로 쿡쿡 찔렀다. 그리고 아이들을 쳐다보며 말했다. "자, 지루하기는 하겠지만, 오늘은 적어도 공사장 비계에는 올라가지 않아도 되겠군." 긍정적으로 말하려 애썼지만, 가족들을 어떻게 먹여 살려야 할지 막막했다. 오늘은 그에게 새로운 현실이었다. 잠이 깬 순간부터 자신에게 확실한 건 아무것도 없다는 생각이 머리를 떠나지 않았다. 그는 이제 길드 소속이 아니고, 이는 이제 일도 없고 후견인도 없다는 뜻이었다. 정체성도 없고 생계 방편도 없었다.

로마인들의 주거

대다수 로마인은 '인술라이'(insulae. 단수형은 인술라insula)라고 하는 고층 아파트 건물에 살았다. 이 건물들은 밀집형으로 지어져서 건물과 건물 사이에 좁은 통로밖에 없었고, 높이는 5층이나 6층이었으며 간혹 10층이나 되는 건물도 있었다. 이런 아파트 건물의 흔적을 보면 바닥 면적이 232제곱미터 정도인데, 벽 두께가 45센티미터 정도로 두꺼워서 내부 면적은 겨우 185제곱미터 남짓으로 줄어들었다. 1층은 전체가 한 상점이거나 혹은 작은 상점 여러 개로 나뉘어졌을 것이며, 어쩌면 건물 주인의 집이었을 수도 있고, 이 경우 납 파이프를 통해 집안으로 용수(用水)까지 끌어들인 아주 안락한 집이었을 것이다.

각 건물의 위층은 '케나쿨라'(cenacula. 단수형은 케나쿨룸cenaculum)라고 하는 임대형 아파트였다. 한 층에 아파트가 한 가구면 한 건물에 아파트가 몇 집 안 될 수도 있지만, 아마 대개는 한 층을 여러 가구의 작은 아파트로 나누었을 것이다. 로마시에는 이런 아파트 건물이 무려 사만 동(棟) 정도였을 것이며, 임대형 아파트는 이십만 가구에 가구마다 평균 대여섯 식구가 살았을 것이다. 대다수 가정의 가구(家具)는 아주 변변찮았을 것이며, 어떤 경우든 아파트 안에 오늘날 우리가 조명 장식(décor)이라고 부를 만할 정도의 빛은 없었다. 벽을 따라 설치된 낮은 선반이나 매트가 깔린 나무 벤치가 침대 역할을 했을 것이며, 실내에는 걸상이나 벤치가 딸린 소박한 탁자가 있었을 것이다. 창문은 나무 덧문으로 가려 있었을 것이며, 그래서 덧문을 닫으면 빛이 전혀 들어오지 않았다. 어떤 아파트에는 발코니나 창가 화분이 설치되어 있어, 여기에 꽃과 덩굴식물을 키우기도 했다. 상층부는 불이 날 때 하층부에 비해 더 위험했을 것이고, 꼭대기 층은 지붕 바로 아래였기 때문에 누수(漏水) 가능성이 컸다. 이런 이유로 임대료는 아마 상층부로 갈수록 저렴했을 것이다. 한편, 꼭대기 층은 지붕에 접근하기 쉬웠고, 그래서 임차인들은 지붕에 비둘기를 키워 비둘기알을 얻었을지도 모른다.

아파트 건물은 건물 소유자는 물론 투자자들에게도 투자 대상이었으며, 이들은 여러 가구를 임대해서 임차인들에게 전대(轉貸)했을 것이다. 하지만 낡은 건물은 대개 불안정했고, 시간이 흐르면서 신건축법이 제정되기는 했어도 건물들은 아주 조밀하게 들어섰고, 이는 옆 건물이 무너지거나 불이 나면 모든 건물이 다 위험해진다는 뜻이었다. 임차인들은 이런 재앙이 닥치지 않을까 늘 두려워하며 살아야 했다. 특히 많은 임차인이 휴대용 난로를 썼고, 밤이 되거나 덧문을 닫을 때면 늘 촛불, 램프, 횃불을 켜야 했다는 점을 생각하면 더욱 그렇다.

조금 더 쾌적한 아파트 건물에는 상주(常住) 노예가 있기도 했고 같은 주인 소유의 건물을 순회하며 관리하는 노예도 있었다. 이 노예들이 공동 물통으로 물을 길어 나르거나 계단 통 청소를 하는 광경이 상상된다.

가장 부유한 사람들은 '도미'(domi, 단수형은 도무스domus)라고 하는 개인 소유 주택에 살았다. 소규모 빌라 비슷한 이 주택은 대개 언덕 꼭대기나 성벽 밖 조용한 동네에 있었다. 이런 집들은 대가족이 집안의 노예들과 함께 살 수 있을 만큼 컸다. 어떤 도무스에는 무려 오십 명이 살 수 있었다. 물론 노예들은 자기 방이 없었다. 노예들은 매트나 덮개를 사용했으며, 낮에는 창고에 보관했다가 밤이 되면 복도나 집안의 열린 공간에 이

■ **사진 2.1.** 위층으로 올라가는 계단이 보이는 로마 시대 아파트 건물 유적. 오스티아 안티카

것을 깔고 잠을 잤다. 어떤 노예들은 창고로 달리 쓰이기도 하는 공간, 예를 들어 층계참 밑에서 잠을 자기도 했다.

아파트와 마찬가지로 주택 창문에도 나무 덧문이 달려 있었고, 창문에는 덧문 외에 커튼도 달았다. 도무스의 가구에는 쿠션이 덮여 있었고, 벽에는 다채로운 야외 풍경이나 정교한 기하학적 무늬가 그려져 있었다. 대다수 도무스에는 여흥을 위한 공간인 주방이 있었다. 어떤 집에는 빵 굽는 오븐이 설치되었을 수도 있지만 대다수 사람은 시장에서 빵을 사다 먹었다. 기독교 예배를 위한 공간으로, 케나쿨룸은 열 명에서 스무 명까지 수용할 수 있었고, 도무스는 오십 명 이상을 수용할 수 있었으며, 특히 부유한 집의 경우에는 강연과 낭독회를 위한 개인 강당이 있었다.

성벽 밖, 티부르티나 길가에 있는 조용한 동네 우르바노의 집, 우르바노와 그의 아내 사비나는 각자의 침실에서 잠이 깨었다. 노예가 벨을 울려 동이 트고 있음을 알렸다. 이는 우르바노가 피후견인들을 맞이할 준비를 해야 한다는 뜻이었다. 간밤에 너무 더워 우르바노는 무릎길이의 아마포 튜닉을 벗어 던지고 허리에 걸치는 천 하나만 두르고 잤다. 나무와 상아로 만든 커다란 침대에서 몸을 일으킨 우르바노는 담요와 바닥의 베개 사이에 구겨져 있는 튜닉을 발견하고는 재빨리 머리에 뒤집어써서 입었다. 의자에 걸쳐져 있는 가죽 벨트를 허리에 둘러 감고 집안에서 신는 신발을 신은 뒤 책상 앞에 앉아 편지를 읽고 있노라니 노예가 포도주를 약간 섞은 물과 빵 쟁반을 들고 들어왔다. 우르바노가 편지를 다 읽자, 촛불 옆에 서서 조용히 기다리던 노예 둘이 그의 몸에 토가를 꼼꼼히 감아 주기 시작했다.

사비나는 벌써 화장용 의자에 앉아 있었다. 팔걸이 없이 등받이만 있고 상아로 무늬를 새겨 넣은, 사비나가 가장 아끼는 물건 중 하나였다. 사비나는 면 코르셋에 발목 길이의 면 튜닉 차림이었다. 한 노예가 사비나의 길고 검은 머리에 보석 달린 머리 장식을 씌웠고, 또 한 노예는 사비나의 얼굴과 팔에 하얀 파운데이션을 발라 주었다. 점쟁이가 사비나의 별자리로 점을 치면서 12궁도를 보여 주려 하자 사비나의 머리를 매만지던 노예가 손을 흔들어 쫓아버렸다. 점쟁이가 하는 말치고 진실한 말은 고사하고 쓸 만한 말 한마디도 없다는 것을 알기에 사비나는 한숨을 내쉬었다.

사비나 앞에도 빵과 물 쟁반이 놓였다. 물 잔의 오 분의 일은 포도주고 오 분의 사는 물이었다. 머리 손질하는 노예가 새치를 뽑아내는 사이 사비나의 뺨과 입술은 발그스름하게 물들었고 눈썹과 눈

주변에는 검은색 음영이 생겼다. 사비나는 동물의 뿔을 갈아 만든 치약으로 늘 이를 닦았고 이 닦기를 마치면 맨 앞 윗니에 흰 물감을 바르기를 고집했다. 단장을 마친 사비나는 구리거울에 물결 모양으로 비치는 자기 모습을 들여다보았다. 그리고 눈을 가늘게 뜨고 이를 점검했다. 이가 그렇게 많이 남아 있다는 게 사비나는 자랑스러웠다.

벨트를 두른 드레스 튜닉을 다 입자 또 한 노예가 목걸이, 반지, 발목 장식, 귀걸이, 팔찌, 그리고 화려한 숄에 달 브로치 고르는 것을 도와주었다. 마지막으로 챙길 것은 부적이었다. 사비나가 자신에게 행운을 안겨 주리라고 기대하는 그 부적은 외눈이 그려진 은(銀) 펜던트였다. 펜던트에 그려진 "사물을 보는 눈"은 사비나가 가는 길에 흉안(凶眼, evil eye)을 가진 사람이 악의가 담긴 눈초리를 쏘아 보낼 때 이 사람을 뒤돌아보고, 그렇게 해서 그 시선을 다른 데로 돌리거나 시기 어린 마음으로 사비나를 쳐다보는 그 사람에게 그 눈초리를 되쏘아 보낸다고 했다.

사비나의 미용사는 화장 용구와 액세서리를 휴대용 여행 바구니에 다 꾸려 넣어 오후에 목욕 갈 준비를 마쳤다. 사비나는 집에서 신는 신발을 신고 방을 나섰다. 주방에 가서 노예들에게 이런저런 지시를 내려 하루를 시작하려는 것이다. 주방으로 가는 길에 보니 남편의 피후견인들이 남편에게 경의를 표하고 갖가지 청을 하려고 줄을 서기 시작하는 게 보였다. 아직 동이 트기도 전이지만, 사비나는 남편이 이 사람들을 하나하나 접견하기 시작해, 세상을 떠난 피후견인들의 아내들까지 모두 다 만나리라는 것을 알고 있었다.

그날 아침 우르바노를 만나려고 가장 먼저 도착한 사람은 스다구가 아니었다. 무역에 종사하는 피후견인 몇 사람이 동이 트기 훨씬 전부터 와 있었다. 그래야 자기들 업무를 시간 맞춰 시작할 수 있었기 때문이었다. 그러나 스다구가 도착하자 담당 노예는 스다구를 불러내 맨 앞에 서게 했다. 우르바노가 약속을 지킨 것이다. 그는 스다구를 따뜻이 맞으며 그리스어로 말을 걸기까지 했다. 물론 우르바노는 스다구가 라틴어를 유창하게 한다는 것을 알고 있었다. 스다구는 우르바노를 도미누스가 아니라 이름으로 불렀고 우르바노는 헤어지기 전 진심 어린 악수를 건넸다. 악수를 나눈 스다구가 돌아가려고 하자 우르바노가 말했다. "오늘 오후에 나하고 목욕 같이 가지 않겠나?"

스다구는 흔쾌히 응했다. 우르바노에게서 초청을 받다니 정말 놀라웠다. 처음엔 어떻게 대답해야 할지를 몰랐다. 하지만 대답을 안하면 고마워하지 않는 것처럼 보일 것 같아 그냥 고개를 끄덕였다. 그리고 조금 후에야 스다구는 이렇게 대답했다. "네, 물론이죠. 같이 가겠습니다."

"좋아, 그럼 먼저 여기서 만나서 목욕탕까지 같이 가세. 제 팔 시에 만나도록 하지."

이 몇 가지 일로 스다구는 어깨가 으쓱했다. 다른 피후견인들 앞에서 자존심을 한껏 높일 수 있었으니 말이다. 이들은 스다구가 문을 나설 때까지 질투심을 감추느라고 안간힘을 썼다. 접견을 기다리는 줄 맨 앞에 섰다는 것은 스다구가 집에서 열리는 길 따름이들의 아침 기도회 2부에 시간 맞춰 갈 수 있다는 뜻이었다.

스다구가 집에 들어서서 보니 마가가 기도하고 있었고 사람들은 위를 우러러보며 손을 높이 들고 있었다. 계명 낭독 시간을 놓쳤고 계명에 따라 살기를 권면하는 말씀을 못 들었지만, 평소 그 순서가 좀 지루하기도 했던지라 스다구는 사실 안심했다. 유대인과 길따름이들의 하나님은 이들이 다른 신들에게도 예배하는지 안 하는지, 남을 어떻게 대하는지에 왜 그리 신경을 쓰는지 스다구로서는 도무지 이해하기 힘들었다. 그리스인과 로마인의 신들은 그런 일에 개의치 않았다. 신세를 져도 보답할 능력이 없는 사람들에게 호의를 보인다는 것은 스다구의 눈에 늘 기이한 미덕으로 보였다. 하지만 그는 이렇게 생각해 봤다. 이 하나님은 희생 제물을 요구하지 않는 걸로 봐서 기이한 부류의 하나님이라고 말이다. 그런데 따지고 보면 스다구도 과거에는 부당한 대우를 받는 쪽이었다. 그래서 남을 선하게 대하는 행동에는 무언가 훌륭하고 올바른 점이 있다는 것을 마음 깊이 인식하고 있었다. 이 신기한 하나님에게는 설득력 있는 무언가가 있었다. 그리고 어찌됐든 스다구는 마리아를 기쁘게 해주고 싶었고, 마리아 모자가 속해 있는 가족의 일원이 되고 싶었다. 뭐라고 정확히 설명할 수는 없었지만, 마리아는 이 하나님과 이분이 가르치는 미덕이 훌륭하다는 것을 보여 주는 살아 있는 증거였다.

스다구는 예수아가 최초의 길 따름이들에게 가르친 기도를 암송하는 시간에 딱 맞춰서 모임에 합류했다. 이 기도를 다 이해한다고 할 수는 없었지만 그래도 기도 암송은 좋았다. 스다구는 예수아가 처음으로 이 기도를 가르칠 때 자기 의붓아들 마가가 그 자리에서 그걸 들었다는 것도 알고 있었고, 그래서 이 기도가 더 좋았다. 기도 암송 후 이들은 마리아가 전날 불렀던 시편을 노래했다. 모임이 끝나자 사람들은 각자의 하루를 시작하려고 곧 흩어졌다.

"안녕하세요, 스다구 님!"

"오, 안녕 스크라프." 스크라프가 옆걸음으로 다가온 걸 보지 못한 스다구는 살짝 놀랐다. 스크라프는 늘 살금살금 돌아다니면서 사람들이 예상치 못한 순간에 큰 소리로 이야기를 하곤 했는데, 여덟 살 아이치고는 너무 말이 많아서 종종 성가셨다. 그리고 스다구는 노예가 자기 이름을 부른다는 개념에 좀체 익숙해질 수가 없었다. "클레멘스는 어디 있니? 클레멘스 아버지 집으로 함께 돌아갔어야 하는 거 아니니?"

"주인님은 마가 님하고 이야기 중이에요. 전 기다리고 있을 뿐이고요. 후견인을 만나고 오느라 모임에 늦으신 거 맞죠? 스다구 님의 후견인은 우르바노 님이라고 우리 주인님이 그러시던데요. 빌롤로고 님이 길드에서 쫓겨난 거 아셨어요? 앞으로 회반죽공 일을 할 수 없대요, 그리고 이제 석공(ㅌㅣ)도 될 수 없고요. 알고 계셨나요? 빌롤로고 님은 이제 어떻게 가족을 먹여 살리죠, 스다구 님?"

"나도 모르겠다, 스크라프. 자, 이제 나도 마가하고 이야기를 좀

하러 가야겠구나. 잘 가거라, 스크라프."

"안녕히 계세요, 스다구 님." 스크라프는 빌롤로고에게로 달려갔고, 빌롤로고는 스크라프와 기꺼이 이야기를 나누려는 것 같았다. 빌롤로고와 율리아의 아이들은 스크라프를 에워싸고는 숨바꼭질을 하자며 손을 잡아끌고 밖으로 나갔다.

스다구는 마가가 플라비우스 클레멘스와 이야기를 나누고 있는 쪽으로 갔다. 플라비우스 클레멘스는 원로원 의원인 노^(老) 클레멘스의 아들이었다. 스다구는 원로원 계급 사람들 앞에서는 자기도 모르게 늘 행동이 좀 조심스러워지곤 했지만, 오늘처럼 여덟 살배기 노예 소년과의 대화를 피하기 위해서라면 어쩔 수 없었다. 그런데 가까이 다가가 보니 마가와 클레멘스는 작은 목소리로 밀담을 나누고 있었다. 게다가 클레멘스의 망토 가장자리에 둘린 넓은 자주색 줄무늬가 눈에 띄자 스다구는 다른 이야기 상대를 찾고 싶었다. 하지만 스다구가 다가오는 것을 두 사람이 이미 보았기 때문에 때는 늦고 말았다.

영아 유기

로마 세계에서, 삶은 대체로 불안정했다. 게다가 폭력과 죽음이 일종의 오락이었기 때문에 어떤 이의 목숨은 버려도 좋다는 개념이 강화되는 경향이 있었다. 태아(胎兒)나 신생아의 목숨은 마음대로 해도 된다고 여겨졌고, 가장의 결정에 따라 아기를 버릴 수도 있었다. 태어나서는 안 되는 날에 태어났다는 것은 그 아기가 살아남지 못 하리라는 의미였다. 예를 들어, 칼리굴라의 아버지가 죽은 날짜에 아기가 태어나는 것은 불길한 징조로 여겨졌고, 그래서 그 날이면 많은 신생아가 버려졌다.

대다수 로마 사회에서 낙태(대개 약물을 사용하는)와 영아살해는 아무 문제 없이 용납되는 일이었다. 영아살해는 대개 산파가 아기 아버지의 지시를 받고 저질렀다. 아기를 낳은 여인의 남편이 아기의 진짜 아버지가 누구인지에 대해 조금이라도 의혹을 품는 경우, 또는 자녀를 키우는 일에 조금이라도 거리낌이 있으면, 그는 그냥 아기를 죽이라고 지시할 수 있었다. 아기를 바구니에 넣어 물에 빠뜨리는 방법도 있었고, 좀 더 흔한 방법은 유기였다. 영아 유기란 대개 아기를 쓰레기더미에 버리고는 추위나 비바람 때문이든지 혹은 야생동물에 먹히든지 해서 죽게 내버려 둔다는 의미였다. 얼마나 많은 아기가 이런 식으로 죽었는지는 알 수 없지만, 쓰레기 더미에 버려진 아기의 상당수를 누군가가 데려가서 노예로 키웠고, 매춘부로 키우는 경우도 흔했다. 남아보다 여아가 더 많이 버려진 것이 확실하다. 여아를 키우는 건 재정적으로 손해라고 여겨진 까닭이다.

초대 교회는 일반적으로 그런 관행에 반대했으며, 반대의 근거는 인간이 모두 하나님의 형상으로 창조되었고 따라서 어떤 목숨도 보존 가치가 없는 것으로 여겨서는 안 된다는 믿음이었다. 1세기 교회법규 매뉴얼 디다케(Didache)는 낙태와 영아유기 반대를 그리스도인의 정체성을 보여 주는 하나의 인증마크로 삼았다. 달리 말해, 세례를 준비하는 사람들을 대상으로 하는 교리 문답에는 그리스도인은 낙태하거나 아기를 버리지 않는다는 가르침이 있었다. 2세기에는 모든 기독교 변증가들이 낙태와 영아유기를 반대하는 글을 썼다.

"아버지, 클레멘스 아시죠."

"알지, 만나서 반갑습니다, 도…" 스다구는 클레멘스를 '도미누스'라고 부르려다가 멈칫했다.

클레멘스는 씩 웃으며 스다구와 악수를 했다. "여기서는 우리 모두가 동등하죠, 스다구. 격식을 차릴 필요는 없습니다."

원로원 계급인 사람이 왜 기수 계급조차도 아닌 사람에게 그런 말을 하는지 스다구는 도무지 이해할 수 없었다. 아버지 클레멘스는 자기 아들이 이런 말을 한다는 것을 알면 분명 치욕스럽게 생각할 터였다.

마가가 어색한 침묵을 깼다. "아버지, 아버지의 도움이 필요해요. 저희는 지금 베드로 님을 로마로 몰래 데려오려는 계획을 이야기하고 있어요. 필요할 경우 아버지도 한 역할을 맡아 주실 걸로 믿어도 될까요?"

스다구는 망설여져서 고개를 숙인 채 손만 만지작거렸다. 골치 아픈 일에 휘말리고 싶지 않았지만, 그렇다고 싫다는 말은 할 수 없을 것 같았다. 그래서 그는 그냥 고개를 끄덕였다.

마가가 이야기를 이어갔다. "베드로 님이 오스티아에 도착하면, 우리 친구들이 거기서 그분을 안전하게 하선시켜 칠현자(Seven Sages) 여인숙으로 모셔 올 겁니다."

클레멘스는 여인숙이라는 말에 깜짝 놀라는 것 같았다. "여인숙이라고요?"

"걱정하지 마세요, 형제님. 베드로가 남들 눈에 띄지 않을 수 있는 최적의 장소랍니다."

"확실합니까? 베드로 님을 그 여인숙… 2층 고객으로 생각하는 사람이 없어야 할 텐데요."

"그 여인숙에서 누구든 베드로 님을 알아보는 사람이 있다면, 그건 더 큰 문제죠. 클레멘스 형제님, 형제님이 거기로 가서 베드로 님을 모셔 와야 합니다. 믿을 만한 노예 몇 사람, 그러니까 제일 힘 좋은 사람 몇 명 데리고 가서, 베드로 님을 도성으로 모셔와 주세요. 베드로 님이 여인숙에 도착하면 제가 전갈을 보내겠습니다. 그러면 그때 가서 그분을 부데의 집으로 모셔 와 주세요. 밤중에 움직여야 할 테니 횃불도 준비해 주시고요." 클레멘스는 고개를 끄덕였다. 마가는 이제 스다구를 향해 말했다. "베드로 님이 탄 배가 항구에 들어왔다는 소식이 들어오면, 우리가 클레멘스에게 바로 알려야 합니다. 클레멘스에게 전갈을 보낼 때 아버지 도움이 필요할 듯해요." 스다구는 고개를 끄덕였다.

한편 근위대 막사에서는 누기오 게타가 작은 방안을 왔다 갔다 하고 있었다. 그때 한 대원이 들어와 경례하며 말했다. "게타 각하, 나깃수에게서 전갈이 왔습니다."

게타는 손을 내밀어 밀랍으로 봉인된 작은 두루마리를 받아들었다. 그는 봉인을 살펴보며 글라우디오 황제의 비서인 해방 노예 나깃수의 표장(insignia)이 찍혀 있는지 확인했다. 확인을 마친 게타는 급히 봉인을 뜯고 두루마리를 펼쳐 자신이 기다리고 있던 답변을 대략 훑어 읽었다. "제길! 내 이럴 줄 알았지. 곡물 수급부 장관 자리를 그 하찮은 우르바노에게 주려는 모양이군. 글라우디오가 그런 중요한 임명권을 자기 비서에게 주다니 믿어지지 않는군. 무기력해 빠진 그 절뚝발이를 황제로 세우는 게 아니었어!"

병사는 듣기가 민망한지 헛기침과 함께 군화를 내려다보면서 자세를 바꿨다.

게타는 그런 병사를 쳐다보며 말했다. "우르바노가 누군지 아나?"

"모릅니다, 각하."

"기수 나부랭이지. 티부르티나 길에 살고, 도성 남쪽에 약간의 농지를 갖고 있지. 대부분 올리브밭일 거야. 네가 가서 그자에 관해 최대한 알아봐라. 그리고 적당한 때가 되면 즉각 그자를 없애버려. 알아듣겠나?"

"네, 각하."

"가 봐."

병사는 인사를 하고 돌아서서 방을 나갔다.

점심 식사를 마친 스다구는 우르바노의 집으로 향했다. 전부터 알고 있는 늙은 노예가 문을 열어 주자 스다구는 아트리움의 벤치에 앉아 우르바노를 기다렸다. 아트리움으로 나온 우르바노는 토가 대신 망토 차림이었고 샌들 대신 집에서 신는 신발을 신고 있었다. 그는 스다구를 반갑게 맞으며 악수를 했다. 그리고는 집을 둘러보며 빙긋이 웃었다. "여기가 그립지 않은가?"

"나리 댁에서 살던 시절이요?" 진심이 아닌 말을 하고 싶지 않았기에 스다구는 어떤 표현을 써야 할지 신중히 생각했다. 그리고 잠시 후, 우르바노에게는 솔직해도 되겠다는 결론에 이르렀다. "제 의도와 달리 무례가 될지도 모를 말씀이지만, 저는 변변찮은 저의 집의 평안함과 고요함이 점점 더 좋아집니다."

"말 잘했네!" 우르바노는 웃음을 터뜨렸다. "이 집은 웅장하고, 그래서 내 이름과 우리 집안에 명예를 안겨 주지. 하지만 그건 내가 좀 조용히 있고 싶은 날에도 집안이 시끄럽게 돌아간다는 뜻일세. 이 집엔 노예들이 많지만 그 노예들이 다 필요한 것 같지는 않아. 하지만 노예가 많으면 많을수록 더 부자로 보이지, 그게 중요하다네." 우르바노는 한숨을 내쉬었다. "무슨 말이냐면, 집안에 노예가 할 일이 별로 없어서 이들을 풀어 주기 시작한다면 세상 사람들이 우리 집을 어떻게 볼까, 하는 거지. 그런데 솔직히 말해서, 특정한 시간에 노예들 태반이 어디서 무얼 하는지 난 잘 모른다네. 술집에서 도박을 할 테지, 틀림없이. 자, 이제 가볼까." 목욕탕으로 출발하던 두 사람은 주방에서 나오는 사비나를 문간에서 마주쳤다.

스다구는 사비나를 "도미나"(Domina)라고 부르며 고개 숙여 인사했다. 스다구는 '주'(lord)라는 호칭의 여성형을 쓰는 것은 신성모독이 아니라고 생각했다. 주 예수아를 점잖은 여성으로 혼동하는 이는 아무도 없을 테니 말이다.

사비나는 스다구를 향해 고개를 까닥 해보이고는 남편에게 말했다. "동네방네 소문 다 내려고 나가는군요." 빈정거리는 말투였다.

우르바노의 얼굴에서 웃음기가 사라졌다. 스다구를 흘긋 쳐다보는 그의 얼굴은 순식간에 험악한 표정이 되어 있었다. "피후견인 앞에서 나를 모욕하는 거요? 자기 자신을 좀 봐요! 내 행동이 나라는 사람을 말해 준다고 합시다, 하지만 당신 몸에 걸친 그 금붙이들을 보면 당신이 어떤 사람인지 더 잘 알 수 있다고. 그 금붙이들 다 빼서 구리거울하고 같이 녹여서 당신 입 틀어막는 덮개라도 만들어야겠군!" 우르바노는 무거운 걸음으로 집을 나섰고, 스다구는 서둘러 그의 뒤를 쫓았다.

로마의 목욕탕

목욕탕에는 사실상 상류층 하류층 할 것 없이 누구나 다 갔다. 대개는 오후에, "낮잠" 시간을 이용해서 갔지만, 그 시간에 일하는 사람들도 잠시 일을 멈추고 날마다 목욕탕에 갔을 것이다. 부자 중의 부자 로마인들만 자기 집에 욕조가 있었고, 그래서 거의 모든 로마인들이 집 밖에서 목욕을 했다. 거대한 목욕탕 단지는 국가의 보조를 받았고, 그래서 입장료가 무료이거나 아주 소액이었다. 규모가 작은 목욕탕은 개인 소유였고, 입장료를 받았다. 개인 소유 목욕탕 중에는 여성 전용 목욕탕도 있었을 것이나, 대개는 남녀공용이었고, 1세기에는 남녀가 동시에 목욕을 했다. 로마 주민이 모두 오십만 명이었다는 것을 고려할 때, 목욕탕 단지는 수백 개였을 것이며, 동네마다 있었을 것이다.

황제와 원로원 의원들은 거대한 목욕탕 단지를 지어 놓고 공용으로 개방해서 자신들의 평판을 높이는 동시에 시민들이 자신들에게 신세를 졌다는 의식을 갖게 했다. 목욕탕 건물에는 탈의실이 딸려 있었으며, 여기서 옷과 신발을 벗어 바구니에 담아두고 탕으로 들어가면 담당 노예가 이를 지켰다. 또한 건물에는 마사지를 받거나 운동을 할 수 있는 공간도 있었다. 조금 규모가 큰 목욕탕 단지에는 주랑(柱廊)으로 둘러싸인 운동장이 있었으며, 이 주랑에는 많은 예술 작품이 전시되어 있었다. 운동장에서 남자들은 레슬링을 하거나, 샌드백을 치거나, 나무 기둥에 대고 검을 휘두르는 연습을 하거나, 여러 종류의 공으로 갖가지 구기(球技) 운동을 했다. 이들은 오늘날의 럭비 비슷한 게임까지 했던 것 같다. 어

■ **사진 2.2.** 운동장이 보이는 로마 시대 목욕탕 단지 유적. 오스티아 안티카

■ **사진 2.3.** 탕 바닥의 모자이크가 보이는 로마 시대 목욕탕 단지 유적. 오스티아 안티카

떤 이들은 경기를 구경했고, 술 마시기 게임을 하기도 했고, 운동장에서 벌어지는 경쟁을 두고 내기를 벌이기도 했다. 남자들과 여자들이 운동장 둘레에서 달리기를 할 수도 있었고, 여자들도 자기가 좋아하는 게임을 할 수 있었다.

욕탕에 들어간 사람들은 입욕 순서에 따라 목욕을 했다. 맨 처음에는 한증실로 들어갔다가 다음에는 열탕으로, 그리고 이어서 온탕으로 들어갔다. 이들은 오늘날 우리가 비누를 쓰는 것처럼 오일을 사용했으며, 오일을 바른 후 구부러진 금속 국자 같은 스트리질(strigil)이라는 도구로 벗겨냈다. 이어서 냉탕을 거쳐 탕에서 나온 뒤 사람들은 옷을 갖춰 입고 오후의 여가를 보냈다. 목욕탕 단지 중에는 도서관, 강의실, 산책하기 좋은 그늘진 정원, 음식물을 파는 노점을 갖춘 곳도 있었으며, 이따금 매춘부가 있는 곳도 있었다.

두 사람은 아무 말 없이 마르티우스 평원 쪽으로 발걸음을 옮겼다. "파우스투스 목욕탕으로 가세. 목욕비는 내가 내지." 우르바노가 입을 열었다. "보통은 포르투나투스 목욕탕으로 가는데, 거긴 목욕물을 한참 안 갈더군. 자네도 파우스투스 목욕탕이 마음에 들 걸세."

스다구는 우르바노가 목욕비를 낼 것으로 믿었다. 규모가 작은 개인 소유 목욕탕을 가느라 돈을 쓴 적은 거의 없었다. 하지만 로마에 목욕탕이 워낙 많다보니, 스다구는 파우스투스 목욕탕에 가본 적이 있는지 기억이 나지 않았다. 그는 말없이 우르바노와 나란히 걸으며 호화롭고 나른한 오후를 기대했다.

스다구는 우르바노를 따라 한낮의 더위와 햇볕 속을 걸어 파우스투스 목욕탕의 흐릿하고 어둠침침한 실내로 들어갔다. 대다수 목욕탕 건물과 마찬가지로 각 탕은 모자이크 바닥, 다채로운 색상의 벽, 그리고 로마식으로 모조한 그리스 조상(彫像)으로 장식되어 있었다.

목욕탕은 벌써 사람들로 붐볐다. 주랑 현관을 지나면서 우르바노는 '트라이앵글' 게임을 하고 있는 친구들에게 손을 흔들어 보였다. 트라이앵글은 세 사람이 공을 앞뒤로 던지는 게임이었다. 근육질의 남자들이 벗은 몸으로 레슬링을 하고 있었고, 또 한 무리가 몸에 오일과 모래를 문질러 바르면서 이번 게임 승자와 맞붙을 준비를 하고 있었다.

스다구는 우르바노를 따라 탈의실로 들어갔다. 두 사람은 망토와 튜닉, 샌들, 허리에 두른 아랫도리 가리개를 벗어 바구니에 담았다. 옷 바구니 지키는 노예는 우르바노와 스다구의 얼굴을 기억하려고 두 사람을 잠깐 빤히 쳐다보고는 벽을 따라 설치된 선반에 이들의 바구니를 올려놓았다. 두 사람은 아트리움으로 나갔다. 목욕탕의 수많은 소음이 타일 벽에 부딪쳐 되울렸다. 악사들은 연주를 했고, 음식 파는 이들은 자기 음식을 사라고 소리쳤다. 우르바노는 소시지 노점 앞에서 걸음을 멈췄다. 주랑 현관 쪽에서는 사람들이 놀이하는 소리, 서로 고함지르는 소리가 들렸다. 남자들은 이발사를 중심으로 둥글게 모여 시끄럽게 떠들어댔고, 마사지사는 고객들의 피부를 찰싹찰싹 쳐가며 마사지를 했다. 스다구는 목욕 중인 여자들의 벌거벗은 몸을 쳐다보지 않는 척하려고 했다. 우르바노는 스다구를 마사지 구역으로 데리고 가, 비어 있는 마사지 테이블 옆에 서 있는 두 남자에게 넘겼다.

"마사지만." 우르바노는 그중 한 사람에게 말하며 테이블 위로 올라가 누웠다.

다른 마사지사는 당신도 어서 올라와 누우라는 듯 스다구를 쳐다봤다. 스다구가 아무 말도 하지 않자 마사지사는 "손님도 마사지만인가요, 아니면 일체를 원하세요? 요금이 조금 더 나오기는 하지만 아깝지 않으실 겁니다."

"마사지만요." 스다구는 테이블에 누워 눈을 감고 팬파이프와 오보에 소리에 귀를 기울였다.

"나는 저 악기가 싫어." 우르바노가 말했다. 팬파이프와 오보에 소리를 말하는 것 같았다. "너무 날카로워." 마사지사는 두 사람의 몸에 오일을 바르고 문지른 뒤, 철제 스트리질로 긁어냈다.

마사지가 끝나자 우르바노와 스다구는 튜닉을 걸치고 운동장으로 나갔다. 우르바노는 운동하고 싶은 기분이 아니라서 레슬링 하는 사람들을 두고 내기를 했고, 또 한편으로는 여자들이 '굴렁쇠 굴리기'하는 걸 구경했다. 스다구는 주랑을 따라 달리기를 했고, 핸드볼 하는 사람들에게 불려가 함께 게임을 했다. 게임을 끝낸 스다구는 운동장을 어슬렁거리며 우르바노를 찾아다녔다. 한 무리의 남자들이 근위대장 누기오 게타를 중심으로 둘러앉아 있는 게 보였다. 누기오는 남자들에게 무언가를 이야기하고 있었다. 스다구가 서 있는 곳에서는 그가 무슨 말을 하는지 거의 들리지 않았지만, '티부르티나 길'이라는 단어는 확실히 알아들을 수 있었다.

한참 뒤 스다구는 우르바노를 찾았다. 우르바노는 매춘부들이 있는 주랑 현관 쪽에서 나타났다. 두 남자는 탈의실에 튜닉을 벗어 두고 한증실로 향했다. 한증을 마친 뒤에는 열탕으로, 열탕에서 나와서는 온탕으로, 그리고 마지막으로 냉탕으로 들어갔다.

탕에서 나와 옷을 입은 스다구와 우르바노는 정원을 지나며 조각상을 감상했다. 얼마나 쾌적하고 평화로운가, 스다구는 혼자 그렇게 생각했다. 정말 모든 피로가 다 풀렸고, 이것이 바로 자신이 꿈꾸는 그런 삶, 재력이 생기면 누릴 수 있는 그런 삶이라는 생각이 들었다. 길 따름이 학습반에 들어간 것은 혹 국가에 대한 의무와 국가가 기대하는 충성심을 배신하는 것 아닐까 하는 생각도 들었다.

다시 말하자면, 사업에 나쁜 영향이 있지 않을까 하는 걱정이었다.

주랑 현관을 지나던 스다구와 우르바노의 귀에 강의실에서 새어 나오는 소리가 들렸다. 강의실에서는 철학자들이 학생들을 가르치기도 했고, 책을 공개 낭독하는 행사를 벌이기도 했는데, 이날은 한 남자가 율리오-글라우디오 ⁽율리우스-클라우디우스:Julio-Claudian⁾ 왕조의 역사에 관해 황제가 친히 쓴 책을 낭독하고 있었다. "글라우디오 황제가 자기 책을 공개 낭독하곤 했다는 것 알고 있나?" 우르바노가 나지막이 물었다.

"저도 그런 얘기 들었습니다. 그런데 왜 중단했을까요? 언어 장애 때문일까요?"

"맞아. 얼마나 심하게 말을 더듬는지 듣다 보면 그저 애처롭다는 생각만 든다는군."

"그 얘기도 들었습니다. 그런데 황제가 이제 알파벳에 새 철자를 추가하려고 한다면서요? 아시겠지만, 사람들은 황제를 두고 농담을 하면서 웃음거리로 삼더군요."

"언젠가 황제가 주사위 게임에 관해 책을 쓰고 있다면서 읽어 주는 걸 들어 봤지. 자네니까 하는 말인데, 스다구, 정말 안 됐더군. 정말 그런 심정이었어. 그 사람은 평생 조롱을 당해 왔지, 심지어 자기 가족한테까지. 왜 자기 집안 역사를 기록하고 싶어 하는지 난 도무지 모르겠어. 물론 그건 다 그가 황제가 되기 전 일이지. 이제 황제는 사람들 앞에 거의 모습을 안 드러내. 하지만 누가 그를 비난할 수 있겠나?"

파우스투스 목욕탕을 나서면서 우르바노는 후견인의 입장에서 피후견인 스다구에게 말했다. "좋은 소식을 좀 들었다네, 스다구."

"오, 혹시?"

"그래, 곡물 수급부 장관 후보 중 내가 가장 유력한 것 같아."

"반가운 소식이군요." 두 사람은 시선을 아래로 향한 채 조심조심 걸었다. 깨진 질그릇 조각과 쓰레기를 잘못 밟으면 발목을 삘 수도 있었고, 길거리의 똥을 밟을 수도 있었다.

"그렇지, 물론 자네도 알다시피 세상에 공짜는 없어."

"무슨 말씀이신지요?"

"그게, 아무 대가 없이 주어지는 건 없다는 말이지. 나깃수는 내게 장관직을 제안하지만, 그 대신 무언가 보답을 기대하더군."

"그가 원하는 게 뭔가요? 이런 걸 여쭤도 되는지 모르겠습니다만."

"뭐, 괜찮네. 그 얘길 하려던 참이었다네. 그보다 먼저, 자네 지난번에 수입 사업을 하게 도와 달라고 하지 않았나?"

이제 드디어 사업에 진보가 있는가 보다 하는 생각에 스다구는 가슴이 뛰기 시작했다. "네, 맞습니다."

"그게 말일세, 내가 그렇게 일을 만들어 줄 수는 있을 것 같네. 그런데 자네가 보답해줄 게 있어."

"그게 뭡니까? 뭐든 원하시는 대로 하겠습니다." 스다구는 목욕탕에서 보낸 오후 시간이 진심으로 고마웠다.

"좋아. 나깃수는 내가 장관직을 얻는 대신 그가 이제 막 면천시켜 준 사람에게 개인 교사 자리를 구해 줬으면 한다네. 마침 자네 아들이 이제 막 개인 교사가 필요한 나이 아닌가. 내 기억이 맞는다면, 이름이 뭐더라, 더디오?"

아들을 후견인에게 맡겨야 한다고 생각하니, 더구나 그 대가로 돈을 내야 한다고 생각하니 스다구는 갑자기 마음이 무거워졌다. "음, 더디오, 맞습니다."

시내 한가운데로 들어서니 소음이 점점 심해졌다. 스다구와 우르바노는 오가는 사람들과 사방에서 부딪쳤고, 대화를 이어가기가 점점 힘들어졌다. 어떤 사람이 스다구의 발을 밟았다. "빌어먹을!" 스다구는 발을 밟은 사람이 있는 쪽을 향해 한쪽 손의 검지와 새끼손가락을 들어 보였다. "정말 똥 수레 끌고 와서 여기를 좀 치우면 좋으련만." 우르바노는 확답을 재촉했다. "그럼, 그러기로 했다고 나깃수에게 말해도 될까?"

"지금 당장 그렇게 말씀드릴 수 있을지 저도 잘 모르겠습니다."

스다구의 대답에 우르바노는 과장된 표정으로 배신감과 실망을 드러냈다.

스다구는 우르바노의 표정을 못 본 체하고 이야기를 이어갔다. "마리아하고 의논을 해봐야 합니다."

"마리아하고 의논한다고?!" 우르바노는 이제 화를 냈다. "자네 집 가장이 누군가, 자네인가 마리아인가? 세상에, 마리아는 더디오의 어머니도 아니잖나."

"맞는 말씀입니다, 하지만 마리아는 더디오가 알고 있는 유일한 엄마입니다. 그리고 전에 어떤 사람이 마리아더러 더디오의 친

엄마가 아니지 않느냐고 했더니 마리아가 그 사람을 죽여 버리겠다고 하더군요. 그리고 길 따름이들은… 이 사람들은 사실 개인 교사-학생 관계를 안 좋아해요. 남자아이들이 성 노리갯감이 된다고 하죠."

"그러니까 자네 말은, 개인 교사가 아이들한테 안 좋다는 말인가? 그럼 남자아이들이 어디서 인맥을 만들어간다는 말인가? 이 사람이 나중에 자네 아들 후견인이 될 수도 있을 텐데. 그리고 어쨌든, 더디오는 아직 남자가 아닐세. 수염이 나기 시작하고, 주도권을 쥐고 싶어지면 그때 스스로 선택할 수 있을 테지. 다른 남자의 총애를 받는 사람으로 인생 이력을 시작해도 전혀 부끄러운 일이 아닐세."

"맞는 말씀인 것 같습니다." 스다구는 우르바노의 말에 무슨 말로 이의를 제기해야 할지 몰랐다. 하지만 마리아에게 어떻게 이야기를 꺼내야 할지 그것도 상상이 되지 않았다.

"스다구, 내가 생각하기에 그 유대인 여자는 결국 자네에게 망신을 안길 걸세. 이 길 따름이들과 어울리다니, 자네가 걱정되는군. 프리아포스(Priapus:다산의 신이자 가축과 남성 생식기의 수호신-옮긴이) 신의 이름으로 말하건대 무슨 반사회적이고 비애국적인 조직이기에 남자 아이가 자기보다 나이 많고 유력한 남자와 연줄 맺고 혜택받는 걸 못 하게 한단 말인가?"

우르바노는 그렇게 말하면서도 말이 목에 걸렸다. 자신이 길 따름이들에게 부당한 말을 하고 있다는 것을 알기 때문이었다. 그 사람들은 그저 순진한 자기 자녀들을 보호하려는 것뿐이었다. 우르바노는 길 따름이들의 반ⓇGreek로마적 태도를 힐난하면서도 이상하게 그 사람들의 강하고 담대한 확신에 마음이 끌렸다.

"길 따름이들이 허용하지 않는 건 그뿐만이 아닙니다." 스다구가 거의 혼잣말처럼 중얼거렸다.

"또 뭐가 있나?"

"네, 예를 들어 그 사람들과 한 상에 둘러앉기 시작하면, 그 날부터 제 인생에 매춘부는 없습니다." 스다구는 학습자 반에 들어가려고 매춘부 찾아다니는 일을 진작 그만두었다는 말은 하지 않았다. 사실을 말하자면, 이는 마리아와 함께 살기 시작할 때 마리아가 내건 조건이었다.

"뭐라고?" 우르바노는 소름이 끼쳤다. "어떻게 감히 남자의 선택권에 간섭을…! 자기 몸을 가지고 무얼 하든 그건 남자 자신이 알아서 할 일 아닌가!"

"맞습니다. 그 사람들 모임에 들어가면, 더는 해서는 안 되는 일들 목록이 줄줄이 있습니다." 하지만 스다구의 불평은 반은 건성이었다. 생활방식을 포기하는 문제가 자신의 진짜 고민이 아니라는 것을 스다구 자신은 알고 있었다. 진짜 걱정스러운 것은, 세례 받은 길 따름이가 되면 앞으로 사업 역량이 줄어들지 않을까 하는 문제였다.

"그렇다면 그 모임에 들어가지 말아야지! 누구도 자네를 틀에 집어넣을 수 없어. 그럴 만큼 가치 있는 여자는 없다고!" 우르바노는 계속 입에서 침을 튀기며 불신과 못마땅함을 드러냈다. 하지만 스다구는 그저 어깨 한 번 으쓱해 보일 뿐이었다. 자신에게도 해답이 없다는 뜻이었다. 결국 두 사람은 말없이 걷기만 했다. 우르바노가 처음에 뱉어낸 말들은 자신의 정당한 분노를 변호하려고 한 말이었다. 하지만 자신의 말이 자꾸 그의 머릿속에 맴돌았다. 그럴 만큼 가치 있는 여자는 없다. 우르바노는 자신의 아내 사비나를 생각했다. 사비나는 그럴 만큼 가치가 있는 여자인가? 자문해 봤다. 아내가 많은 걸 포기하라고 하면 포기할 수 있을까? 말없이 스다구와 나란히 걸으면서 우르바노는 결국 사비나가 아주 좋은 아내라는 결론에 이르렀다. 아내를 계속 옆에 두기 위해 다른 여자들을 포기해야 한다면 자신이 과연 어떻게 할지 궁금했다. 사비나는 그럴 만큼 가치 있는 여자일까? 아무리 몸에 익은 생활방식을 위해서일지라도 아내를 버리고 가정을 깨는 편을 택하겠다고는 쉽게 말할 수 없었다. 우르바노는 자신의 그런 생각에 깜짝 놀랐다. 폰티날리스 문에 도착하자 스다구는 후한 대접에 감사하다며 우르바노에게 인사를 했다. 그러자 우르바노는 스다구의 눈을 들여다보며 말했다. "나는 자네의 여자 마리아를 잘 모르네. 그러니 그럴 만큼 가치 있는 여자는 없다는 말은 하지 말았어야 했네. 어떤 여자는 그 정도로 가치 있을 수도 있지." 스다구는 불쾌하지 않았다는 뜻으로 고개를 끄덕였다. 하지만 이 시점에서는 더할 말이 남아 있지 않았다. 우르바노도 고개를 끄덕였고, 두 사람은 헤어졌다.

스다구는 집 쪽으로 걸음을 옮겼지만, 걸음걸이가 자꾸 느려졌다. 더디오와 개인 교사 문제에 관해 마리아에게 어떻게 말을 꺼내야 할지 고민했지만 뾰족한 수가 떠오르지 않았다. 그는 한 장애인 걸인을 지나치면서 그 사람 앞 땅바닥에 침을 뱉었다.

"아버지!" 마가였다. "아버지, 우리 이 문제에 관해 얘기했잖아요. 우리는 장애인한테 침 뱉지 않는다고요."

"미안하구나, 습관의 힘이란. 액운을 쫓으려고 그랬단다." 스다구는 걸인에게로 다시 가서 말했다. "미안합니다." 마가가 스다구에게 눈짓을 하자 스다구는 작은 가죽 쌈지를 품에서 꺼내 뒤적였다. 제일 소액의 주화를 찾아내 걸인 앞에 떨어뜨려 주자 걸인은 순식간에 돈을 잡아챘다. 걸인에게 침을 뱉은 것은 미안했지만, 더 큰 문제가 스다구를 초조하게 했다. 개인 교사와 학생 관계가 정말 나쁜 일일까? 우르바노에게 안 된다고 말할 수 있을까? 그는 우르바노 아버지 집에서 보낸 자신의 어린 시절을 떠올리지 않은 지 오래였다. 하지만 한 가지는 알고 있었다. 안 된다고 말해 줄 수 있는 아버지가 있었다면 얼마나 좋았을까. 스다구 자신도 남자가 되기 위해 여자 역할을 해야 했다면, 아들은 왜 안 된다고 생각하는 걸까? 스다구는 조금 전 걸인에게 자선 베푼 것을 길 따름이들의 하나님께서 보셨기를 바랐다. 어떻게 해야 할지 알 수 있게 이 하나님께서 도와주셨으면 하는 마음이었다.

마가가 고개를 가로저으며 말했다. "아버지, 어떤 사람이 가난하다고 해서 그게 곧 누구를 시샘한다는 뜻은 아니에요. 설령 시샘한다 해도, 그 사람이 아버지를 노려보면서 아버지한테 불운한 일이 생기게 하지는 못해요."

"안다, 나도 그렇게 생각해, 하지만…"

"흉안(凶眼)은 아버지한테 전혀 힘을 못 써요. 흉안에서 아버지를 보호하려고 미신을 믿을 필요는 없어요. 그게 걱정이 된다면 제가 가르쳐 드린 대로 기도하세요."

"맞다, 기도. 그렇게 하마. 고맙다." 스다구는 집으로 들어갔고, 마가도 따라 들어왔다. "마가, 네 어머니와 둘이서만 이야기를 좀 해도 될까?"

"네, 그럼요. 자, 더디오, 우리는 항아리 가지고 물이나 길으러 가자." 마가와 더디오는 항아리를 하나씩 들고 집을 나서서 근처 샘으로 향했다.

스다구가 우르바노의 제안에 관해 이야기하자 마리아는 눈에 보이게 흥분했다. 마리아는 스다구의 눈도 쳐다보지 않았다. 스다구가 언뜻 보니 마리아의 손이 덜덜 떨리고 있었다. 긴 침묵과 무거운 한숨 끝에 마리아가 힘겹게 입을 열었다. "당신도 알죠…" 마리아는 목청을 가다듬고는 떨리는 목소리로 애써 이야기를 이어갔다. "그런 문제에 관해 사도들이 뭐라고 말하는지 당신도 알죠. 그게 나쁜 일이라는 거 당신도 알아요."

"자, 마리아," 스다구는 최대한 침착하게 말했다. "당신이 간혹 로마 풍습을 이해하지 못할 때가 있소. 로마에서는 남자아이가 출세하려면 당연히 그렇게 하는 걸로 생각한다고. 우르바노는 더디오한테 은혜를 베푸는 거라고요."

한참을 대답이 없던 마리아는 고개를 가로저으며 입을 열었다. 하지만 마리아의 입에서는 아무 말도 나오지 않았다. 얼마 후 마리아는 나지막한 소리로 겨우 말했다. "안 돼요." 그리고 조금 더 큰 소리로 또 말했다. "안 돼요. 당신이 그러면 안 돼요. 말로는 우리 모임에 들어오고 싶다고 하면서 이런 짓을 하다니요. 우리는 이런 짓 안 해요, 당신도 알잖아요. 사도들이 금한다고요."

"하지만 그건 그 사람들이 다 유대인이니까 그렇지." 스다구는 항변했다. "그 사람들도 로마 풍습을 이해 못 해. 이 풍습이 내 출세에 도움이 된다는 것도 이해 못 하고. 이건 우리 모두에게 도움이 된다고."

"당신 아들을 그런 처지에 몰아넣으면 베드로는 당신한테 절대 세례 안 줄 거예요."

"그 문제는… 생각 중이오. 세례받는 걸 잠시 미룰까 생각 중이지. 내 후견인이 곧 곡물 수급부 장관이 될 텐데, 그렇게 되면 사업을 확장할 기회가 생기거든. 내가 늘 하는 말이지만, 이건 우리 모두에게 도움이 될 거요. 규칙과 계명에 너무 얽매이다 보면 사업도 제대로 못 하고 인맥 관리도 못 한다니까."

눈물을 애써 참던 마리아는 결국 울음을 터뜨리고 말았다. 스다구는 격앙된 얼굴로 한숨을 내쉬었다. "당신이 내게 무얼 요구하는지 모른단 말이오? 길 따름이들이 내게 뭘 기대하는지? 이건 너무 지나쳐! 당신은 내게 제국을 배신하는 자가 되길 요구하고 있어. 우리의 오랜 전통을 배신하라고 말이지. 티베르 강의 흐름을 거슬러 헤엄칠 수 있는 사람이 있을까?" 마리아는 스다구를 등지고 서서 흐느껴 울었다.

스다구는 그런 마리아를 놔두고 밖으로 나왔다. 저녁 식사와 예배 시간이 되어도 집에 돌아올 수 없을 것 같았다. 이 문제에 대해 기도하자고 마리아가 모임 사람들에게 말할까 봐 두려웠다. 마가는 스다구 머리에 손을 얹고 하나님께 기도할 것이다. 결정을 잘 내릴 수 있게 도와 달라고. 그건 곧 스다구가 마음을 바꾸게 해달라고 하나님께 청한다는 뜻이었다. 어디로 가는지도 모르는 채 걸었지만, 어쨌든 그것만은 확실했다. 걷다 보니 어느새 강가였다. 스다구는 다리를 건너 트란스 티베림 지구로 향했다. 모든 계획이 다 산산조각이 난 것 같았다. 출세가 코앞에 있는데, 우르바노에게 그런 청을 받았다… 자신과 가족을 안전하게 해줄 것이라 믿었던 바로 그것이 이제는 안전을 위협하는 일로 보였다. 안전이란 왜 이리 손가락 사이로 빠져나가기만 하는 것 같은지.

가정 신앙

로마 사회에서 가장 혹은 '가부장'(paterfamilias)은 그 가정의 사제로 여겨졌다. 가장은 예배 의례를 이행하고 집안과 그 집안에 사는 사람들을 위험에서 지켜 준다고 하는 몇몇(대개 이름도 없는) 신들에게 제사를 지냈다. 로마 종교의 사제는 나쁜 징조를 보지 않으려고 후드를 쓰거나 머리를 가렸다. 나쁜 징조는 흔히 번개, 불길한 방향으로 날아가는 새, 그 외 하늘에 나타나는 현상 등으로 찾아왔다. 후드는 사제가 그렇게 나쁜 징조가 나타날 때 하늘을 올려다보지 못하게 막아 주었다. 사제가 못 봤으면 나쁜 징조도 별로 중요하지 않았다.

집안에는 사당이나 제단이 있는 경우가 많았고, 개인 소유 주택에는 문 가까운 벽에 신상을 놓아두는 벽감(壁龕)이 설치되어 있었다. 이 사당이나 벽감에는 그 집안 수호신의 작은 상을 놓아두었다. 가정의 수호신(lares)은 집안을 지켜 주는 선한 영들이었고, 청동상을 놓아둔 사당이나 벽감은 '라라리움'(lararium)이라고 했다. 그달 일정한 날에 사당에 꽃을 갖다 놓았고, 가족들의 식사 때면 이 이름 없는 신들에 대한 신뢰의 표시이자 제물로서 약간의 음식을 라라리움에 갖다 놓았다. '페나테스'(penates)는 식료품 창고나 저장실을 지켜 주는 신이었다. 이 신들은 집안에 식량 공급을 관장하는 수호신이었다. 페나테스는 이따금 뱀 모양으로 묘사되었는데, 이는 그리스 판 주방 신들의 모습을 따른 것으로, 실제로 식료품 창고에서 뱀을 발견하면 좋은 징조로 여겨졌다. 뱀이 설치류를

■ **사진 2.4.** 가정의 수호신(lares. 단수형은 라르lar), 또는 집안 신의 전형적인 예. 이 신상은 아마 고대 로마에서 전통적 (이교도) 가정의례 때 사용되었을 것이다(국립 고고학 박물관, 나폴리)

■ **사진 2.5.** 가정의 수호신(lares. 단수형은 라르lar) 또는 집안 신의 또 다른 예. 신의 왼손에 들린 접시에 주목하라. 이 접시는 식사 의례의 한 부분으로서 약간의 음식을 가져다 놓는 받침으로 쓰였을 수 있다(국립 고고학 박물관, 나폴리)

막아 준 까닭이다.

어떤 집에는 화로의 여신 베스타를 모신 사당도 있었고, 머리가 둘 달려서 과거와 미래를 모두 보는 신 야누스를 모신 사당도 있었다. 야누스는 문지방이나 문간을 지켜 주며 가족들이 들고나는 것을 돌봐 준다고 했다.

대다수 로마인에게 종교는 선량한 시민의 의무에 참여하는 일이었고 종교란 신에게 보호받기 위해 의례를 준수한다는 뜻이었다. 전통적인 그리스·로마 종교에는 오늘날 우리가 생각하는 개인 경건 개념이 없었고, 이 개념은 동방에서 신비 종교가 로마에 들어오면서부터 생겨났다. 머지않아 기독교는 "개인 경건"을 옹호하는 이런 미심쩍은 종파 중 하나로, 즉 개인 회심이나 소규모 집단 회심, 그리고 헌신에 바탕을 둔 종교로 여겨지게 되었다. 개인 경건에 기반을 둔 종교를 미심쩍게 보는 로마인이 많기는

했지만, 이들에게도 고유한 유형의 개인적 신앙이 있었으며, 이 신앙은 대개 오늘날 우리가 말하는 비학(occult), 즉 점성술, 12궁도, 점치기, 마법 등과 관련 있었다.

사비나가 집안 노예들에게 이것저것 지시하며 정찬을 준비하고 있을 때, 우르바노는 머리를 가리고 저녁 제례를 시작했다. 현관 근처 유물 장을 열어 집안 신의 청동상을 꺼냈다. 그는 식당 중앙 탁자에 신상을 올려놓고 상 앞에 약간의 음식을 제물로 가져다 놓았다. 그가 저장실 신들을 위해 찬방에 제물을 남겨두고 나올 즈음 가족들과 손님들이 식당에 모여 벤치형 의자에 비스듬히 기대며 자리를 잡았다. 몸을 기대는 벤치형 의자는 방 안 삼면에 직각 형태의 U자 모양으로 놓여 있었다. 우르바노와 사비나는 U자형의 맨 위, 가장 상석에 기대앉았다. 손님들도 각자 자리를 잡았다. 가장 신분이 높은 손님이 집주인과 가장 가까운 자리에 앉았고 이 손님의 미혼 딸들은 자기 부모 뒤에 놓인 의자에 앉았다. 노예들이 첫 번째 요리를 가져와 우르바노가 앉은 상석에서부터 차려 놓기 시작했다.

한편 스다구의 집에서는 음식을 한꺼번에 차려 놓고 먹는 전혀 다른 유형의 정찬이 진행 중이었다. 매일 밤 그렇게 하듯 이들은 각 가정이 음식을 가져와 함께 나누었다. 아이들과 함께 도착한 빌롤로고와 율리아는 가져올 게 아무것도 없어 빈손으로 왔다고 미안해했다. 마리아는 아가페(agapē)는 이런 경우를 위해 있는 거라며, 언젠가는 풍성히 누릴 날이 있을 거라고, 그러면 다른 사람들도 빈손으로 와서 두 부부가 넉넉히 가져온 음식 덕을 보게 될 거라고 안심시켜 주었다.

스다구의 부재가 너무도 확연했지만, 마리아는 남편이 예배에 불참했다는 걸 모르는 것처럼 행동했다. 기도 요청 순서가 되자 마리아는 최선을 다해 고른 신중한 표현으로 자신의 고민거리를 털어놓았다. 하지만 더디오는 이것이 자신과 관계있는 일임을 알아챌 수 있었다. 마가는 위로가 담긴 표정으로 더디오를 쳐다봤고, 모임 사람들은 기도를 시작했다.

"주여, 자비를 베푸소서"를 선창하고 따라 하는 순서를 마친 후 마가가 앞에 나와 앉아 이야기를 시작했다. "아시다시피, 우리 주 예수아께서 하늘로 올라가신 이후 우리는 그분이 약속하신 대로 다시 오시기를 애타게 기다려 왔습니다. 이제 십칠 년이 지났지만, 그분은 아직 돌아오시지 않은 게 분명합니다. 그분이 왜 지체하시는지 우리는 알 수 없고, 성경을 잘 알고 예수아의 가르침을 직접 들은 우리 유대인 형제자매들은 지금 우리 곁에 없습니다. 그 오순절에 예루살렘에 있던 사람들도 대부분 흩어졌습니다. 그리고 이제 그리스에 있는 일부 길 따름이들이 주님의 재림을 보는 복도 누리지 못하고 세상을 떠난다는 소식도 들려옵니다. 그래서, 베드로 님과 의논해 허락을 얻은 뒤 저는 일종의 전기(傳記)를 쓰기 시작했습니다. 예수아, 베드로, 그리고 그 외 제자들의 이야기죠. 아직 다 완성되지는 않았지만, 우리 주 예수아가 무슨 말씀을 하셨고 어떤 일을 하셨는지 여러분이 듣고 기억할 수 있도록 우리 저녁 모임 때 몇 단락씩 읽어드리려고 합니다."

모두 좋다고 소곤거렸고 방 안은 나지막한 흥분으로 소란스러워졌다. 마가는 두루마리 하나를 펼쳐서 읽기 시작했다.

"'회당을 나온 예수아는' 참, 여러분이 염두에 두실 점은, 제가 실제 일어난 일을 다 기록하려 하지도 않고, 실제 일어난 순서에 따라 기록하지도 않는다는 것입니다. 그저 그때 일어난 일들에 관한 이야기를 모아놓았을 뿐입니다. '회당을 나온 예수아는 베드로라 하는 시몬의 집으로 갔다. 시몬과 안드레의 집에 야…'"

마가는 "야고보"라는 이름을 말하려다가 목이 메었다. 방 안 분위기가 울적해지면서 모두 말이 없어졌다. 세베대의 맏아들 야고보를 한 번도 만나본 적 없는 이들이 대부분이었지만, 그래도 이들은 야고보가 팔 년 전에 헤롯 아그립바에게 처형당했다는 것은 알고 있었다.

마가는 감정을 추스르려 애썼다. 열한 살 소년 시절, 예수아와 함께 다니며 그분의 가르침을 듣는 어른들을 필사적으로 쫓아다닐 때, 그런 마가를 야고보는 늘 다정히 대해 주었다. 사실 그 사람들 모두 어린 마가에게 잘해 주었지만, 야고보는 특히 더 친절했다. 아마 마가의 히브리식 이름 요한이 야고보의 동생 이름과 똑같았기 때문이었던 것 같다. 아니 어쩌면 마가의 아버지, 곧 마리아의 첫 남편이 세례 요한의 처형을 막으려 하다가 죽었다는 것을 알고 있었기 때문일지도 모른다. 아버지가 세례 요한을 찾아가 당신이 바로 그 사람이냐, 아니면 우리가 또 다른 사람을 기다려야 하느냐고 묻던 때를 마가는 기억했다. 그날 아버지가 집에 돌아오기를 기다리던 기억도 나지만, 아버지는 돌아오지 않았다. 마가는 목청을 가다듬고 다시 두루마리를 읽기 시작했다. "'예수아는 시몬과 안드레의 집에 야고보와 요한과 함께 들어가셨다. 시몬의 장모가 열병으로 누워 있었다. 사람들이 곧 그 여인에 관해 예수아에게 말씀드렸다. 예수아는 여인에게 다가가 손을 잡아 일으키셨다. 그러자 열병이 떠나고 여인은 그들에게 수종 들었다.'"

예수아가 누군가의 병을 고쳐 주셨다는 이야기에 사람들은 의기양양해서 두런거렸다. "기적이야!" 사람들은 말했다.

하지만 마리아는 말이 없었다. 야고보가 죽임당한 일을 떠올리자 다시 의심이 솟구쳤다. 주님은 어떻게 그런 일이 벌어지게 하실 수 있었을까? 야고보, 스데반, 그리고 마가의 아버지. 마리아는 언젠가 로마에도 그런 위험이 닥치지 않을까 걱정이었다. 그때는 어떻게 해야 할까? 아들까지 잃게 되지는 않을까?

마가는 사람들을 향해 물었다. "예수아가 '도미누스'라고 여러분의 입으로 고백하십니까?"

"네." 모두 한목소리로 대답했다.

"아버지께서 예수아를 죽음에서 일으키셨다고 마음으로 믿습니까?"

"네."

"그렇다면 여러분은 구원받을 것입니다."

또 한 번 기도를 한 뒤 마가가 말했다. "오늘 밤 감사의 빵은 암블리아 님 가정에서 준비했습니다. 암블리아 님 집은 여기서 바로 북쪽 라타 거리에 있습니다." 암블리아가 빵 몇 덩이를 마가에게 건넸고, 마가는 빵을 들어올렸다. "이 도성의 서로 다른 지역, 서로 다른 가정에서 모이지만, 우리는 하나입니다. 그리고 세상 모든 곳, 세상 모든 도성에서 모이는 모든 길 따름이들과도 하나입니다. 그러므로 우리가 하나임을 기억하기 위해 이 한 빵을 나눕니다." 마가는 브리스가를 보며 말했다. "브리스가의 부모님 아굴라와 브리스길라처럼, 여기 로마에 우리와 함께 있어야 하나 추방되어 흩어진 형제자매와도 하나임을 우리가 기억합니다. 예수아께서 말씀하시기를, '내가 곧 생명의 빵이다. 너희 조상들은 광야에서 만나를 먹었어도 죽었다. 이 빵은 하늘에서 내려오는 것이니 사람이 먹고 죽지 않게 하는 것이다. 나는 하늘에서 내려온 살아 있는 빵이니 누구든지 이것을 먹으면 영원히 살 것이다. 내가 주는 빵은 세상의 생명을 위한 내 살이니라. 내가 진실로 진실로 너희에게 말하니 인자의 살을 먹지 않고 인자의 피를 마시지 않으면 너희 속에 생명이 없도다. 누구든 내 살을 먹고 내 피를 마시는 사람에게는 영생이 있고, 마지막 날에 내가 그를 다시 살리리니 내 살은 참된 양식이요 내 피는 참된 음료인 까닭이다. 누구든 내 살을 먹고 내 피를 마시는 사람은 내 안에 있고 나도 그의 안에 있도다'라고 하셨습니다. 이것이 우리 믿음의 신비입니다. 크리스토스께서 죽으셨습니다. 크리스토스께서 다시 사셨습니다. 크리스토스께서는 다시 오실 것입니다."

마가는 사람들을 인도해 주기도문으로 기도한 뒤 말했다. "형제자매 여러분, 세례 요한이 예수아를 가리키며 말하기를 '보라, 여기 세상 죄를 지고 가는 하나님의 어린양이 있다'고 했습니다. 이제 잠시 우리 마음을 점검하면서 우리가 혹시 주님의 계명에 순종하지 못하지는 않았는지 스스로 물어보는 시간을 가집시다." 그는 잠시 말을 멈추었다가 다시 입을 열었다. "생각해 본 것을 염두에 두고 우리 죄를 주님께 고백합시다. 세상 죄를 짊어진 하나님의 어린양이시여, 우리에게 자비를 베푸소서. 세상 죄를 짊어진 하나님의 어린양이시여, 우리에게 자비를 베푸소서. 세상 죄를 짊어진 하나님의 어린양이시여, 우리에게 자비를 베푸소서. 세상 죄를 짊어진 하나님의 어린양이시여, 우리에게 평강을 주소서."

이어서 마가는 모두가 볼 수 있도록 빵을 들어 올렸다. "예수께서 말씀하시기를, '너희 모두 이것을 받아서 먹으라 이것은 너희를 위해 내어줄 내 몸이다'라고 하셨습니다. 마가는 이어서 포도주 잔을 들어 올리며 말했다. '너희가 다 이것을 받아 마시라 이것은 내 피, 새롭고 영원한 언약의 피의 잔이다. 이 피는 죄 사함을 얻게 하려고 너희와 모든 사람을 위해 흘릴 피니라 이를 행하여 나를 기념하라.' 보십시오, 여기 세상 죄를 지고 가시는 하나님의 어린양이 있습니다." 마가는 빵을 떼어내서 한 조각씩 돌리기 시작했다.

빌롤로고, 암블리아, 젊은 클레멘스가 바구니를 들고 대기했다. 마가는 커다랗게 떼어낸 감사의 빵 세 조각을 바구니에 하나씩 담았고, 세 집사는 다른 회집에 이를 전해 주러 나갔다. 사람들은 이제 조금 편한 자세로 자리를 잡고 앉아 각자 준비해 온 갖가지 음식을 나누었다. 생선, 치즈, 기름에 튀긴 정어리와 멸치, 렌즈콩과 루핀콩을 호박과 함께 끓인 스튜, 후무스(hummus: 병아리콩을 익혀 으깨서 기름으로 맛을

낸 것-옮긴이)를 곁들인 빵 등.

식사가 서서히 끝날 즈음 로데가 노래를 부르기 시작하자 사람들이 하나둘씩 따라 불렀다. 로데가 한 소절 한 소절 부르면 나머지 사람들이 이를 따라서 불렀다.

그는 보이지 않는 하나님의 형상이요

모든 피조물을 내신 이라

만물을 그가 창조하셨으니

만물이 다 그를 통해서 그를 위해 창조되었도다

그는 만물보다 먼저 계시고

만물이 그 안에 모이니

그는 만물의 근본이시며

죽은 자들 가운데서 가장 먼저 나오셨으니

이는 만물의 으뜸이 되려 하심이요

모든 충만이 그 안에 거하고

그로 말미암아 만물이 자기와 화목하며

그로 말미암아 화평 이루기를 기뻐하심이라

노래를 다 부르자 빌롤로고를 비롯해 세 집사가 돌아왔다. 사람들은 횃불을 켜고 남은 음식을 다 챙겨, 모임 중에 형편이 넉넉지 않은 이들에게 건넸다.

수성의 날

스다구의 입장에서 그날은 로마인 피후견인이 바랄 수 있는 최고의 하루로 시작되었다. 저녁에 후견인의 집에서 있을 정찬에 초대받은 것이다. 그런 초대를 받으면 기쁜 게 당연했지만, 스다구는 그 정도로 고지식하지 않았다. 이 초대에는 부대조건이 있다는 것, 정찬 중 어느 시점이 되면 어제 부탁에 대해 우르바노가 확답을 재촉하리라는 것을 스다구는 알고 있었다. 그 시점은 아마 거절하기 심히 어려운 순간에 닥쳐올 터였다.

우르바노에게 아침 문안을 마친 스다구는 비를 맞으며 집으로 향했다. 폰티날리스 문에 이르렀을 때는 온몸이 다 젖어서 기분이 처량했다. 집에 도착한 스다구는 안으로 바로 들어가지 않고 문 앞에 서서 자기 집을 바라보았다. 한때 자기 생각에 합당한 대로 좌지우지할 수 있었던 그의 집이 지금은 온갖 기이하고 낯선 규칙을 고집

하는 길 따름이들 차지가 되어 버렸다. 마리아가 그에게 무슨 짓을 한 것일까? 더 젊고 더 로마인다운 여인보다 마리아가 더 낫다고 처음으로 깨달았던 게 언제인지 기억도 나지 않았다. 스다구는 강 건너편 아파트에 살던 마리아를 자기 집으로 이사시켰다. 마리아의 아들 마가, 마리아의 노예였다가 해방된 로데와 함께였다. 길 따름이들의 모임에 들어가겠다고 하면서 마리아에게 정확히 무엇을 약속했던가? 사실은 기억나지 않았고, 자신이 어떤 상황으로 들어가는지 과연 알고 있었는지도 기억나지 않았다. 알고 있는 거라고는, 그때 이후 줄곧 마치 언덕 아래로 미끄러지는 것 같았고, 어느 날 보니 길 따름이 학습반에 들어와 있었고, 마가가 판단하기에 준비가 되었다고 하면 그때 세례를 받으리라는 것뿐이었다. 스다구가 한숨과 함께 집안으로 들어서는 순간 깨지는 듯한 천둥소리가 온 집을 흔들었다.

스다구는 마리아가 내민 손에 데나리온을 떨어뜨려 주었다. 마리아는 아무 말이 없었다. 오늘은 금식일이기 때문에 점심값이나 면도 값으로 받곤 하는 세스테르세스도 없었다. 그 주화들은 전에 신상을 모시는 벽감으로 쓰이던 선반 위 작은 나무함 속으로 들어갔다. 마가가 나무함을 들여다보며 주화를 셌다.

스다구는 사람들이 자기 집에 모이는 게 귀찮았다. 암블리아가 특히 성가셨다. 암블리아는 늘 행복하기 그지없는 얼굴이었다. 스다구는 눈을 가느다랗게 뜨고 암블리아를 쳐다보면서 검지와 중지 사이에 엄지손가락을 끼운 채 주먹을 불끈 쥐었다. 그리고 아무도 모르게 암블리아 쪽으로 그 주먹을 들어 올렸다.

마가는 집사들과 이야기 중이었다. "회의적이신 거 이해해요, 하지만 구브로(Cyprus) 총독이 신자가 되는 걸 제가 봤어요. 그러니까 불가능한 일은 없어요. 주님께서 못하실 일은 없습니다."

"주님이 못하시는 일도 있다는 거 저는 알아요!" 스크라프가 마가의 튜닉을 세게 잡아당기며 끼어들었다.

마가는 스크라프의 머리를 가볍게 두드리며 말했다. "나는 그런 일 모른다, 스크라프. 나는 주님이 어떤 일이든 다 하실 수 있다고 생각해. 네가 생각하기에 주님께서 못하시는 일이 뭐니?"

스크라프는 아무 말 없이 빙긋이 웃다가 대답했다. "주님은 거짓말을 못 하세요."

마가와 집사들이 웃음을 터뜨렸고, 빌롤로고는 말했다. "아이 말이 맞네요, 마가."

"말 잘했다, 스크라프! 중요한 걸 지적했구나!" 마가가 응수했다.

스다구도 껄껄 웃을 수밖에 없었다. 로마의 길 따름이들을 책임지라고 베드로가 남겨 놓은 사람 마가가 노예 소년 때문에 쩔쩔매다니. 스다구는 고개를 가로젓고는 나간다는 말 한마디 없이 집 밖으로 나왔다. 빗줄기는 이제 가랑비로 변해 있어서 그다지 신경 쓰이지 않았다. 비 때문에 길거리는 진창이었지만, 덕분에 똥이 하수구로 많이 쓸려 내려가 광장은 장날치고는 냄새가 훨씬 덜했다.

스다구는 가이사(카이사르) 광장을 지나면서 책방들을 들여다봤다. 책방 안에서는 서적상의 노예들이 두루마리를 베껴 쓰고 있었다.

그는 판매용 문서 목록과 함께 문기둥에 못으로 고정해 놓은 양피지 문서를 대충 훑어봤다. 이곳을 지날 때마다 보면 라틴어로 쓰인 책들이 점점 더 많아지는 것 같았다. 스다구는 좋아하는 책방 주인 아트렉투스를 향해 고개를 끄덕해 보였다. 아트렉투스도 공손히 고개를 끄덕하고는 분류용 칸에 두루마리 집어넣는 일에 몰두했다. 스다구는 구경꾼이지 책을 사는 사람은 아니라는 것을 그는 알고 있었다.

스다구는 구 광장 쪽으로 길을 잡았다. 원로원 의원들이 광장을 지나 가이사의 원로원(Caesar's Curia)으로 가고 있었다. 오늘은 이번 달에 유일하게 원로원이 개회하는 날이었다. 매각하는 노예가 있음을 알리는 창이 광장에 세워져 있는 것이 보였다. 스다구는 잰걸음으로 "염가" 노예들 앞을 지났다. 도망치려다 잡힌 노예들은 머리를 빡빡 깎이고 얼굴에 문신이 새겨졌거나 이마에 낙인이 찍혀 있었다. 그는 가장 값이 싼 노예들 앞을 지났다. 자살하려다 미수에 그친 노예들이었다. 자살 시도를 했다는 사실은 노예를 사려는 사람에게 반드시 밝혀야 했다. 그런 전력이 있는 노예를 산다는 것은 위험도가 높은 투자였기 때문이다. 하지만 스다구는 일종의 존경심으로, 거의 경탄에 가까운 마음으로 이 노예들을 바라봤다. 자살이라는 숭고한 해법으로 자신의 불운에 응수하려는 사람들이었기 때문이다. 물론 노예는 다른 누군가의 재산이기에 스스로 목숨을 끊을 법적 권리가 없었다. 스다구가 추측하기에 이들은 로마 시민의 노예가 아니었을 것이다. 로마 시민의 노예는 좀 오래 기다리기만 하면 그 자신도 로마 시민이 되기 때문이다. 가까이에 한 노예가 어린 아들을 자기와 따로 팔지 말아 달라고 주인에게 사정하고 있었다. 그런 광경을 보고 있는 게 거북해서 스다구는 얼른 걸음을 옮겼다.

노예 제도

로마 제국의 노예 제도는 정복의 권리에 바탕을 두고 있었다. 이는 어떤 전쟁에서든 승자가 패자를 노예로 삼을 권력을 갖는다는 의미였다. 노예라고 해서 주인보다 덜 똑똑하다는 가정은 없었다. 이들은 다만 운이 안 좋을 뿐이었다. 또한 피부색에 낙인을 찍어서 노예 제도를 정당화하는 근거로 쓰지도 않았다. 그래서 고대 세계에서는 외모를 보고 어떤 사람을 노예라고 말할 수 없었다. 어느 하루 로마 시내를 돌아다녀 보면, 수많은 로마 시민, 비시민, 외국인, 노예들이 서로 영향을 주고받는 모습을 볼 수 있었을 것이며, 그 모습만으로는 누가 누군지를 알 수 없었을 것이다.

로마의 노예들은 면천(免賤)이 되어서 자유민 혹은 전직 노예라는 신분을 갖는 경우가 많았다. 로마 시민의 노예였다가 자유민이 되면 이들도 로마 시민이 되었으며, 그래서 어떤 면에서 해방 노예는 원래부터 자유민이면서 가난한 사람에 비해 형편이 더 나았다. 해방 노예는 흔히 전 주인의 성(姓)을 따랐으며, 대개 면천 후에도 계속 전 주인을 위해서 일했고, 여전히 전 주인의 집에 기거하는 경우도 있었다. 이 경우 이들은 전

주인에게 숙식을 제공받되 시간은 오롯이 자기 것이 아니었으며, 그래서 ^(자발적으로) 노예와 자유민 사이 어디쯤에서 일종의 혼종(混種)의 삶을 살았다. 해방 노예는 전주인의 확대가족에 속하는 것으로 여겨졌고, 가족 무덤에 묻힐 권리를 부여받는 경우도 종종 있었다. 물론 이들과 이들의 후손이 무덤을 유지 관리하는 일에 참여하기로 합의해야 했다.

이 책의 이야기가 진행될 무렵에는 로마의 정복 사업이 서서히 사양 길에 접어들고 있었다. 이는 전리품으로 얻는 노예의 수가 점점 줄어들었다는 의미다. 로마 제국 내 대다수 노예는 노예로 태어났거나 노예로 팔렸거나 범죄자로 유죄 판결받고 노예가 된 사람들이었다. 로마에는 노예가 하나도 없는 가정도 많았을 것이다. 하지만 일부 저택에서는 수백 명 심지어 수천 명의 노예를 부릴 수 있었으며, 사유지 안에 농장이나 가축 사육장이 있는 경우가 특히 그랬다. 황실에서는 이만 명이나 되는 노예를 부릴 수 있었다. 사유지가 딸린 이런 저택에서는 우두머리 노예가 다른 노예들을 관리했다. 주인이 모든 노예의 이름을 다 알 수 없었던 까닭이다.

대다수 남자 노예는 서른 살쯤 지나 면천되었고, 여자 노예는 가임기가 지나 사십 대 중반에 면천되었다(남자든 여자든 도성 밖 노예들은 주로 농장 일에 종사했기에, 이들의 경우에는 면천이 나중으로 미뤄졌을 수도 있다). 어떤 노예에게는 자유가 복이 아니라 저주일 수도 있었다. 대다수 노예가 면천 후에도 전 주인의 집안과 계속 관계를 유지했지만, 제멋대로이거나 병약한 노예는 주인이 이 노예를 버리려고 풀어 주는 경우도 있었기 때문이다.

도망치려 했던 노예는 몸에 낙인이 찍히거나, 문신이 새겨지거나, 주인 이름과 돌려보낼 때의 지시사항이 적힌 고리를 목에 걸어야 했다. 하지만 보통의 로마 노예들은 노예임을 알아볼 수 있는 옷을 입거나 표식을 달지 않았다. 한때 노예들이 귀걸이를 착용해야 했던 때도 있었지만, 로마인들은 그 관행을 폐지했다. 귀걸이를 착용하게 했다가는 로마에 노예의 규모가 어느 정도인지 노예들 자신이 다 알게 될까 봐 그랬을 것이다. 기원전 2세기 시칠리아에서 있었던 노예 반란과 기원

■ **사진 3.1.** 로마 시대 노예가 목에 걸었던 고리의 한 예(국립 고고학 박물관, 나폴리)

전 1세기에 있었던 유명한 스파르타쿠스 반란 때문에 로마는 노예들이 조직화할 가능성을 경계하게 되었다.

　노예들은 주인이 언제라도 성적으로 이용 가능했다. 짐작건대 그리스도인 집안은 이 규칙에서 예외였을 수도 있다. 매춘이 그토록 성행하고 용인되었음에도 누구든 여자 노예를 소유한 이는 돈을 주고 성을 구매할 필요가 없었다는 점을 기억해야 한다. 노예들은 집안이나 농장 혹은 가축 사육장에서 일했을 뿐만 아니라 자유민들과 똑같은 직종에서도 일했다. 실제로, 로마 밖의 토지가 노예의 노동력으로 운영되는 거대한 사유지로 정리 통합되었다는 것은, 태어날 때부터 자유민인 로마 노동자(전에 농장 노동자였던 이들을 포함해서) 중 실직 상태나 불완전 고용 상태의 노동자 숫자가 점점 늘어났다는 뜻이다. 이 사람들은 노예들이 자신들의 일자리를 앗아간다 여기고 노예들에게 적개심을 품었다. 노예 중에는 이탈리아인이 아닌 사람이 많았지만, 그래도 로마 시민의 노예라면 시민

권을 받을 수 있는 길에 들어선 것이며, 더 나아가 신분 상승도 기대할 수 있었다. 로마 시민의 노예였다가 자유민이 된 사람은 로마 시민이었고, 당대에서는 기수 계급까지 신분상승이 안 되더라도 후대에서는 가능했다.

스다구는 포도주 시장 쪽으로 어슬렁어슬렁 걸어가서 포도주 한 암포라(amphora:양쪽에 손잡이가 달린 항아리-옮긴이)를 흥정해서 샀다. 그리고는 저녁에 있을 연회 전에 포도주를 우르바노의 집으로 배달해 달라고 부탁했다. 우르바노가 이 포도주를 손님들에게 내놓지는 않으리라는 것을 잘 알고 있었지만, 그래도 초대에 감사한다는 뜻은 표현하고 싶었다. 포도주 가게에서 나온 스다구는 대리석 길(Marble Street)로 내려가 곡류 저장탑을 지나 아이밀리아 문(Aemilia Gate) 근처 빵 시장에 가서 식구들이 일주일 동안 먹을 식료품과 빵을 구매했다. 그러다 보니 이제 가게를 둘러봐야 할 시간이었다. 스다구는 팔라티누스 언덕 기슭의 상점가로 가서 자신의 올리브기름 가게를 점검했다. 황실 창고 감독 투라니우스를 마주친 스다구는 별 생각 없이 그에게 거짓말을 했다. 성공 가도를 달리고 있는 자신의 사업을 별것 아닌 양 얕잡아 말한 것이다. 굳이 사실대로 말해서 시샘하는 사람들의 적의에 찬 눈초리를 받을 필요는 없다고 생각했다. 도매상들은 부산스럽게 돌아다니면서 중개인들과 이야기를 나누고 종이에서부터 벽돌, 소금에 절인 고기에서부터 보석용 원석과 귀금속에 이르기까지 온갖 물건을 흥정하느라 바빴다. 어느새 우르바노의 농장까지 꽤 먼 길을 가야 할 시간이

■ **사진 3.2.** 팔라티누스 언덕 기슭에 있는 로마 시대 도매상점들

되었다. 농장에 가서 소작인을 만나 올리브 가격도 의논하고 올리브 기름틀 사용 일정도 잡아야 했다. 스다구는 다음번 올리브 수확 때는 좀 모험적 매매 제안을 해볼 생각이었다. 올리브가 익기 전에 할인가로 올리브를 매입할 수만 있다면 돈을 좀 절약할 수 있을 터였다. 하지만 그건 도박이었다. 작황이 나쁘면 돈을 잃는 셈일 테니 말이다.

어차피 점심 먹을 시간도 없었던 스다구는 오늘이 마침 금식일이니 잘 됐다고 생각했다. 티부르티나 길에 있는 우르바노의 집에서 기름진 연회를 즐길 예정임을 마리아가 몰라서 다행이었다. 이리저리 떠돌던 스다구의 생각이 다시 전날 목욕탕에서 있었던 일로 돌아갔다. 근위대장 누기오 게타는 왜 티부르티나 길 이야기를 했을까.

바로 그 시간, 누기오 게타는 주피터 신전 아래 석굴로 신탁을 들으러 갔다. 그는 아내가 곧 낳을 아이가 아들인지 궁금했고, 딸일 경우 이번에도 키우지 않기로 해서 아내를 또 실망시켜야 할지 알고 싶었다. 고개를 숙이고 석굴로 들어서니 여사제가 동굴 한가운데 세 다리 걸상에 앉아 더러운 손수건에 덮인 버섯을 꺼내 먹고 있었다. 자기 순서가 되자 게타는 사제의 조수에게 가서 아주 비싼 값을 주고 산 특별한 케이크를 내밀었다. 조수는 케이크를 작은 탁자 위, 게타보다 먼저 온 사람의 헌물 옆에 내려놓았다. 여사제는 버섯 하나를 입 속에 톡 털어 넣고 눈을 감았다. 조수가 게타를 향해 고갯짓을 했다.

"아들이겠는가?" 게타가 물었다.

조수는 사제에게 단조로운 말투로 그 질문을 되풀이했고, 사제는 아무 말 없이 아폴로와 상의했다. 아마 게타의 아내가 아들을 낳을지 주피터에게 물어보라고 청하는 것 같았다. 주피터가 대답을 한 것 같았고, 아폴로는 주피터의 메시지를 사제에게 전달했고, 사제는 긴 침묵 끝에 단조로운 노래로 그 대답을 전해 주었다.

어미의 소망이 이루어질 것이다.
어미의 이 아이는 반드시 살 것이다.
아비의 인생과 수고는
신들이 주실 합당한 상으로 보답 받을 것이다.

게타는 웃는 얼굴로 조수에게 사례를 주고 석굴에서 나왔다. 신들은 그가 딸을 낳으면 죽여 없앨 생각임을 알고 있다. 그러므로 아기가 산다는 것은 그 아기가 아들임이 틀림없다는 말이었다. 그리고 자신의 인생과 제국을 위한 수고에 합당한 상을 받으리라는 말은, 신들이 그에게 행운을 주리라는 뜻이고, 이제 그건 시간 문제라고 게타는 추측했다. 어두운 석굴에서 환한 밖으로 나온데다가 골똘히 생각에 잠겨 있던 터라 그는 자신을 기다리고 있던 사령관과 부딪칠 뻔했다. 환한 빛에 적응이 되자 게타는 사령관을 쳐다보며 물었다. "지시한 대로 했나?"

"네, 각하. 평상복 차림 대원 넷을 배치해 그의 집을 감시하고 그가 가는 곳마다 미행하도록 조치했습니다."

"좋아. 만약 그 자가 곡물 수급부 장관으로 임명된다면, 취임하기 전에 처치해야 하네."

"네, 각하. 염려 마십시오."

베드로는 눈을 감고 바다 공기를 한참 들이마셨다. 배 난간을 잡고 서 있으니 튜닉 사이로 시원한 산들바람이 불었다. 눈을 떠보니 햇빛이 찬란했고 하늘은 맑고 푸르렀다. 저 앞에는 멜리데^(몰타) 섬이 수평선 위로 우뚝 솟아 있었다. 곧 바다를 벗어나게 되다니, 베드로는 친구들과 주 예수아께 감사했다. 그는 이제 곧 굳은 땅에 잠시 발을 디뎠다가 그 후 다시 로마까지의 여정을 이어갈 터였다.

그날 오후, 빌롤로고는 인파를 헤치고 마르티우스 평원을 지나, 백여 년 전 율리오 가이사(율리우스 카이사르)가 암살당한 폼페이우스 극장 뒤편 주랑 쪽으로 향했다. 오늘은 빵을 나눠 주는 날이었다. 지난 이틀 동안 일을 못한 빌롤로고는 빵을 좀 얻어다가 가족들을 먹일 생각이었다. 폼페이우스 주랑 뒤편 신전 옆, 빵 배급 장소를 향해 가던 빌롤로고의 눈에 벌써 많은 이들이 빵을 받으러 와 있는 광경이 보였다. 황실 창고 감독 투라니우스를 비롯해 황제의 해방 노예들, 그리고 제분업자 길드 대표 몇 사람이 사람들을 줄 세우며 질서를 잡으려 애쓰고 있었다. 투라니우스는 원형의 헤르쿨레스 신전 계단에 서서 소란스러운 군중을 진정시키고 있었다. "신분에 따라 줄을 서시오!" 투라니우스는 소리쳤다.

몇몇 사람들은 줄을 서야 할 곳으로 나갔지만, 모인 사람들 대다수에게는 투라

■ **사진 3.3.** 공화정 시대 신전 유적. 뒤편 도로 아래 아치가 보이는데, 이는 폼페이우스 극장 복합 건물의 일부인 폼페이우스 주랑 유적이다.

니우스의 말이 들리지 않았다. 줄이 형성되고 있는 곳 앞에 비교적 부유한 사람들까지 나와 있는 것을 보고 빌롤로고는 가슴이 쿵 내려앉았다. 가장자리에 자주색 줄무늬가 있는 망토 차림에 금반지를 낀 기수 계급 사람들까지 나와 있었다. 황제의 해방 노예들은 사람들이 점점 늘어나는데도 참을성 있게 줄 설 자리를 가르쳐 주었고, 무질서하게 여기저기 모여 있던 사람들이 서서히 줄을 형성하자 모두들 사회 계층에 따라 줄을 서기 시작했다. 신분이 제일 높은 사람들이 제일 앞에 섰다. 빌롤로고는 줄의 맨 끝, 아그리파의 판테온에 가까운 위치에 서게 되었다.

세 시간 후 빌롤로고는 이제 맨 앞에 가까워져서 투라니우스의 말이 들릴 정도가 되었다. 투라니우스는 이제 빵이 바닥나서 배급이 끝났다고 했다. 언제나 그랬듯, 빵은 그것을 정말 필요로 하는 사람들은 구경도 하기 전에 바닥이 났다. 빌롤로고는 터덜터덜 발길을 돌렸다. 실망스럽기는 했지만 마음이 상하지는 않았다. 하지만 율리아에게는 뭐라고 해야 할지.

마리아는 율리아를 불러 로데와 함께 한나절 동안 시장 구경을 하기로 했다. 율리아가 함께 가겠다고 한 것은 살 물건이 있어서가 아니라 기꺼이 동행하고 싶어서였다. 율리아는 마리아를 존경하고 우러러봤다. 그리고 로데와 어울리는 것도 재미있었다. 로데가 이번에는 또 무슨 말을 할지 궁금했기 때문이다. 로데는 다른 이들이 생각만 할 뿐 입 밖에 내지 않는 말을 겉으로 표현하는 사람이었다. 물론 그게 꼭 공손한 말은 아니었다. 하지만 로데는 언제나 진실을 말했고, "진리가 너희를 자유케 한다"고 했던 주 예수아의 말씀을 종종 인용하기도 했다.

세 여인은 마르티우스 평원에 있는 최대 규모의 쇼핑센터 사이프타 율리아(Saepta Julia) 근처의 아르고나우타이(Argonautai) 회랑에서 만났다. 로데가 장난스러운 웃음으로 눈을 반짝이며 율리아를 맞았다. "안녕, 율리아. 자매님의 쇼핑센터에 우리를 불러 줘서 아주 고마워요. 이런 역사적인 건물에 자기 이름이 붙는다는 건 정말 멋진 일이죠." 율리아는 로데의 농담도 재미있고 자신에게 관심을 주는 것도 기분이 좋아 깔깔 웃었다.

"나는 새 신발을 좀 사야 하는데." 마리아가 화제를 바꾸려는 듯 입을 열었다. "아니. 사실은 아니야. 사실 새 신발은 필요 없고, 그냥 새 신발 구경을 좀 하고 싶어서… 미리 봐두었다가 새 신발이 필요하게 되면 바로 사려고 말이야." 로데와 율리아는 웃음을 터뜨렸고, 세 사람은 곧 구두장이 가게 쪽으로 걸음을 옮겼다. 여자들의 옷과 신발을 제외한 모든 생필품 장보기는 보통 남자들이 했기에, 세 여자는 이 기회를 빌려 모처럼 친목을 다질 수 있었다. 그리고 수부라의 구두장이 가게와 달리 사이프타 율리아는 사치품을 취급하는 쇼핑센터였고, 이는 이곳이 최신 유행을 구경할 수 있는 곳이라는 뜻이었다.

최신 유행의 여성용 구두를 구경한 세 사람은 쇼핑센터 구내를 어슬렁거리며 그늘 밑을 한가로이 돌아다녔다. 미술상에도 들어가 보고, 책방, 향신료 상점, 향수 가게, 거울 가게도 구경했다. 상아로 조각하는 사람들을 구경했고 비단도 구경했다. 비단은 로마에서 가장 이국적인 최신 상품이었다.

마리아가 우르바노의 아내 사비나를 알아본 건 비단 가게에서였다. 마리아는 사비나에게 공손히 다가가 인사했다. "안녕하세요, 사비나 부인. 저는 스다구의 아내 마리아입니다. 남편분이 제 남편의 후견인이시죠."

"그러시군요." 사비나는 친절히 대답했다. "제가 알기로 제 남편은 오늘 밤 연회에 남편분이 참석하기를 기대하고 있더군요."

마리아는 스다구가 연회에 초대받은 걸(더구나 금식일에) 자신은 모르고 있었다는 사실을 애써 감추었지만, 그 초대에 자신은 포함되지 않는다는 것을 알고 있었다. 이 연회는 남자들만을 위한 연회였다. "연회에 초대해 주셔서 남편이 정말 감사해한답니다. 사비나 부인, 로데와 율리아를 소개해도 될까요?"

"오." 사비나는 당황했다. 로데와 율리아가 마리아의 노예일 거라 짐작했기에 이들과 인사를 나누게 될 거라고는 예상하지 못했기 때문이다. "안녕하세요."

마리아는 사비나가 불편해하는 것을 보고 무엇이 문제인지 곧 알아차렸다. "죄송해요, 로데는 제가 면천시킨 해방 노예랍니다. 그리고 율리아는 우리 친구고요."

사비나는 마리아의 설명에 불편함이 사라진 듯 다정히 미소를 지었다. "두 분에게 위대한 어머니 여신(Great Mother: 마그나 마테르[Magna Mater]라는 호칭을 지닌 로마 여신 키벨레[Cybele]를 가리키는 말-옮긴이)의 가호가 있기를."

그러자 로데가 주저 없이 입을 열었다. "감사합니다, 하지만 우리는 키벨레든 포르투나든, 부인께서 뭐라고 부르는 신이든 그 신을 믿지 않아요. 우리는 오직 한 분이신 참 신께만 경배합니다."

로마인들은 무엇을 먹었을까

평범한 사람들은 빵, 치즈, 생선, 폴렌타(죽으로, 혹은 파이로 튀겨서), 정어리와 멸치튀김, 콩, 달걀, 올리브, 호박, 완두콩, 렌즈콩, 병아리콩을 먹었다. 육류를 자주 먹을 형편은 아니었겠지만, 간혹 육류를 먹을 때면 대개 소시지, 닭고기, 돼지고기를 먹었을 것이다. 소매업자 길드나 그 외 조합에서는 제사 순서가 포함된 연회를 열었고(대개 신전에서), 제물로 바쳤던 짐승 고기를 연회에 내놓았을 것이다.

비교적 부유한 사람들은 쇠고기나 콩팥, 간, 위 같은 내장육을 포함해 육류를 많이 먹었다. 이들은 멧돼지 고기 혹은 거위나 토끼 같은 사냥 육도 먹었을 것이다. 이들은 또한 배, 포도, 사과, 자두, 대추야자 같은 과일도 즐겼다. 감귤류의 과일은 아직 없었던 것 같지만, 레몬은 어쩌면 먹었을 수도 있다는 증거가 있다. 해산물로는 바닷가재, 달팽이, 굴이 있었을 것이고, 여러 종류의 생선도 먹었을 것이다. 디

■ **사진 3.4.** 로마 시대의 청동 조리용 그릇. 비교적 윤택한 집안이나 음식 행상들이 사용하던 유형이다(국립 고고학 박물관, 나폴리)

저트류로는 케이크, 머핀, 견과류를 비롯해 꿀로 단맛을 낸 음식들이 있었다(아직 설탕은 없었다). 어떤 자료에 따르면, 부자 중의 부자 로마인은 작은 새나 쥐를 불에 구워 꿀에 담근 뒤 양귀비 씨앗에 굴린 진미를 먹었다고 한다.

※ **사진 3.5.** 로마 시대의 청동 조리용 그릇(국립 고고학 박물관, 나폴리)

로마인들은 소금은 사용했지만 후추는 아직 없었다. 주된 양념은 가룸(garum)으로, 생선 내장을 발효시켜 만든 짠 맛 나는 소스다. 이들은 오늘날 미국인들이 케첩을 사용하듯 거의 모든 음식에 가룸을 넣었다.

로마인들은 식탁에서 은 제품을 썼으며, 은 제품은 주로 숟가락, 나이프, 이쑤시개로 구성되었다. 포크는 사용하지 않았다. 부유한 사람들은 금 식기와 유리잔을 썼을 수도 있지만, 가난한 이들은 도기류를 썼다. 하지만 평범한 가정에서 은 제품을 쓰는 경우도 드물지 않았다. 은 제품 세트는 후견인이 피후견인에게 주는 흔한 선물이었기 때문이다.

잠시 어색한 침묵이 흘렀다. "아, 네." 사비나가 고개를 끄덕였다. "맞아요, 제 남편이 여러분들의 종교에 대해 조금 이야기해 주더군요. 한마디만 할게요. 모든 종교를 한 신으로 합치면 더 간단해질 것 같아요. 제가 이해할 수 없는 것은…" 사비나는 어휘를 신중하게 선택하려고 잠시 뜸을 들였다. "한 신이 정말 만사를 다 지켜볼 수 있나요? 한 신이 화로의 신일 수도 있고 저장실의 신일 수도 있나요? 문간의 신, 성문의 신도? 한 신이 어떻게 그 모든 걸 다 책임지죠?"

로마 신들의 무능함에 대해 로데가 뭐라고 빈정거리기 전에 마리아가 얼른 대답했다. "우리는 예수아께서 아버지라고 부르는 분이 전능하다고 믿어요. 그건 그분의 영향력이 미치지 않는 일이 없다는 뜻이지요. 그분에게는 다른 신들이 필요하지 않아요. 그리고 사실 다른 어떤 신들이 들어설 여지도 없고요."

로데가 기세 좋게 끼어들었다. "로마 신들은, 설령 존재하기는 한다 해도 한계가 있죠. 다른 신의 길에 끼어들면 안 되고 다른 신의 영역에 영향력을 끼쳐서도 안 되고요. 무슨 신이 그래요? 그건 진짜 신이 아니에요! 참 신은 전능해야지, 한쪽으로만… 능력이 있어서는 안 되죠."

사비나는 로데의 말에 약간 기가 질리는 느낌이었다. 마리아가 눈치를 채고 사과했다. "죄송합니다. 부인을 가르치려는 뜻은 없었어요. 여기 로데는 우리 종교에 아주 열정적 믿음을 가진 사람이랍니다. 우리 모두가 다 그렇지만."

"그렇게 느껴져요." 사비나가 말했다. "자기가 믿는 신을 향한 여러분의 열정이 존경스럽네요. 다만 제가 염려스러운 것은, 만약… 다른 신들이 여러분의 말을 듣는다면 그 열정을 무례로 여길지도 모른다는 거예요. 그랬다가는 우리 모두에게 불운이 닥칠 수도 있어요. 신들이 우리 도성을 벌하기로 한다면 말이죠."

마리아는 이쯤에서 사비나를 보내 주는 게 현명하겠다고 판단했다. 시간을 너무 빼앗아서 미안하다고 건성으로 몇 마디 하자 사비나도 인사를 하고 점쟁이가 있는 쪽으로 갔다. 사비나의 모습이 사라지자 마리아와 율리아 두 사람 모두 안도의 한숨을 내쉬었다. 마리아는 로데를 쳐다보며 말조심해야 한다는 표정을 지어 보였지만, 말해봤자 소용없다는 것을 마리아도 알고 있었다.

하지만 로데는 마리아가 아니라 다른 데를 보고 있었다. 로데가 쳐다보는 것은 특유의 신부 베일을 쓰고 빨간색 후드를 두른 베스타 신녀들(Vestal Virgins: 베스타 여신을 시중드는 처녀들. 순결을 맹세하고 여신 제단의 성화를 지켰으며 여신에게 바치는 제사를 주관했다. 의무를 소홀히 할 경우 채찍질로 징계받았고, 순결 서약을 어기면 처형당해야 했으나 신녀가 피를 흘리는 것은 금기였기 때문에 지하에 감금당해 굶어 죽었다-옮긴이)이었다. 선두에 있던 한 여인이 행진을 멈추고 실망스러운 몸짓으로 주변을 돌아보았다. 그리고 여인은 소리쳤다. "글라우디아!"

"여기 있습니다, 도미나." 한 기둥 뒤에서 대답이 들렸다. 글라우디아임이 분명한 한 여인이 기둥 뒤에서 나타나 고개를 숙였다.

로데는 선두의 신녀를 가리키며 마리아와 율리아에게 속삭였다. "저 여자가 비비디아예요. 고참 신녀지요. 저 여자가 사형선고 받은 사람도 사해 줄 수 있다는 거 아세요? 네 죄를 사한다고 말만 하면 그 사람은 그냥 풀려난대요."

"그렇게 간단히요?" 율리아는 로마에서 여자가 그런 권한을 가질 수 있다는 게 믿어지지 않았다.

"그렇게 간단히요." 로데가 대답했다. "저 여자가 어떤 사람의 죄를 사하면, 황제라 할지라도 거역할 수 없대요. 그 사람을 풀어 줘야 한다는군요."

비비디아는 다시 목소리를 높이려는 듯했지만, 어조는 조금 전보다 부드러웠다. "글라우디아, 어디에 있었니?"

"비단을 구경했습니다, 도미나."

"비단을 구경하다니, 너는 우리와 함께 아직 이십오 년을 더 있어야 비단옷을 입을 수 있단다. 게다가 그렇게 뒤처지면 우리가 너를 기다려야 하잖니. 밤에도 성스러운 불꽃을 꺼트리더니 또 이렇게 경솔한 행동을 하는구나. 황제에게 채찍질을 당했으니 앞으로는 좀 더 조심해야겠다고 교훈을 얻었을 줄 알았다. 신녀가 피를 흘리면 재수 없다고 여기는 것이 네게는 행운이라고 생각해야 해. 안 그랬다면 투기장에 던져지는 신세가 되었을 거야!"

"다시는 불을 꺼트리지 않겠습니다, 도미나."

"아무렴, 그래야지." 비비디아는 글라우디아에게 다가가 턱을 들어 올리며 강제로 눈을 맞추었다. "자, 다시는 뒤처지지 말거라."

이야기를 마친 비비디아는 일행을 이끌고 다시 걸음을 재촉했다.

글라우디아는 잠시 망설이더니 행렬 끝으로 처졌다. 다른 신녀들이 저만큼 멀어져 자신의 말소리가 들리지 않을 정도가 되자 글라우디아는 서둘러 로데를 향해 속삭였다. "당신의 하나님에 대해 좀 더 알고 싶어요." 그러고 나서 글라우디아는 후다닥 달려가 동료 여사제들 속으로 사라졌다.

그때 갑자기 마리아 일행 뒤편에서 고함과 비명이 들렸다. 사방에서 사람들이 달리기 시작하자 율리아는 공포에 질린 얼굴로 마리아와 로데를 쳐다봤다. 마리아는 로데와 율리아의 팔을 잡아 헤카토스틸론 주랑 그늘 속으로 끌고 들어갔다. 기둥 덕분에 달리는 사람들을 피할 수 있었다. 한 무리의 남자들이 빵 배급이 엉망이었다고 큰 소리로 욕설을 하며 구호를 외치고 있었다. 이들은 사이프타의 상점들을 때려 부수고 약탈하면서 거리에서 소요를 일으키기 시작했다. 가게 주인들은 밤에 가게 문을 닫을 때 쓰는 나무판자를 가게 앞에 세워 보려고 안간힘을 썼다. 하지만 판자는 대부분 물건 진열용 탁자로 쓰이고 있었다. 안타까운 광경이었지만 가게 주인들은 손으로 직접 만들어 팔던 상품들을 판자에서 쓸어내고 그 판자로 가게 앞을 막았다. 그 사이 약탈자들은 바닥에 떨어진 물건들을 주워갔고, 가게 주인의 아내와 딸들은 비명을 지르며 사다리를 기어올라 다락으로 숨었다.

마리아는 도성의 의용군이 보통 밤에만 활동하기 때문에 이들이 와서 사태를 진정시키려면 한참이 걸리리라는 것을 알고 있었다. 마리아 일행은 그때까지 기다릴 여유가 없었다. 특히 이 폭도 무리가 약탈을 끝내면 그때부터는 가까이 있는 여자들을 닥치는 대로 덮칠 가능성이 있기에 더욱 그랬다. 마리아는 로데와 율리아의 팔을 잡은 손에 힘을 주어 주랑 모서리로 끌어당겼다. "높은 곳으로 가야 해." 마리아는 목소리를 낮춰 두 사람에게 말했다.

"폼페이우스 극장 관람석 꼭대기 베누스 신전으로. 폭도들이 거기까지는 안 올 거야. 설령 온다고 해도 신전 안으로 들어가면 돼. 그자들이 감히 폭력으로 신전을 모독하지는 않겠지. 예수아께서도 이해해 주실 거야." 마리아는 군중의 움직임이 잠시 소강상태가 되기를 기다렸다가 로데와 율리아를 재빨리 햇빛 아래로 끌어내 폼페이우스 극장을 향해 달리기 시작했다.

세 여인은 있는 힘을 다해 달려 폼페이우스 주랑을 통해 극장 무대를 지났다. 관람석을 따라 이어진 계단을 오르고 있을 때 비명이 들렸다. 마리아와 로데는 계속 달렸지만 율리아는 멈춰 서서 돌아봤다. 무대 바닥에서 한 여자가 몸을 일으키려고 발버둥 치고 있고 두 남자가 여자 옆에 서서 여자의 장신구를 움켜쥐고 있었다. 율리아는 마리아와 로데에게 소리를 질렀다. 마리아와 로데가 돌아보니 이미 무대 바닥을 향해 계단을 뛰어 내려가는 율리아의 뒷모습만 보였다.

마리아가 비명에 가까운 소리를 질렀다. "율리아!" 마리아는 어떻게 해야 할지 몰라 망설였다.

하지만 로데가 결단을 내렸다. "같이 가 봐요!" 로데는 뒤돌아서서 율리아를 따라가기 시작했고, 마리아도 로데를 뒤따랐다. 두 사람이 계단 아래 이르렀을 때 율리아는 벌써 바닥에 쓰러진 여자 옆의 두 남자와 마주 서 있었다. 마리아는 그 여자를 알아봤다. 사비나였다.

율리아는 사비나를 내버려 두라고 남자들에게 고함쳤지만, 율리아의 아담한 체구는 남자들에게 별 위협이 안 되어 보였다. 남자들이 율리아를 보며 웃음을 터뜨리는 순간 로데가 달려들었다. 이어서 마리아도 뛰어들자, 남자들은 이제 수적으로 열세였다. 표정으로 사람을 죽일 수 있다면 로데의 표정은 남자들을 바싹 태워 죽일 기세였다. 그 기세에 놀랐는지 남자들은 뒷걸음질 치다가 마침내 가버렸다. 사비나는 목 주변을 손으로 쓸어내리며 집안의 귀중품 상자 열쇠가 그대로 목에 걸려 있는지 확인했고, 율리아는 그런 사비나를 부축해 일으켜 세웠다. 네 사람은 천천히 베누스 신전 계단을 올랐다. 폭도들의 고함이 점점 커져서 네 사람은 신전 안으로 들어갔다. 사비나는 신전 뒤편에 있는 베누스 신상을 향해 나지막이 말하기 시작했다. 그러나 여신에게 도움을 청하는 사비나의 간청은 마리아가 크게 기도하는 소리에 중단되고 말았다. 사비나가 고개를 돌려보니 마리아, 로데, 율리아가 서로를 마주 보는 자세로 눈을 감고 두 손을 치켜올린 채 서 있었다.

"주 예수아여, 우리를 보호하소서. 주 예수아여, 우리를 보호하소서. 주 예수아 크리스토스여, 우리를 보호하소서."

한편 스다구에게도 문제가 생겼다. 올리브기름 판매 대금을 수금한 뒤 지급할 것을 지급하고 나니 꽤 많은 돈이 남았다. 그런데 그 돈을 지금 도박판에서 다 잃고 말았다. 스다구는 선술집 뒷방에 앉아 진땀을 흘리며 외상으로 도박을 했다. 뒷방 담당 사환이 포도주가 담긴 머그잔을 가져다주었다. 스다구의 요청에 따라 물을 조금만 타서 진하게 희석한 포도주였다.

돈을 잃은 사람은 스다구만이 아니었다. 또 한 남자는, 옆에서 초조해하는 노예를 연신 손짓으로 물리치고 있었다. 노예는 주인이 돈을 잃으면 자신에게 떨어질 돈도 바닥나리라는 것을 알고 있었다. 스다구는 어느 때보다도 처량 맞은 기분이었다. 게다가 독한 포도주를 마신 탓인지 그런 느낌이 한층 더했다. 잃은 돈을 생각하니 어떻게 해서든 되찾아야겠다는 심리적 압박이 생겼다. 안 그러면 왜 손에 돈 한 푼 없이 오히려 빚을 지고 들어왔는지 마리아에게 설명해야 할 터였다. 그래서 스다구는 혼잣말을 하기 시작했다. 마리아를 겁내서는 안 된다고, 따지고 보면 가장은 나라고, 내 돈 가지고 내 맘대로 할 수 있어야 하는 것 아니냐고. 프리아포스의 이름을 걸고 말하건대, 나는 성공한 사람이라고 말이다!

그러다가 결국 스다구는 아들 생각을 했다. 아들이 성공한 사람이 되기를 자신이 얼마나 간절히 바라는지를. 그건 곧 좋은 운을 만나 인생을 출발한다는 의미일 터였다. 그것도 가능한 한 빨리. 이 개인 교사는 부유한 후견인으로 이어지는 디딤돌일 수도 있었다. 누가 아는가, 더디

■ 사진 3.6. 동물의 뼈를 깎아 만든 로마 시대 주사위(국립 고고학 박물관, 나폴리)

오가 어느 날 기수 계급이 될지. 그건 스다구 같은 해방 노예는 절대 이룰 수 없는 일이었다. 스다구는 자신의 후견인 우르바노를 생각했다. 우르바노의 아버지도 떠올렸지만, 곧 고개를 흔들어 생각을 떨쳐 버렸다.

스다구는 포르투나 여신에게 행운을 빌다가 곧 죄책감을 느꼈다. 포르투나에게 복을 빌었다는 사실을 알게 될 경우 마리아와 마가가 무슨 말을 할지 들리는 것 같아서였다. 신들이 자신의 기도에 응답한 적이 있었던가? 기억이 나지 않았다. 길 따름이들의 하나님은 뭐 좀 나을까? 어쩌면 그럴지도 모르고 그렇지 않을지도 모른다. 신들은 상을 안 주었지만 벌도 주지 않았다. 그러므로 신들을 버려도 아무 위험이 없다고 스다구는 생각했다. 그런데 왜 전통적인 신들을 새로운 신으로 바꾸는 것일까? 스다구가 생각하기에 자신에게는 어떤 신도 필요하지 않았다. 어느 경우든, 우르바노의 부탁을 거절한다면 그건 출세를 걷어차는 셈일 터였다. 지금까지 애써온 모든 것을 다 잃을 터였다. 결정하고 말 것도 없었다. 더디오에게는 개인 교사가 생길 것이다. 스다구는 주사위를 굴렸다.

⚬⟨⟩⟨⟩⚬

강 건너 트란스 티베림 지역에는 또 한 무리의 길 따름이들이 작은 아파트에서 저녁 식사 모임을 준비하고 있었다. 모임 지도자 아벨레가 모두를 반갑게 맞이했다. 비좁은 공간에 사람들이 줄지어

■ **사진 3.7.** 고대 로마의 "트란스 티베림" 지역인 오늘날 트라스테베레의 전형적 거리 풍경

들어서서, 남자들은 자기들끼리 대화를 나눴고 여자들은 가지고 온 약간의 음식들을 모아놓고 모자라지는 않겠는지 점검했다. 음식은 대개 콩류와 빵이었고, 거기에 약간의 올리브, 비둘기 알 몇 개, 그리고 작은 생선이 조금 있었다.

트란스 티베림은 로마에서 가장 가난하고 가장 인구밀도가 높은 지역으로 손꼽혔으며, 글라우디오가 칙령을 내려 유대인들을 추방하기 전까지 많은 로마 유대인의 집이 이곳에 있었다. 하지만 칙령으로 모든 유대인이 로마를 떠나지는 않았다. 유대인 중에는 노예도 많았고 주인이 유대인이 아닌 경우도 많았기 때문이다. 아벨레의 집에 모인 길 따름이들 중에는 이렇게 로마에 남아 있는 일부 유대인도 있었고 한때 아길라와 브리스길라 소유의 가게에서 모인 회집에 나가던 유대인 신자도 있었다. 또한 티베르 강을 오가는 화물선을 조작하는 항만노동자, 그리고 노예와 전직 매춘부도 있었다. 헤로디온은 아리스도불로 집안의 노예였던 자유민으로, 그 집의 몇몇 노예들과 함께 이 모임에 나왔다. 이들 중에는 세례 받은 이들도 있었지만, 그 외에는 아직 학습반에 있어서 세례를 받지 않은 사람들이었다. 스무 명 넘는 사람들이 모이니 아파트가 꽉 들어찼다.

아벨레가 사람들 앞으로 나와 모두를 주목시켰다. "형제자매 여러분… 함께 기도합시다…"

로마 시대의 연회

고린도전서 11장에서 바울은 고린도 그리스도인들의 애찬 때 태도를 비난한다. 바울은 기본적으로 이들이 성찬식 모임에서 마치 로마식 연회에 참석한 것처럼 행동했다고 힐난한다. 로마에서는 부유한 집안이 연회를 주최했고, 이런 연회는 서로 호의를 주고받는 로마 문화의 한 부분이었다. 후견인이 피후견인을 초대는 하지만, 신분이 낮은 손님이 연회 주최자와 같은 계급 손님들에 비해 질이 떨어지는 음식과 포도주를 제공받는 것은 드문 일이 아니었다. 사회적으로 계급이 낮은 손님들에게는 식기도 저급한 것을 내놓았을 것이며, 집안의 노예들은 밤이 되어 손님들이 돌아가기 전 주인의 지시에 따라 은식기 숫자가 비지 않는지 세어 보아야 했을 수도 있다.

로마의 주택 내 식당은 트리클리니움(triclinium)이라고 했으며, 이 이름은 공간 한가운데를 중심으로 몸을 비스듬히 눕혀 앉는 벤치 세 개를 U자형으로 배치하는 게 기본 구성임을 가리킨다. 물론 그 집안이 얼마나 부자인가에 따라, 그리고 주인이 어떤 성격의 정찬 모임을 주최하려고 하는지에 따라, 실제 식당에는 벤치가 세 개보다 더 많을 수도 있었고 적을 수도 있었다. 벤치에는 각 사람의 음식을 놓을 일종의 선반 혹은 좁은 탁자가 딸려 있었다. 사람들은 대개 벤치에 비스듬히 누운 자세로 음식을 먹었다. 몸의 왼편을 벤치에 기대어 머리는 중앙으로 향하고 오른손으로 음식을 먹었다. 결혼하지 않은 여자들은 일인용 의자나 걸상에 앉기도 했다. 그래야 조신하다고 여겨졌기 때문이다. 하지만 부부는 함께 기대어 앉곤 했다.

식당 중앙에는 식탁보가 깔린 이동식 시중용 테이블이 있었을 것이며, 여흥 시간에는 이를 치웠을 것이다. 여흥 시간을 위해 연주자를 고용했을 수도 있으며, 일상적인 정찬 때는 집안의 노예 중 악기를 연주하거나 춤을 출 줄 아는 노예를 불렀을 것이다.

▪ **사진 3.8.** 로마 시대의 은식기. 포크가 없다는 점에 주목하라! (국립 고고학 박물관, 나폴리)

▪ **사진 3.9.** 로마 시대의 유리잔 (국립 고고학 박물관, 나폴리)

▪ **사진 3.10.** 받침 달린 은제 포도주잔. 올리브 가지 문양이 또렷하다 (국립 고고학 박물관, 나폴리)

스다구의 도착을 알리는 고참 노예의 목소리가 우르바노의 집 식당에 울려 퍼지자 스다구는 어깨가 으쓱했다. 한때 스다구의 동료였던 이 노예가 이제 막 스다구의 발을 씻겨 주고 자리를 안내했다. 스다구의 자리는 중앙 탁자를 에워싼 벤치 중 하나였다. 벤치 끝자리는 신분이 가장 낮은 손님이 앉는 자리였지만, 그것만으로도 스다구는 감지덕지였다. 그는 식탁에 차려진 식기류를 경외감으로 바라보았다. 금 숟가락과 나이프는 스다구가 자유민으로서 처음 맞는 농신제(Saturnalia) 때 우르바노에게 선물 받은 은식기 세트와 같은 곳에서 만든 것이었다. 하지만 이 식기류는 진짜 금이었다. 금식기 외에 상아를 깎아서 만든 이쑤시개, 반투명의 푸르고 아름다운 포도주잔도 있었다. 식탁보가 씌워진 중앙 탁자에는 뜨거운 소시지, 노른자를 입혀 구운 작은 새, 다메섹(다마스쿠스) 산 자두, 대추야자 등이 벌써 차려져 있었다. 두 개의 은쟁반에는 꿀에 적신 쥐 구이가, 또 하나의 쟁반에는 양귀비씨에 굴린 쥐 구이, 그리고 또 한 쟁반에는 아무 양념도 하지 않은 쥐 구이가 담겨 있었다.

"스다구, 내 친구!" 우르바노는 자신의 피후견인을 다정히 맞아들여 악수하고는 좌중을 향해 말했다. "친구 여러분, 제가 오늘 돈을 좀 썼습니다. 오늘 밤 우리는 팔레르노 산 포도주를 맛보게 될 겁니다!" 이어서 우르바노는 스다구의 귀에 속삭였다. "포도주 선물 고맙네. 아주 도움이 됐어."

스다구는 자신이 그날 산 포도주가 팔레르노 산 포도주만큼 좋은 포도주가 아니라는 것을 알고 있었지만, 연회 주최자에게 기념 선물을 한 것은 잘한 일이라는 것 또한 알고 있었다.

우르바노는 잔을 들어 올리며 다시 목소리를 높였다. "자, 포도주를 듭시다!" 손님들이 모두 잔을 들어 올려, 연회 주최자의 건강을 위해 건배를 했다.

"건강을 위하여," 모두 한목소리로 외쳤다. "건강을 위하여!"

우르바노는 스다구 쪽을 보며 말했다. "스다구, 쥐고기를 맛보게나. 아주 맛있다네."

스다구는 그 말을 믿을 수가 없었다. "뼈를 뺀 건가요?"

"오, 스다구, 자네가 나를 웃기는구먼! 뼈를 빼면 오독거리는 맛이 없겠지, 안 그런가? 자, 그냥 꼬리를 집어 올리게, 이렇게. 그런 다음 통째로 입 안에 집어넣으면 된다네. 꼬리가 싫으면 그 부분만 뜯어내고."

우르바노는 첫 번째 코스로 나오는 생선 요리는 자신의 농지 안에 있는 양어장에서 잡은 거라고 알려 주었다. 첫 번째 코스로는 생선 외에 쇠고기, 콩을 곁들인 콩팥 요리, 반추동물의 위(胃), 바닷가재, 거위고기, 토끼고기, 무화과, 그리고 갖가지 종류의 빵이 나왔다. 생선을 발효시켜 만든 짭짤한 소스 통이 탁자마다 비치되어 있어서 모든 요리를 찍어 먹거나 숟가락으로 떠서 발라 먹을 수 있었다. 스다구는 바닷가재가 나오자 그냥 옆으로 넘겨 버렸다. 거대한 벌레처럼 생겨서 도저히 먹을 수가 없었다. 하지만 그 외 요리는 최선을 다해서 모두 시식했다.

스다구는 빵 한 조각을 생선 소스에 적시는 자신의 손이 약간 떨리는 것을 느꼈다. 우르바노와 그의 동료들 앞에서 자신이 다소 긴장하고 있는 것이 느껴졌다. 투라니우스도 그 자리에 와 있었는데, 그는 연신 트림을 해대며 배급 빵이 바닥난 뒤 폭력 사태가 벌어진 것을 한탄했다. "이 천한 사람들이 무얼 기대하는지 모르겠습니다." 투라니우스는 그렇게 푸념하다가 또 트림을 했다. "이 도성 인구가 오십만이고, 그 중 삼 분의 일은 너무 신분이 낮아서 황제가 호의를 베풀어도 도무지 혜택을 기대할 수 없는 사람들입니다. 그런데 솔직히 말해, 혜택을 입는다 해도 그 하찮은 사람들이 무슨 보답을 할 수 있겠습니까? 어리석은 짓이지요. 배급이 사람들을 먹여 살리려는 게 아니라는 걸 이 자들은 못 깨닫겠지요? 배급은 제빵업자들에게 계속 일거리를 만들어 주려고 하는 건데 말이죠. 제빵업자 길드에서 그걸 요구합니다. 그래야 가격이 유지되고 수입이 들어오니까요." 투라니우스는 또 트림을 했다. "게다가 내, 끅… 수고비도 물론 적지 않고 말입니다." 사람들이 웃음을 터뜨리자 트라니우스는 주먹으로 가슴을 두드렸다.

"자, 여기서는 아무것도 걱정할 게 없습니다." 우르바노가 좌중을 안심시켰다. "오늘밤엔 경비원을 몇 명 더 고용했거든요. 검투사 훈련 학교에서 몇 명 데려왔습니다. 우리가 대화를 나누는 동안 이 사람들이 문밖에서 보초를 섭니다."

"그럼 안심입니다, 우르바노." 누군가가 말했다.

또 누군가가 맞장구를 쳤다. "잘하셨습니다."

이날 저녁의 주 요리가 나오자 스다구의 푸른색 눈동자가 반짝였

다. 대추야자와 부드러운 머핀으로 가장자리를 두른 수퇘지 요리
가 통째로 나왔다. 생선 소스도 새로 왔고, 작은 소금 통도 딸려 왔
다. 물론 모두의 잔에는 품질 좋은 팔레르노 산 포도주가 계속 채워
졌다. 스다구는 모든 음식을 꼼꼼히 맛보며 즐겼고, 맛있게 즐기고
있다는 걸 드러내려고 적당한 간격으로 트림을 했다.

스다구는 우르바노의 친구들이 차례대로 우르바노에게 존경과
감탄을 표하는 말을 귀 기울여 들었다. 한 손님이 이렇게 물었다.
"우르바노, 따님들은 잘 지냅니까?"

"네, 잘 있습니다. 신경 써 주시니 감사합니다. 풀이 자라듯 쑥쑥
자라고 있지요. 이제 슬슬 결혼시킬 준비를 해야 하지 않나 생각 중
입니다." 우르바노는 그렇게 이야기하다가 갑자기 이 방에서 딸 둘
을 키우는 사람은 자기뿐이라는 데 생각이 미쳤다. 이는 로마 귀족
에게는 좀 색다르게 보일 수도 있는 일이었다. "물론 작은 아이를
낳았을 때 내다 버릴까 생각도 했었는데, 그렇게 했다가는 사비나
가 탈이 날 게 분명했어요. 그래서 생각을 바꿨지요. 내가 그렇게
마음이 약합니다, 인정해요. 게다가, 지금은 지갑도 헐겁지요, 아시
다시피." 사람들이 껄껄댔다.

식사가 끝날 즈음, 스다구는 후견인의 동료들 사이에서 처음보다
는 조금 편안한 기분이 되기 시작했다. 그래서 자신도 라틴어로 이
들의 대화에 한 번 끼어들어 보기로 했다. "우르바노님," 그는 신중
하게 입을 열었다. "근위대장 누기오 게타가 이 근처에 삽니까?"

우르바노는 적수(敵手)의 이름이 언급되자 흠칫 놀라는 것 같았다.

스다구가 왜 그의 이름을 입에 올리는 것일까? "아닐세, 스다구. 그건 왜 묻는가?"

"목욕탕에 갔을 때 그자가 자기 부하들하고 이야기하는 걸 얼핏 들었습니다. 무슨 말을 하는지 다 들리지는 않았지만, 그자가 티부르티나 길 이야기를 하더군요."

우르바노는 눈에 띄게 동요했다. 할 말을 찾지 못해 허둥대는 그의 입에서 "모르겠군, 그자가 왜,"라는 말이 건성으로 새어 나왔다. 그때 한 노예가 식당으로 들어와 우르바노에게 귓속말을 했다. "아!" 우르바노는 분위기를 바꿀 수 있게 되어 반가운 듯했다. "오늘 밤의 여흥을 위해 제가 애굽^(이집트)에서 이국적 춤꾼들을 데려왔습니다." 중앙 탁자가 치워지고, 가는 끈 몇 가닥뿐인 전통 의상 차림의 벨리 댄서 네 사람이 빙글빙글 도는 춤동작을 하며 방으로 들어왔다. 그 뒤를 따라 악기 연주자들이 들어와서 식당 끄트머리에 자리를 잡았다. 연주자들이 자리를 잡자마자 요란한 북소리가 시작되었고, 빙글빙글 돌던 댄서들은 동작을 멈추고 가만히 서서 자세를 잡았다. 북이 또 한 번 울리자 춤이 시작되었다. 고급 창부^(娼婦)들이 줄지어 들어와 손님들 곁에 자리를 잡더니 남자들 등에 기대 누워 춤을 구경했다.

노예들은 벤치 바깥쪽으로 돌아다니며 갖가지 후식을 날랐다. 후식으로는 케이크, 과자, 치즈, 견과류, 포도, 사과, 배, 굴, 달팽이와 함께, 따뜻하게 데워 꿀로 단맛을 낸 진한 포도주가 나왔다. 단 것을 별로 좋아하지 않고 굴과 달팽이 생김새가 싫었던 스다구는 치즈, 견과류, 과일만 먹었다. 외국산 견과류 맛은 감탄스러웠고, 그 중엔 한 번도 본 적 없는 것들도 있었다. 스다구의 등에 기대 누운 창부가 점점 몸을 밀착시키며 그의 팔을 어루만졌다. 여자의 손길에 스다구는 민망해지며 약간 죄책감이 들었다.

그때 한 노예가 다가와 스다구의 어깨를 두드리며 우르바노가 아트리움에서 보자고 한다는 말을 전했다. 우르바노가 식당에서 나가는 것을 보지 못한 스다구는 깜짝 놀랐다. 이제 우르바노의 정찬에 초대받은 값을 치러야 할 시간이 온 거였다. 물론 그 값은 돈이 아니었다. 돈으로 값을 치를 수만 있다면 얼마나 좋을까. 자리에서 일어나 아트리움으로 갔더니 우르바노가 그를 기다리고 있었다.

"스다구, 자네는 게타가 무슨 이야기를 하고 있었다고 생각하나?"

"잘 모르겠습니다." 스다구는 자신이 별 생각 없이 한 말에 대해 우르바노가 질문하자 조금 놀라 고개를 가로저었다.

"내가 생각을 해봤는데, 나와 관계된 일이 아닌 한 그자가 우리 동네 이름을 입에 올릴 이유가 없어." 우르바노는 천천히 왔다 갔다 하며 말했다. "스다구, 내가 생각하기에 그자가 나를 해치려는 것 같아."

스다구가 무슨 말을 해야 할지 몰라 우물쭈물하자 우르바노는 본론으로 들어갔다. "내 부탁을 승낙할 건지 알아야겠네. 만약 거절한다면 나로서는 치욕일 걸세." 우르바노의 목소리가 점점 높아지기 시작했다. "자네가 거절하면, 게타와 관련해 내 입지가 약해진다네. 그러면 그자가 분명 기회를 잡아 나를 해치려는 행동에 나설 테고 말이지. 그자가 내 채권자들을 만나 내게 빌려준 돈을 다 거둬들이라고 하면 난 땅을 잃을 수도 있어. 그러면 그다음엔? 생계를 위해 일을 해야 할 테지." 우르바노는 잠시 생각에 잠겼다가 한숨을 내쉬었다. "물론 나 스스로 목숨을 끊어야 할 수도 있지. 그래야 문제가 해결된다면 말일세. 하지만 그러면 내 딸들은 매춘부가 되겠지."

스다구는 우르바노를 안심시켜 목소리를 낮추게 만들려고 급히 입을 열었다. "이해합니다. 나리에게 그 모든 일이 일어난다면 제게도 좋을 게 없습니다. 저도 후견인을 잃는 거니까요. 나리께서 그런 일을 겪으시게 할 생각은 없습니다."

우르바노는 안도하는 기색이 역력했고 스다구는 이야기를 이어 나갔다. "다만…"

우르바노의 얼굴이 다시 굳어졌다. "다만 뭔가?"

"다만… 제 아내가."

"스다구, 아내가 이런 식으로 자네에게 이래라저래라하게 놔두다니 믿을 수가 없군! 남편이 출세할 기회를 내팽개치기를 바란다니 그것도 믿을 수가 없고. 게다가 로마 남자라면 누구나 당연히 이런 식으로 사는 게 정상 아닌가."

스다구는 혼란스러웠다. 이 문제에 관해 자신이 왜 이리 혼란스러워야 하는지 그 자체도 혼란스러웠다. 스다구는 자기도 모르게 말했다. "그렇지만… 원로원 계급이면서도 길 따름이인 사람들이 있습니다."우르바노가 숱 많은 눈썹을 잔뜩 치켜올리자 스다구는 목소리가 점점 기어들어 갔다. "부데도 있고, 마르셀루스도 있고, 젊은 클레멘스도 있습니다…"입 속에서만 웅얼거리는 소리로 스다구가 말했다.

점점 무기력해지는 기분이 된 스다구는 우르바노 앞에서 자기 입장을 분명히 밝힐 용기가 없다는 것을 깨달았고, 우르바노는 스다구가 명백히 '싫다'고 하지 못하는 것을 암묵적 '좋다'로 받아들이는 듯했다. 우르바노는 스다구의 어깨에 팔을 두르며 말했다. "자, 식당으로 가세. 내일 나깃수에게 가서 반가운 소식 전하기로 하고."

그렇게 두 사람은 후식이 있고 댄서와 악기 연주자와 창부들이 있는 곳으로 다시 갔다.

❖

마가의 회집에서 마련한 감사의 빵을 가지고 아벨레의 아파트에 도착한 암블리아는 빈 곳 하나 없이 촘촘히 들어앉은 사람들 사이를 간신히 비집고 안으로 들어갔다. 사람들 사이를 뚫고 앞으로 나간 그는 빵 바구니를 아벨레에게 건넸고, 아벨레는 바구니를 받아 작은 탁자 위에 놓았다. 기도하고 빵과 포도주를 나눈 뒤, 비좁은 아파트 안에는 기쁜 노랫소리가 울려 퍼졌다.

그는 하나님의 모습으로 존재하셨으나

하나님과 동등함을 당연히 여기지 않으시고

오히려 자기를 비워

종의 모습을 취하셨네

그는 사람의 모양으로 오셨고

사람의 모습으로 나타나셨고

그 외양이 사람으로 보이셨도다

그가 자기를 낮추사

죽기까지 순종하셨으니

하나님께서 그를 지극히 높이시고

모든 이름 위에 뛰어난 이름을 주셨도다

그리하여 예수아의 이름 앞에 만물이 무릎 꿇고

모든 입이 예수 크리스토스를 도미누스라 고백한다네.

4.
목성의 날

스다구는 우르바노의 집으로 향했다. 에스쿨리아나 문을 지나, 에스쿨리누스 언덕을 오른 뒤, 도료 파는 이들의 마을을 통과하고 노예 묘지를 빙 둘러서 깨진 질그릇 더미를 지나 조용한 동네로 접어드는 동안 스다구는 계속 혼자 되뇌었다. '비누스 미히 인 체레브룸 아비트, 비누스 미히 인 체레브룸 아비트'(포도주 때문에 머리가 빙빙 도는군). 결국 스다구는 우르바노의 집 문지방에 걸려 넘어졌고, 줄지어 서 있던 피후견인들이 그 광경을 보고 말았다. 자신이 넘어지는 것을 보고 우르바노의 표정이 안 좋은 걸 보자 스다구는 안심이 되었다.

"경기 첫 날이군!" 우르바노의 목소리가 약간 들떠 있었다.

"네, 삼 일 간의 휴가죠. 모처럼 편히 쉬게 되었습니다."

"스다구, 자네 상태가 엉망이구먼!"

"피차 마찬가지네요, 친구님."

우르바노의 얼굴에서 미소가 사라졌다. "자기 주제를 잊었구먼. 자네는 내 피후견인이고 나는 자네 후견인이라는 걸 내가 일깨워 줘야 하나?!" 스다구는 침을 꿀꺽 삼켰다. 가슴이 두근거리기 시작했다. 그는 우르바노와 눈을 마주치지 않으려고 시선을 떨구었다. 그런데 갑자기 우르바노가 웃음을 터뜨렸다. 스다구가 고개를 들자 우르바노가 말했다. "절을 하면서 말해야지!" 우르바노는 여전히 웃는 얼굴로 스다구의 등을 두드리며 의자를 가리켰다.

안심이 되기는 했지만 여전히 이 분위기가 거북한 스다구는 화제를 다른 데로 돌리려고 했다. "지난밤 정찬 초대에 다시 한번 감사드립니다. 진심으로 감사하게 생각하고 있습니다. 제 평생 가장 훌륭한 연회였습니다. 제가 게타 이야기를 해서 기분 상하시지 않았기만 바랍니다."

그렇게 말해 놓고 스다구는 꺼내지 말았어야 할 이야기를 꺼낸 것 같아 곧 아차 싶었다.

"염려 말게, 친구." 우르바노는 사태를 낙관적으로 보는 것 같았다. "좋은 소식이 있네. 오늘 황제를 알현하라는 호출을 받았다네." 스다구의 눈이 휘둥그레졌다. "나깃수가 오늘 아침 일찍 전갈을 보냈더군. 제 삼시에 궁으로 나오라고 말일세. 아마 곡물 수급부 장관으로 나를 지명할 생각인 것 같아."

"반가운 소식이군요. 축하드립니다. 우르바노 님!"

"나쁜 소식도 있다네. 나쁘다기보다는… 복잡한 소식이지. 누기오 게타도 근위대 막사에서 만나자고 하더군. 그런 만남이 나한테 좋게 끝날 리가 없지만, 포르투나 여신이 오늘은 내게 미소를 보였다네. 왜냐하면 황제와 약속이 잡혔다고 하면 게타에게는 나 대신 대리자를 보낼 수 있거든."

"다행이군요. 누구를 보내실 겁니까?"

"자네가 되겠지."

스다구는 가슴이 쿵 내려앉았다. "저를요? 하지만 노예를 보내는 게 낫지 않을까요? 저는 해방 노예라 법적으로 나리를 대리할 수 없는데요."

"맞아. 게타는 자네가 나를 대신해 어떤 구속력 있는 서약을 하게 만들 수 없지. 완벽한 해법 아닌가. 노예를 보냈다가는 무례를 범하는 걸로 보일 수도 있지만, 성공한 해방 노예를 보내는 것은 황제의 전례를 따르는 것뿐일 테고 말이지."

"그렇습니다, 하지만 원로원 의원들과 기수 분들이 글라우디오 황제에게 전직 노예들을 상대하게 만들었다가 얼마나 격분을 샀는지 아시지 않습니까. 저는 그게 최상의 해법인지 잘 모르겠습니다."

"터무니없는 생각일세. 그리고 어쨌든 이건 협상이 아닐세. 그러니까 스다구 자네 신분을 잊어야 할 테고, 그 전에 먼저 내가 지시하는 일을 수락하고 제 삼시에 근위대 막사로 가도록 하게. 자네가 할 일은, 내가 그 시간에 글라우디오 황제를 알현해야 해서 게타를 만날 수 없다고 전하는 것뿐일세."

스다구는 이 일이 그렇게 간단하지 않으리라는 것을 알고 있었다. 그는 아침 기도 모임에 늦게라도 참석하려고 서둘러 집으로 돌아왔다. 로마의 옛 신들이 자신을 위해 아무것도 해 줄 수 없다고 판단한 스다구는 자신에게 남은 신은 마리아의 하나님밖에 없다고 생각했다. 근위대 막사에서 있을 만남이 중대한 일로 떠오르자 스다구는 이 일을 위해 천상의 후견인이 필요하다고 생각했다. 숨을 헐떡이며 집에 도착한 그는 마리아와 눈을 마주치지 않으려 애쓰며 재빨리 사람들 틈에 섞여 앉았다.

✠

우르바노를 태운 가마꾼들은 구 광장을 가로질러 갔다. 가마의 균형을 잃지 않으면서 신성한 길(Sacred Way)의 북적이는 인파를 원활하게 헤치고 나가기가 여간 힘들지 않았다. 이들이 향하는 곳은 카스토르와 폴룩스 신전으로, 여기서 팔라스티누스 언덕 정상에 이르는 신성한 비탈길 계단이 황궁 입구였다. 광장에서 검투사 퍼레이드가 벌어지고 있어서 가마꾼들은 잠시 걸음을 멈추고 마치 영원인 듯한 시간을 기다려야 했다. 다음 날 경기가 예정되어 있는 검투사들이 경기장에서 처형될 범죄자들과 나란히 행진하며 군중의 환호와 야유를 받고 있었다. 가마에 앉아 퍼레이드 행렬이 지나가기를 기다리는 우르바노는 행여 황제를 기다리게 만들까봐 애가 탈 뿐이었다. 초조해서 손가락의 기수 반지를 빙빙 돌리고 있자니 진땀이 났지만, 마침내 약속 시간 전에 궁에 도착했다. 우르바노는 돌아올 때는 팔라티누스 언덕과 카피톨리누스 언덕을 잇는 다리 옆으로 길을 잡아야겠다고 머릿속에 기억해두었다. 그래야 주피터 신전에서 제사를 드릴 수 있을 터였다.

근위대원이 우르바노의 토가 자락이 겹친 부분을 일일이 두드려보며 무기가 없는지 확인했다. 궁 안으로 들어가 알현실로 안내받은 우르바노는 긴장해서 신경질적으로 반지를 돌리며 황제 앞으로 나갔다. 글라우디오는 등판과 팔걸이가 달린 커다란 의자에 앉아 있었다. 앉은 자세의 신상(神像)에서나 봤을 듯한 일종의 옥좌였다. 황제를 이렇게 가까이에서 본 적이 없는 우르바노는 자신이 황제를 뚫어져라 쳐다보고 있다고 생각하는 사람이 아무도 없기를 바랐다. 글라우디오는 옥좌에 비스듬히 앉아 있었다. 온통 백발인 머리는 이발을 오래 안 해서 단발 형 앞머리가 충혈된 눈가로 늘어져 있었고, 입매는 한쪽으로 축 처져서 시종 불쾌한 표정을 짓고 있는 것 같았다. 방 뒤편과 입구에는 근위대가 줄지어 서 있었다. 옥좌에서 몇 발짝 떨어진 곳에 서 있는 노예들은 황제가 배고프거나 목마르다고 할 때마다 즉시 음식과 포도주를 맛볼 수 있도록 대기하고 있었다(클라우디우스 황제는 독살당할 것을 두려워해 자신이 먹을 음식이나 음료에 독이 들어 있지 않은지 먼저 맛보게 하려고 이 일을 전담하는 노예를 두었다고 한다-옮긴이).

우르바노는 황제의 네 번째 아내 아그리피나가 황제 옆 옥좌에 앉아 있는 것을 보고 깜짝 놀랐다. 황제가 아그리피나의 어린 아들 네로를 입양한 이후 아그리피나는 황후 노릇을 해 왔고(로마에서는 듣도 보도 못한 일이었다) 사람들은 아그리피나를 "아우구스타"(Augusta)라고 불렀다.

황제 맞은편에는 황제의 신임을 받는 해방 노예 나깃수가 서 있었다. 옆에 선 노예들이 글라우디오와 아그리피나에게 공작 깃털 부채로 부채질을 해주고 있었다. 우르바노의 이름이 그의 사회적 신분과 함께 호명되자 나깃수가 우르바노에게 이제 황제에게 말을 해도 좋다는 신호를 보냈다. 우르바노는 라틴어로 이야기를 시작했다. "문안드립니다. 신들의 아들이자 아버지여. 제 비천한 신분으로 이렇게 가까이서 폐하를 뵈옵고 그 불멸의 광채를 뵙다니 참으로 행운이옵니다."

그 시간, 스다구는 시내를 가로질러, 도시의 동쪽 끝 근위대 막사에 도착해 있었다. 스다구는 초조하게 머리카락을 쓸어 넘기기도 하고 머리를 긁적이기도 하며 게타를 기다렸다. 왜 우르바노가 못 오고 자신이 대신 올 수밖에 없었는지 사령관에게 알렸는데, 게타가 막사 안에서 사령관에게 고함을 지르는 소리가 들렸다. 좋은 징조가 아니라는 걸 충분히 알 수 있었다.

게타는 우르바노가 직접 오지 않고 다른 사람을 대신 보냈다는 소식에 기분이 나빴지만, 황제를 만나러 가느라 그랬다는 해명에 불쾌감이 조금 누그러들었다.

게타는 막사 곁방에서 나와 쿵쿵 다가오더니 스다구의 얼굴을 똑바로 들여다봤다. 스다구는 게타의 시선을 피하고 싶은 마음을 가

까스로 눌러 참고 고개를 꼿꼿이 든 채 처분을 기다렸다. 게타는 획
돌아서더니 "들어와!"라고 소리치고는 다시 쿵쿵 소리를 내며 곁
방으로 들어갔다. 스다구는 게타를 뒤따라 들어갔다.

"이름?"

"스다구입니다. 우르바노의 해방 노예이자 피후견인입니다. 뭐
든 지시만 하십시오."

게타는 성가신 얼굴이었다. "그리스인이군. 허우대 좋고. 자네 후
견인은?" 우르바노가 왜 직접 못 왔는지 사령관에게 전해 들었지만
게타는 스다구를 덫에서 풀어놓아 주고 싶은 마음이 전혀 없었다.

"제 후견인 우르바노 님이 유감을 전하십니다. 지금 황제 폐하를
알현 중이라 대장님의 초청에 응할 수가 없었습니다."

게타는 잠시 아무 말 없이 이제 어떻게 해야 하나 생각했다. 이윽
고 그는 이왕 이리 된 것 스다구에게서 정보나 최대한 얻어내야겠
다고 판단했다. "황제께서 자네 후견인을 곡물 수급부 장관으로 지
명하시는 건가?"

"저는 모릅니다. 그것이 진실입니다."

"사람들이 '그것이 진실'이라고 말하는 건 거짓말할 때뿐이지.
왜 내게 거짓말을 하나?"

스다구는 초조했다. 하지만 초조해하면 거짓말하는 걸로 보일 것
같았다. "세상을 떠난 제 첫 아내 및 아내와 동행하는 죽은 영들의
이름을 걸고 맹세하거니와 거짓말이 아닙니다. 사실 우르바노 님
은 장관으로 지명되기를 바라기는 하십니다만, 황제 폐하의 의중

은 제가 전혀 알지 못합니다. 제가 황제의 의중을 어떻게 알 수 있겠습니까? 저는 황제 폐하를 한 번 만난 적도 없습니다."

게타는 방 안을 천천히 왔다 갔다 했다.

클라우디우스 황제와 율리우스 - 클라우디우스 왕조

율리우스-클라우디우스 왕조는 첫 번째 그룹의 로마 황제들을 가리키며, 모두 율리우스 카이사르 집안과 이런저런 식으로 연관되어 있다. 율리우스 카이사르는 절차상으로는 황제가 아니었고, 실질적 황제가 되려고 하던 즈음 기원전 44년에 암살당했다. 그러나 율리우스 카이사르의 암살 여파로 누군가가 황제가 되어야 한다는 것이 확실해졌고, 뒤따른 내전의 결과 율리우스 카이사르의 누이의 손자인 옥타비아누스가 첫 번째 진짜 황제가 되었다. 옥타비아누스는 기원전 31년 결정적 전투에서 승리했고, 기원전 27년경에는 황제의 권세를 부여받고 아우구스투스라는 새 이름을 갖게 되었다. 신약성경에서 보다시피, 아우구스투스(아구스도)는 예수님이 태어날 당시 황제였다. 다음 황제 티베리우스(디베료)는 아우구스투스의 의붓아들이었다. 티베리우스는 기원후 14년부터 기원후 37년까지 황제로 재위했고, 예수님의 공생애 당시 황제였다. 티베리우스 다음으로는 칼리굴라가 황제가 되어 기원후 37년부터 기원후 41년까지 통치했다. 칼리굴라는 일반적으로 정신이상자였던 것으로 여겨지며, 그의 정신 상태가 어땠는지 확실히 알 수는 없지만, 티베리우스에게 괴롭힘과 학대를 당한 것은 분명해 보이며, 칼리굴라 자신도 상대를 못살게 굴고 학대하는 사람으로서 지배했다.

칼리굴라는 41년에 근위대장에게 암살당했다. 당시 율리우스-클라우디우스 집안의 마지막 일원은 칼리굴라의 숙부 티베리우스 클라우디우스 드루수스로서, 클라우디우스(클라우디오)로 더 잘 알려져 있다. 근위대가 클라우디우스를 새 황제로 선언할 당시 그는 오십 세였다. 클라우디우스는 집안에 곤혹스러운 존재로 여겨진 탓에 생애 대부분을 사람들의 시선이 닿지 않는 곳에서 보냈다. 다리를 절고 말을 더듬는 등 신체장애가 몇 가지 있었다. 건강이 대체로 안 좋았고, 그가 정신적으로 문제가 있다고 생각하는 이들이 많았다. 그러나 클라우디우스는 사교상의 매력은 없었어도 머리는 좋았다. 근위대의 작전으로 황제가 되었기 때문에 클라우디우스는 원로원보다 근위대에 더 충성했다. 또한 원로원 의원들보다는 자신의 노예였다가 자유민이 된 사람들에게 더 많은 권한

■ **사진 4.1. 클라우디우스 황제 흉상**
(국립 고고학 박물관, 나폴리)

을 주었으며, 원로원 의원이나 기수 계급이 자신을 대적해서 음모를 꾸민다고 조금이라도 의심되면 가차 없이 처형하곤 했다. 그는 자신의 해방 노예들이 원로원 의원들보다 더 신뢰할 만하고 더 유능하다고 생각했는데, 어떤 면에서 이는 사실이었지만 해방 노예들 역시 그만큼 더 부패했고, 이렇게 해서 황궁은 황제의 총애를 거래하는 장소가 되었다. 사람들은 클라우디우스가 일시적 기분에 따라 일관성 없는 결정을 내

리고 벌을 내리는 것을 두려워했지만, 실질적으로 상황을 주관하는 것은 황제의 해방 노예들이라고 믿었기에 이들 또한 두려워했다. 전직 노예들의 권위에 순복해야 하는 상황에 분개하고 있는 원로원 의원들에게 이는 모욕에 모욕을 더하는 일이었다.

앞에서 우리는 클라우디우스가 유대인들을 로마 도성에서 모두 추방한 사건에 대해 이야기했다. 로마 역사가 수에토니우스의 말에 따르면, 이 일은 "크레스투스"라는 인물을 두고 유대인들 사이에서 벌어진 "소요"와 관련이 있다고 한다. 다시 말해, 로마인들은 유대교와 구별되는 어떤 종교로서의 기독교에 대해서는 아직 모르는 상태였지만, 예수에 관한 의견 차이 때문에 그리스도인이 아닌 유대인과 그리스도인 유대인 사이에 갈등이 있다는 것은 들어서 알고 있었다. 이 유대인 추방 사건은 기원후 49년 어간에 일어났으며, 정확한 날짜는 알 수 없다. 로마에 남은 유대인이 얼마나 되었는지도 확실히는 알 수 없다. 남은 사람 중에는 노예도 있었고, 떠나기를 거부하고 도성 안에 숨어 사는 유대인도 아마 있었을 것이기 때문이다. 하지만 사도 바울의 지인 아굴라와 브리스길라가 이때 로마를 떠났다는 것은 알 수 있다(행 18:2).

이 책에는 클라우디우스의 아내들에 얽힌 복잡한 이야기가 반영되어 있다. 많은 사람이 클라우디우스를 아내들에게 쉽게 속아 넘어가 종노릇 하는

■ **사진 4.2.** 클라우디우스 황제가 건축한 도수관 중의 하나인 아쿠아 클라우디아 유적

순진한 사람으로 보였고, 네 번째 아내 아그리피나는 특히 더 클라우디우스를 이용한 것으로 보인다. 아그리피나는 클라우디우스를 설득해 자신의 아들 네로를 입양하게 한 다음, 클라우디우스의 친아들 브리타니쿠스까지 제치고 네로를 후계자로 만들었다. 몇 년 후 아그리피나는 클라우디우스를 독살하게 되고, 아들 네로가 다음 황제가 되었다.

한편 궁에서는 황제가 축축한 손수건으로 연신 입꼬리를 톡톡 닦아내며 우르바노에게 질문을 퍼부었다. 더 거북스러운 것은, 글라우디오가 일종의 중풍 증세를 앓고 있어 발음이 애매하고 웅얼거리는 말투라 우르바노가 제대로 알아듣지 못하고 자꾸 되물어야 했다는 것이다.

"내 말은… 무얼 해서 먹고사느냐는 것이다!" 글라우디오는 팔걸이에 비스듬히 몸을 기대고 다리 위치를 바꾸며 소리를 질렀다. 황제의 위압적 어투는 우르바노의 신상에 관해 나깃수가 무언가 구체적으로 귀띔해 준 게 있는지 없는지 기억 못 하고 있다는 사실을 감추려는 일종의 가면이었다. 글라우디오는 이런 종류의 일은 대개 나깃수에게 떠넘기는 특권을 누렸고, 설령 미리 보고를 받더라도 상세한 내용은 한쪽 귀로 듣고 한쪽 귀로 흘려버리기 예사였다.

"용서하십시오," 우르바노는 고개를 숙이며 말했다. "저는 지주입니다. 소작인들이 제 땅에서 농사를 짓고 있습지요. 대부분 올리브밭이고, 약간의 과일나무와 양어장이 있습니다."

"아, 좋아! 농사꾼이군," 글라우디오가 웅얼거렸다. "농사만큼 숭고한 일은 없지. 무슨 농사를 짓든 다 신들이 주는 것 아닌가? 카토(Cato)가 말했다시피, 인간에게 줄 수 있는 최고의 찬사는 훌륭한 농사꾼이라는 호칭이지!"

"강 건너편에 아파트 건물도 갖고 있고, 이런저런 물자에도 종종 투자합니다. 주로 철(鐵)이나, 목재, 도기류죠. 제 소작농들과 해방 노예들을 비롯해서 고객도 꽤 됩니다."

글라우디오는 얼굴을 찌푸렸다. "장사도 한다고? 난 장사는 싫은데. 상인들은 탐욕스럽지. 신뢰할 수가 없어. 말해 보게, 많이 돌아다니나? 외박도 하는가? 아내에게 한가한 시간을 너무 많이 주지는 않는가?"

우르바노는 어떻게 대답하는 게 최선일지 필사적으로 머리를 짜내면서 초조한 눈빛으로 방안을 흘끔 둘러보았다. 지금까지 이야기한 것만으로도 너무 많은 것을 털어놓았다는 염려가 들었다. 우르바노가 헛기침을 하자 나깃수가 글라우디오 쪽으로 몸을 숙이며 말했다. "이 자의 해방 노예 하나가 아들의 개인 교사를 구한답니다."

화제가 바뀌자 우르바노의 얼굴에 화색이 돌았다. 목소리에 열정이 들어가서, 약간 부자연스럽기까지 했다. "네, 제 노예였다가 자유민이 된 스다구가 바로 그 사람입니다. 노예 시절 스다구는 제 올리브 밭 감독이자 올리브기름 생산 관리인 자리까지 올라갔지요. 제 아버지가 돌아가신 후 제가 스다구에게 자유를 주었습니다. 지금은 잘 나가는 올리브기름 상인입니다. 아들이 있는데, 이름이 아마 더디오일 겁니다…"

글라우디오는 조급해졌다. "그대는 사는 곳이 어디인가?"

"음, 에스퀼리아나 문 밖에 삽니다. 티부르티나 길을 끼고 있는 동네지요."

글라우디오는 침이 흐르는 입가와 인중에 흐르는 콧물을 쓱 문질러 닦았다. 습관과 근육의 기억이 어우러져, 굳이 생각하지 않아도 나오는 행동임이 누가 봐도 확실해 보였다.

"멋진 동네지. 조용하고. 나도 거기 살았으면 좋겠군." 아그리피나가 눈을 흘겼지만 글라우디오는 아랑곳하지 않았다. "내 증조부 율리우스가 낮에는 도성 안에 이륜마차가 못 다니게 했는데, 욕이라도 한 바가지 해주고 싶어. 낮에 못 다니는 마차들이 밤새 다니니 시끄러워서 잠을 잘 수가 있어야지. 온 로마가 다 내 머리맡을 돌아다니는 것 같으니!" 신경성 틱 증세가 시작되었는지 글라우디오의 눈이 빠르게 깜박이며 고개가 왼쪽으로 틀어지기 시작했다. 그리고 그는 아무 말이 없다가 꾸벅꾸벅 졸기 시작했다. 잠깐이지만 길게만 느껴지는 그 순간, 나깃수가 공작 깃털 부채를 들고 있는 노예에게 신호를 보내자, 노예는 깃털 부채로 "뜻하지 않게" 글라우디오의 얼굴을 쓸어내렸고, 글라우디오는 화들짝 잠에서 깨어났다. 그에게는 늘 있는 일인 것 같았다. "타르타루스에게나 가 버려!" 글라우디오는 노예에게 고함을 지르며 손을 내저어 부채를 얼굴에서 밀어냈다.

　게타는 이제 스다구의 얼굴에 대고 소리를 질렀다. "그래, 나도 황제를 알아! 황제 근위대의 아홉 개 보병대를 내가 지휘한다고. 구천 명 병력이 내 명령에 따라 움직이고, 하나같이 충성심으로 결속해 황제와 함께한단 말이야. 그건 애초에 우리가 그를 황제로 만들었다는 사실에서 나오는 충성심이지. 네 후견인은 내가 황제에게 이렇게 무시당하고도 가만있을 거라 생각하는 건가? 너는 무얼 얻기로 했나? 우르바노는 장관으로 지명 받고 싶어 하고, 너는 그 일과 어떻게 연관되나?"

　스다구는 자신이 어떻게 얽혀 있는지 말하고 싶지 않았다. 아들 이야기도 단연코 하고 싶지 않았다. 그러나 스다구가 그렇게 주저하는 순간, 게타는 부하들을 불렀다. 무슨 일이 벌어진 건지 알아차리기도 전에 스다구는 사슬로 묶였고, 게타는 고문 담당을 불러오라고 지시했다. 스다구는 가슴이 두근거리기 시작했다. 어떻게 일이 이렇게 된 거지? 스다구는 아무런 잘못도 저지르지 않았다. 그런데 일이 급반전해 이제 목숨이 왔다 갔다 하는 지경이 되어 버렸다. 고문을 담당하는 이가 다른 군인 둘을 대동하고 도착하자 게타는 스다구를 노려보며 짐짓 뜸을 들였다.

"거짓말을 그만둘 수 있는 마지막 기회다." 게타는 음산한 목소리로 으르렁거렸다. "너를 곧 이 사람들에게 넘길 것이다. 이 사람들한테도 거짓말을 할 수 있으면 해 봐라."

스다구는 눈이 휘둥그레지면서 가슴이 두방망이질 쳤다. "거짓말하지 않습니다. 저는 아무것도 숨길 게 없습니다."

"그렇다면 네가 이 일에서 맡은 역할이 뭔지 털어봐라."

스다구는 이 병사들이 자신을 막사에서 끌고 나가면 모든 게 끝장이라는 것을 알고 있었다. 어쩌면 가족들 얼굴도 한 번 못 본 채 죽을 수도 있었다. 설령 목숨은 부지하더라도 일도 못하는 불구의 몸이 되어 가족들에게 돌아갈 게 뻔했다. 끌려 나갈 경우 그가 바랄 수 있는 것은 그게 최선이었다. 스다구는 게타가 만족스러워 할 만한 정보를 제공하되 아들 더디오에 관련된 이야기는 빼기로 했다. 그는 우르바노에게서 목재 수입권을 받을 수 있기를 기대하고 있다고 게타에게 털어놓았다.

하지만 게타는 화를 누그러뜨리지 않았고, 근위대원들은 스다구를 결박한 사슬을 더 단단히 움켜쥐었다. 게타는 한 동안 아무 말이 없었고 스다구의 이마에서는 땀방울이 흘러 눈으로 스며들었다. 얼마 후, 게타는 다른 아무 말 없이 병사들에게 스다구를 데리고 나가라고 손짓했고, 자신도 방에서 나가려고 했다. 스다구는 다리에 힘이 풀리며 무릎이 꺾였다. 그런데 방을 나가려던 게타가 다시 스다구 쪽으로 다가왔다. 게타는 스다구의 얼굴 높이로 허리를 숙이고 그의 머리채를 잡아 올려 자신의 눈을 쳐다보게 하고는 말했다.

"너는 어떻게 관련된 거지?"

스다구는 처음에 어리둥절해하는 표정이었으나, 곧 일련의 깨달음이 그를 강타했다. 그는 결국 항복하고 말았다. 스다구는 게타에게 모든 것을 털어놓았다. 우르바노가 곡물 수급부 장관으로 임명되면 그 대가로 나깃수의 측근 한 사람에게 개인 교사 자리를 마련해 주기로 했다고 이야기했다. 그리고 우르바노가 자신에게 목재 수입권을 주면 자신은 그 대가로 나깃수의 그 측근을 아들의 개인 교사로 고용하기로 했다는 이야기도 털어놓았다. 군인들이 스다구를 놓아 주었고, 스다구는 풀썩 무릎으로 주저앉았다.

"그러니까…" 게타는 생각에 잠겨 방 안을 왔다 갔다 했다. "이 모든 일의 열쇠는… 네 아들이로군."

게타가 이제 더디오에 관해 알게 되었다는 두려움과 죄책감으로 스다구는 가슴이 타들어가는 것 같았다. 게타는 더디오를 죽여 없애는 방식으로 문제를 간단히 해결할 수도 있었다. 스다구는 뭔가 할 말을 찾으려고 머리를 쥐어짰다. 그러나 고작 떠올린 것은 "하지만 제 아내는 이 일에 반대합니다"라는 말뿐이었다.

"아이의 엄마가?"

"의붓엄마입니다."

"의붓엄마가 왜 그런 합의에 반대한다는 거지?"

"제 아내는 길 따름이들이라는 모임에 소속되어 있습니다, 그리고…" 스다구는 거기서 멈칫했다. 이미 너무 많은 것을 말했다는 걸 깨달았기 때문이다.

"길 따름이가 뭔가?"

스다구는 혹여 이 모임이 정치적 성격의 모임으로 오해되지 않도록 조심해서 설명하려고 애썼다. 그러나 얼마나 긴장을 했는지 그가 할 수 있는 거라고는 학습자 반에서 얻어들은 설명을 되풀이하는 것뿐이었다. "길 따름이들은 어떤 한 부류의 사람들이 아닙니다. 이들은 부자든 가난한 사람이든, 노예든 자유민이든, 남자든 여자든 모든 사람을 다 불러서 청합니다. 자식을 유기하는 일도 없고요. 음식은 함께 나누지만 아내를 공유하지는 않습니다."

게타는 코웃음을 쳤다. "아니면 분명 아들을 공유하든가."

스다구는 숨을 한 번 깊이 들이마신 뒤 말했다. "저는 제 집안의 가장입니다. 아들에게 개인 교사를 둘 거라는 제 말 한 마디면 개인 교사를 둘 수 있습니다."

게타는 스다구의 눈을 들여다보며 말했다. "너도 그 길 따름이들과 한패인가?"

스다구는 잠시 주저했다. "아닙니다." 그는 이렇게 대답했다. "저는 아닙니다."

우르바노는 황제가 그 자리에서 자신을 장관으로 지명해 주기를 바랐지만, 황제 알현은 아무것도 결정된 것 없이 끝났다. 우르바노는 가마꾼들을 그냥 보내고 걸어서 귀가하기로 했다. 카피톨리누스 언덕에 이르는 다리를 건너 주피터 옵티무스 막시무스를 섬기는 오래된 에트루리아 양식의 신전으로 향한 우르바노는 신전에서 주피터, 유노, 미네르바, 그리고 상업의 신 메르쿠리우스 신에게 제사를 지냈다. 곡물 수급부 장관이 되게 해달라는 자신의 청을 들어 준다면 평생 이 신들의 명예를 높이는 일에 늘 전념하겠다고 약속했다. 제물로 바친 짐승 고기를 먹어야 하는 의례에 따라 고기 몇 점을 먹던 우르바노는 점심을 굶었다는 것을 깨달았다. 하지만 오늘은 시끄러운 선술집에 가고 싶은 기분이 아니었다. 카피톨리누스 언덕 북측 사면으로 내려와 폰티날리스 문 근처에 이른 우르바노는 스다구의 집에 들러 그가 집에 있는지 확인하고 게타와의 만남이 어떻게 되었는지 물어 보기로 했다. 폰티날리스 문을 지나던 우르바노는 스다구가 고개를 푹 숙인 채 자기 집 앞에서 왔다 갔다 하는 것을 보았다.

"스다구!"

우르바노가 부르자 스다구는 고개를 들어 우르바노를 향해 끄덕하고 인사했다. 우르바노는 여전히 왔다 갔다 하고 있는 스다구에게 다가갔다. "안녕하신가, 스다구! 근위대에 갔던 일은 어떻게 됐는가?"

스다구는 고개를 가로저으며 힘없이 말했다. "그자가 저를 고문하려고

■ 사진 4.3. 카피톨리누스 언덕에 있는 주피터 옵티무스 막시무스 신전 기초석(카피톨리누스 박물관, 로마)

했습니다."

"뭐라고?!" 우르바노는 순간 불안해졌지만 상황을 순조로이 넘기고 싶었기에 최대한 침착하게 말했다. "자, 내가 점심을 사지. 조용히 이야기 나눌 수 있는 곳을 내가 알아."

바로 그때 스다구의 집 문이 열리면서 마가가 밖으로 나왔다. 뒤따라 나온 빌롤로고가 스다구를 보고 반가워했다. "이봐요, 스다구! 지금 도착한 겁니까?"

세 광장

로마의 광장(광장[forum]의 복수형은 포라[fora])은 공공 광장으로, 원래 시내 중심지이자 사업과 상업, 종교의 중심지였다. 그런데 광장이 점점 늘어남에 따라 마침내 온갖 유형의 사업, 쇼핑, 종교의식이 모두 가능한 광장이 생겼다. 이 책에서 언급되는 가장 중요한 세 광장은 점점 규모가 커져가

는 도시 중심지구 안에서 크게든 작게든 서로 연관되어 있었다. 구 광장(Old Forum)은 공화정 시대 로마의 광장이었으며, 원로원(쿠리아)과 법원 (바실리카 아이밀리아와 바실리

■ 사진 4.4. "구 광장" - 로마 공화정 시대 광장

카 율리아)이 자리 잡고 있었다. 율리우스 카이사르는 구 광장 가까이에 자기 이름을 딴 광장을 지었고, 권력이 옛 공화정에서 율리오 클라우디우스 집안으로 이동했다는 건축학적 메시지를 담아 원로원 건물을 다시 짓고 새로운 방향을 제시했다. 카이사르 광장에는 베누스에게 헌정된 신전이 있었는데, 이는 율리우스 카이사르 집안이 베누스 여신의 직계 후손이라는 믿음을 전하려는 약간의 선전 활동이었다.

최초의 진짜 황제 아우구스투스는 율리우스 카이사르의 선례를 좇아 카이사르 광장 옆에 자기 이름을 붙인 광장을 지었다. 아우구스투스 광장에는 마르티우스에게 헌정된 신전이 있었고, 이 신전은 세계 각처에서 가져온 대리석으로 장식되었다. 이는 아우구스투스 치하에서 로마 제국이 세계 정복자였다는 메시지를 전하려는 것이었다.

"사실은 내 후견인 분하고 점심 먹으러 가려던 참이다. 우르바노 님, 제 큰 아들 마가입니다. 마가, 이분은 내 후견인 우르바노 님이 시다."

마가는 우르바노와 악수를 하며 인사했다. "안녕하십니까. 여기 이분은 우리 친구 빌롤로고입니다. 지금은 하는 일이 없고, 잠시 쉬면서 일자리를 찾는 중인데 저와 함께 기도하러 오셨습니다. 저희도 점심 먹으러 나왔는데, 함께 가도 될까요?"

가난한 유대인이 기수 계급과 점심을 같이 먹자고 하다니, 평소 같으면 생각만 해도 불쾌했을 것이다. 하지만 마가에게는 무언가 호감 가는 면이 있었던지라 우르바노는 마음이 열리는 느낌이었다. 새로운 대화 상대를 만나 이야기를 나누노라면, 장관 임명 문제나 정적 게타 생각에서 잠시 벗어날 수 있을 터였다. 그래서 우르바노는 쾌히 대답했다. "물론이지, 함께 갑시다. 단 점심값은 내가 내게 해 줘야 하네. 그렇게 해주면 식당은 내가 고르지. 우리는 카우포나 솔리스(Caupona Solis), 태양 주점으로 가려던 길인데, 어떤가?"

마가와 빌롤로고는 고개를 끄덕였고, 네 사람은 폼페이우스 극장 쪽으로 걸음을 옮겼다. 얼마 안 되는 거리였지만, 도중에 카피톨리누스 언덕에서 내려오는 곡마단 행렬을 만나는 바람에 네 사람은 구 광장과 신성한 길 쪽으로 방향을 틀었다. 잠시 후 이들은 북쪽으로 마르티우스 평원으로 접어들었고, 새로 생긴 디베료(티베리우스) 아치를 지나, 극장 맞은편에 있는 주점으로 들어섰다.

주점 안은 조용하고 시원했다. 한쪽 벽은 전차 경주 광경과 녹색 팀 문장(紋章) 문양의 커다란 모자이크로 덮여 있었다. 또 다른 쪽 회반죽 벽에는 유명한 전차 전사(戰士)들의 초상이 그려져 있었다. 실내에는 손님이 많지 않아서 네 사람은 작은 탁자 두 개를 붙여 놓고 공간을 편안하게 쓸 수 있었다. 우르바노는 빵, 치즈, 차가운 육류, 그리고 포도주를 큰 잔으로 네 잔 주문했다. 일단 포도주가 나오자 대화가 편안해졌다.

우르바노는 점차 유쾌해져서, 한 유명한 전차 전사 형상이 새겨진 나무 포도주 잔을 들어 올리며 말했다. "오늘 원형 경기장에 갈 사람 있나? 나는 홍색 팀 팬이라네. 황제의 총애를 얻으려면 청색 팀에 환호를 보내야 할 것 같지? 가고 싶은 사람 있다면 나하고 라테란 마사(馬舍)에 가서 말들도 살펴보고 훈련사와 조련사하고 이야기도 해보자고. 그래야 어느 말에 돈을 걸지 알 수 있을 테니."

마가와 빌롤로고가 서로를 쳐다보더니 마가가 입을 열었다. "제가 생각하기에 경주를 보러 가는 건 죄가 아닌 듯합니다." 그리고 빌롤로고를 보며 또 말했다. "모두 삼 일간 일을 쉬니 아무래도 일자리를 구하기가 힘들겠지요. 빌롤로고도 좀 쉬는 게 좋겠고요." 마가는 잠시 뭔가를 생각하더니 다시 입을 열었다. "저희는, 어, 그냥 조금 늦게 가야 할 것 같습니다. 공개 처형과 제사 순서가 지나고 나서 말입니다."

우르바노는 어리둥절한 표정이었지만 불쾌해 하는 것 같지는 않았다. 그래서 마가는 이야기를 계속했다. "아시다시피 저희는 길 따름이들이기 때문이지요. 저희는 어떤 형식이든 헬라나 로마 신들에게 예배하는 자리에 참석하는 것은 우리 주님을 거스르는 행동이라고 믿습니다."

"그런가? 그 어떤 제사에도 참여하지 않는다? 나라에 대한 의무라 하더라도?" 우르바노는 스다구를 쳐다봤다.

"그렇습니다." 마가가 설명했다. "경기는 늘 로마의 전통 신들을 높이는 의례로 시작되지요. 하지만 저희 입장에서 그 의례는 우리 주님을 모욕하는 일입니다. 로마 신들의 존재를 인정한다는 것은 한 분이신 참 하나님, 전능하신 그분을 믿는 믿음이 없음을 보여주는 거니까요."

"스다구, 자네는 한마디도 안 하는구먼." 우르바노가 말했다. "하지만 늦게 오면 자리를 어떻게 찾으려고 그러는지 모르겠군. 사람들이 벌써 어젯밤부터 지붕도 없는 관람석에서 잠까지 자가면서 좋은 자리를 맡으려고 난리들인데 말이지."

마가가 대답했다. "그 정도 대가는 치러야죠, 우리의 믿음을 실천하려면."

스다구는 여전히 말이 없었다. 조금 전에 게타에게 한 말이 머릿속을 떠나지 않고 맴돌았다. '아닙니다, 아닙니다… 저는 아닙니다.' 하지만 달리 무슨 말을 할 수 있었겠나 싶기도 했다. 자신이 길 따름이들 모임에 이미 입문한 것 같지도 않고 말이다. 그저 학습자 반에 참석했을 뿐이고, 그건 곧 자신의 말이 어떤 면에서 사실이라는 뜻 아닌가? 그렇다면, 이렇게 죄책감을 느껴야 할 이유가 뭔지 스스로 의아스러웠다.

원형 경기장

로마의 "원형 경기장"(circus)은 사실상 타원형의 경마(競馬) 트랙이었다. 전차 경주가 원형 경기장의 메인 이벤트였지만, 동물 공연·곡예·곡마를 비롯해 오늘날 대형 서커스 공연에서 볼 수 있음 직한 다양한 유형의 오락을 이곳에서 즐길 수 있었고, 그뿐만 아니라 공개 처형 같은, 오늘날 공연장에서는 볼 수 없을 광경까지 구경할 수 있었다.

로마에서 가장 크고 가장 유명한 원형 경기장은 키르쿠스 막시무스(Circus Maximus)로, 이십오만 명의 관중을 수용할 수 있었다. 경주마들은 12궁을 따서 이름 붙인 열두 개의 마방(馬房)에서 출발해, 일곱 "행성"의 이름을 딴(일주일의 각 요일도 바로 이 천체의 이름으로 명명되었다) 일곱 트랙을 달렸다. 각 경주는 트랙을 일곱 바퀴 돌아야 했는데, 이는 일곱 행성의 궤도를 나타내려는 의도였다. 경주는 하루에 스물네 차례 진행되었다. 대개는 말 두 필, 세 필, 혹은 네 필이 끄는 전차 경주였지만, 말의 수효가 그이상일 때도 있었고, 관중에게 정말 실력을 과시하고 싶을 경우, 전차 한 대를 말 열 필이 끄는 진귀한 광경도 볼 수 있었다.

■ **사진 4.7.** 키르쿠스 막시무스 터. 배경에 관람석 구조물 유적이 보인다.

검투 경기장과 달리 원형 경기장의 좌석 배치는 남녀나 신분 구별이 없어서, 선착순으로 좌석을 배정받을 수 있었다. 이는 곧 한 가족이 모두 모여 앉을 수 있다는 의미였고, 또 한편으로는 큰 무질서 사태가 빚어진다는 의미이기도 했다. 사람들은 좋은 자리를 선점해서 지키려고 전날 밤 일찌감치 경기장으로 와서 나무 깔판 깔린 지붕 없는 관람석에서 잠을 자기까지 했다. 물론 황제 일가와 원로원 의원들을 위한 특별관람석도 있었다. 클라우디우스 황제는 원로원 관람석을 대리석으로 씌우는 개조 공사를 했다.

전사들은 네 팀으로 나뉘었고, 각 팀마다 충성스러운 팬과 특유의 정치 동맹이 있었다. 백색 팀과 녹색 팀이 동맹이었고 청색 팀과 홍색 팀이 동맹이었다. 각 팀마다 팀 소유의 마사(馬舍)가 있었고, 이 마사는 말 훈련사, 수의사, 마사 관리인, 장비 담당, 심지어 응원단의 지원을 받았다. 전사들은 노예일 수도 있고 해방 노예일 수도 있었으며, 검투사와 마찬가지로 크게 유명해지는 이들도 있어서, 술잔이나 머그, 주전자, 램프, 술집 벽 등에 이들의 초상이 그려지기도 했다. 전사들의 이름, 이들이 타던 말의 이름이 모자이크나 저주의 말을 새겨 넣는 서판(curse tablet) 등에서 발견된다.

키르쿠스 막시무스 외에도 이 당시 로마에는 적어도 두 곳 정도의 원

형 경기장이 더 있었다. 하나는 마르티우스 평원에 있는 키르쿠스 플라미니우스이고, 다른 하나는 바티카누스 언덕에 있는 칼리굴라의 키르쿠스(나중에 네로의 키르쿠

■ **사진 4.8. 키르쿠스 막시무스 구조물 유적**

스라고 불린)다. 황제들은 키르쿠스 막시무스와 칼리굴라의 키르쿠스 한가운데에 거대한 이집트 오벨리스크를 세웠는데, 이는 이집트에 대한 로마의 승리 및 당시 세상에 보편적으로 군림한 로마의 권세를 상징했다. 키르쿠스 막시무스에 있는 오벨리스크는 람세스 2세 치하의 이집트에서 가져온 것으로, 현재는 로마 북단 피아자 델 포폴로(Piazza del Popolo)에 있다. 칼리굴라의 키르쿠스에 있던 오벨리스크는 현재 성 베드로 광장 한가운데에 있다.

빌롤로고는 포도주를 길게 한 모금 들이켰다. "오늘 원형 경기장에 가면 황제를 볼 수 있을까요?"

우르바노는 씩 웃으며 대답했다. "나는 오늘 황제를 이미 한 번 봤다네."

"황제를 봤다고요? 어디서요?" 모두 알다시피, 글라우디오는 자기를 해치려는 음모가 두려워서 궁을 벗어나는 일이 거의 없었다.

"알현실에서 봤지." 우르바노는 궁에 가는 것쯤이야 늘 있는 일이라는 듯 아무렇지도 않게 말했다. "글라우디오를 공식 접견했다네. 중요한 임명 건을 앞두고 있거든."

"정말입니까?" 마가가 관심이 있는 것 같았다. "황제는 어떤 사람입니까? 듣기로는 갈등이 생길 일이 많다던데요."

"글쎄…" 우르바노는 자신이 실은 황제를 개인적으로 잘 알지 못한다는 사실을 드러내지 않으면서도 황제에 관해 말할 수 있는 대체적 진실이 무엇일지 잠시 생각해 봤다. "황제는 학자라네, 그건 확실해. 황제가 되기 전에는 주로 외톨이로 은둔해 살았지. 듣자 하니 잠자리도 여자하고 하는 것만 좋아한다더군. 황제로서는 유별난 경우지." 마가와 빌롤로고는 또 한 번 빠르게 시선을 교환했다.

하지만 마가는 여전히 호기심이 이는 듯했다. "글라우디오가 칼리굴라를 뒤이어 황제가 되었을 때 우리 유대인들은 크게 안도했습니다. 우리가 뭐 어떤 이가 죽기를 바랐다는 말이 아니라, 칼리굴라가 예루살렘에 있는 우리 성전에 자기 상(像)을 세우려고 했기 때문이지요. 그런데 글라우디오가 헤롯 아그립바를 우리 왕으로 임명했고, 헤롯은 곧 우리 친구 야고보를 처형하고 우리 친구 베드로를 잡아 가둠으로써 우리의 전통에 대한 자신의 권세와 의욕을 과시했습니다. 베드로는 옥에서 탈출해서 제 어머니의 집에 나타났고, 우리가 이곳 로마로 온 게 바로 그때입니다."

우르바노는 마가가 재미있는 대화 상대라는 것을 깨달았다. "알다시피, 칼리굴라가 암살당했을 때 원로원에서는 황제를 또 세우기보다는 공화정을 복구하는 걸 검토했지. 하지만 가이사가 죽고 내전을 치른 지 벌써 세 세대가 지나 버렸잖나. 과거로 다시 돌아갈 수는 없었다네. 게다가, 근위대가 글라우디오를 황제로 선포했으니 원로원이 뭘 할 수 있었겠나? 원로원은 근위대를 거스를 수가 없어."

"글쎄요," 마가가 말했다. "그럴 수 있다고 생각하는 사람도 있어요, 한 해 걸러 한 번씩 황제의 목숨을 노리는 일이 벌어지는 듯하니 말입니다."

빌롤로고도 한몫 거들었다. "저는 그걸 이해 못 하겠어요. 칼리굴라가 그렇게 나쁜 사람이었다면, 글라우디오를 죽이려 하는 사람은 또 뭐죠? 다음번에 또 칼리굴라 같은 사람이 황제가 될 수도 있고 그보다 더 나쁜 황제가 나올지도 모르는데 말입니다."

우르바노는 주변을 한 번 둘러보고 나서 말했다. "이 보게들, 화제를 바꾸는 게 좋을 것 같군. 정치 이야기는 위험할 수 있어." 우르바노는 다시 한번 주변을 살핀 뒤 탁자 한가운데로 몸을 숙이며 소리 죽여 말했다. "그리고 녹색 팀 주변에서는 칼리굴라에 대해 부정적인 말을 하지 말게. 녹색 팀 팬 중에는 여전히 칼리굴라에게 충성하는 이들이 많거든."

우르바노는 자세를 바로 하며 평소 목소리로 말했다. "자, 빌롤로고, 말해 보게. 무슨 일이 있었기에 일자리를 못 찾는 건가?"

빌롤로고는 길드에서 쫓겨난 사연이며, 빵 배급을 받으러 갔다가 자기 차례가 되기도 전에 빵이 바닥나는 바람에 허탕을 친 이야기를 다 털어놓았다. 빌롤로고가 이야기를 마치자 우르바노는 아무 말이 없었다. 우르바노는 사실 정말로 가난한 사람, 후견인 없이 살아가는 사람에 대해 생각해 본 적이 없었다. 후견인 없이 생존은 가능한지 궁금했고, 한 끼 먹고 나면 다음 끼니 걱정을 해야 하는 스트레스가 느껴질 듯도 했다. 빌롤로고와 그의 가족에 대한 연민으로 극심한 무력감이 들었고, 무슨 말을 해야 할지 알 수가 없었다.

마가가 미소를 지으며 빌롤로고의 어깨를 가볍게 두드리며 긴장을 꼈다. "걱정하지 말아요, 형제님. 길 따름이들이 이제 형제님의 길드예요."

집으로 돌아온 스다구는 혹시라도 자신과 가족들이 다칠지 모른 다는 불안감과 게타를 만나지 말았어야 한다는 후회로 여전히 휘 청이고 있었다. 하지만 "집안의 가장"으로서 늘 하는 일과 짐짓 위 엄 있는 목소리로 그런 감정을 덮어 감췄다. "모두 잘 들으세요. 일 행과 함께 움직여야 해요. 혼자 떨어져 있지 마시고요. 마리아, 로 데, 율리아, 브리스가. 숄하고 베일 챙겼습니까? 좋아요. 날씨가 덥 긴 하지만 그냥 돌아다니다가 매춘부로 오해받을 필요는 없잖아 요." 브리스가는 킥킥 웃었지만, 로데는 귀찮은 표정이었다. 스다구 는 자신이 엉뚱한 말을 한 게 아님을 해명하려고 했다. "외간 남자 가 몸 더듬는 꼴 당하고 싶지 않죠, 그렇죠?"

일행은 폰티날리스 문을 지나 카피톨리누스 언덕을 우회해 서쪽 으로 길을 잡고 성벽 안쪽에 바짝 붙어 걸음을 옮겼다. 거리는 사방 으로 오가는 사람들로 붐볐다. 행상들은 물건을 들고 원형 경기장 으로 들어가려 했고, 마술사와 곡예사는 묘기를 부리면서 그날 있 을 자신들의 공연을 홍보했다. 스다구는 계속 길라잡이 역할을 하 며 일행과 함께 강을 따라 키르쿠스 막시무스로 향했다. 아치를 지 나려던 일행은 한 걸인 때문에 걸음을 멈추었다. 걸인은 자기도 한

때 잘 나가던 사람이었다며 눈물 나는 사연을 큰 소리로 중언부언 늘어놓았고, 이런저런 신들을 들먹이며 누구든 동전 한 닢만 적선하면 신들이 큰 영광을 베풀 거라고 호언장담했다.

"우리는 한 분이신 참 하나님만 믿습니다." 마가가 걸인에게 말하며 작은 가죽 쌈지에서 주화 하나를 꺼내 주었다. "하지만 그분의 이름으로 기쁘게 이것을 드립니다." 스다구가 마가의 어깨너머로 보니 마가는 1세스테르세스 주화 하나를 걸인에게 주고 있었다. 스다구는 그 돈이 어제 자신의 점심값이었어야 하는 돈이 아닌지 궁금했다. 걸인은 황송하다는 듯 고개를 숙여 마가에게 감사를 표했다.

"키르쿠스 플라미니우스로 갈 걸 그랬나." 스다구가 투덜거렸다. "거기가 더 가깝고 사람도 적을 텐데."

"하지만 키르쿠스 막시무스로 가야 더 멋진 경주를 볼 수 있어요." 더디오가 한마디 했다. "황제도 거기로 오잖아요."

키르쿠스 막시무스에 가까이 온 일행은 경기장을 에워싼 상점들을 통과했다. 마가가 먼저 경기장 안으로 달려가 전통 의례가 끝났는지 확인했고, 이에 모두들 아치 밑 통로를 통해 경기장으로 들어가 관객들 사이로 빈 좌석이 있는지 살폈다. 빌롤로고는 원로원 의원 부데가 대리석 타일이 덮인 원로원 전용석에 앉아 있는 것을 보고 손을 흔들어 인사했다. 그러나 의원은 고개를 돌려 동료 귀족들과 이야기를 계속했다. 머쓱해진 빌롤로고는 서둘러 일행을 뒤좇았고, 이들은 아벤티누스 언덕 쪽 오르막길의 나무 깔판이 깔린 지붕 없는 관람석을 훑으며 빈 자리를 찾았다. 이 구역에는 다행히 빈 좌석이 몇 개 남아 있었다.

트랙의 모래가 석영 결정들로 반짝였고, 관중은 햇볕 아래 눈을 가늘게 뜨고 누가 승자가 될 것인지 지켜보았다. 그 날 있을 스물네 번의 경주 중 네 번째 경주의 마지막 한 바퀴 경주가 진행 중이었다. 백색 팀의 전사가 먼저 결승선을 통과하자 이십오만 관중이 일제히 함성을 질렀다. 환호, 탄성, 야유, 탄식이 뒤섞인 소리였다. 마지막 전차의 전사는 마지막 표식 기둥이 가까워져 오자 말들에게 인정사정없이 채찍을 휘둘렀다. 그러나 회전을 하기에는 속도가 너무 빨랐고, 결국 전차 바퀴가 미끄러지며 헛돌기 시작했다. 말들은 발을 헛디디며 넘어지다가 트랙 측면에 부딪쳤고, 충돌의 여파로 전차는 산산이 조각나고 말들은 다리가 부러지고 전사는 즉사하고 말았다. 신음과 환호 소리로 관중석이 소란스러웠다.

네 경기에 한 번씩 있는 휴식 시간마다 트로이 게임이 진행되었다. 장애물 넘기를 비롯해 갖가지 묘기로 승마 기술을 보여주는 게임이었다. 그 외에 동물과 조련사가 함께 하는 공연, 곡예 순서도 있었고, 이따금 짐승 사냥 시범도 있었다. 이날은 근위대가 표범 사냥으로 관중을 즐겁게 해줄 예정이었다. 스다구는 짐승 사냥을 마리아가 좋아하지 않는다는 것을 알고 있었다. 원형 경기장이나 투기장에 투입되는 짐승들은 살아남을 가능성이 없었기에 마리아는 짐승들을 딱하게 여겼다.

"자, 숙녀 분들은 잠시 산책이나 하지요." 마리아가 자리에서 일어나 관람석 통로로 내려가자 로데, 율리아, 브리스가가 하는 수 없이 따라나섰다.

"모여 있어야 해요!" 스다구는 여자들을 따라가며 소리쳤다. 그리고 곧이어 스다구가 갑자기 더디오를 돌아보며 말했다. "오! 더디오, 저기 봐라! 저기 봐, 황제 관람석에 황제가 있어, 저기, 글라우디오가 친히 행차했어!"

멀리서 보니 글라우디오는 제법 제왕다워 보였다. 키도 컸다. 그러나 그건 그냥 서 있을 때뿐이었다. 걸음을 옮기려 하자 건들거리는 두 다리 때문에 그는 균형 잡힌 자세를 유지하지 못했다. 글라우디오가 절뚝이는 걸음으로 황제 전용석에 착석하기까지 관중들은 쥐 죽은 듯이 있었다. 이윽고 그가 손을 흔들자 관중들은 마지못해 환호를 보냈다.

마리아 일행은 관람석 밑 상점가를 지나면서 음식과 포도주 행상들, 점쟁이와 점성술사, 매춘부를 마주쳤다. 기념품 상인들은 전차 전사와 이들이 타는 말의 이름과 형상이 새겨진 잔을 팔았다. 이들은 "녹색 팀이요! 청색 팀이요! 빅토르 잔 있습니다! 투스쿠스 잔 있어요!"라고 소리치며 손님들을 불러 모았다. 남자들은 경주에 돈을 걸었고 마사(馬舍)의 사환 소년들과 마구 담당들은 쉴 새 없이 왔다갔다 했다. 마리아 일행은 천천히 돌아다니며 이 모든 광경을 구경했다. 하지만 누구도 물건을 사는 데는 관심이 없었다. 얼마 후 이들은 마법용품과 묘약을 파는 여인을 보고는 고개를 가로저었다. 이 행상은 "저주 서판이요! 저주 서판 있어요!"라고 소리쳤다.

브리스가가 일행을 향해 말했다. "저 여자를 위해 기도해야 하지 않을까요?"

"그러지." 마리아는 기도를 시작하려다가 "잠깐만…" 하며 멈추었다. 마술사에게서 저주 서판을 사고 있는 여인의 뒷모습이 눈에 익었다. "저 여인은…? 사비나?"

자기를 부르는 소리에 뒤를 돌아본 사비나는 마리아 일행을 발견하고 미소를 지었다. "오! 마리아! 그리고 이분은… 잠깐만요, 내가 맞춰 볼게요… 율리아…그리고 루피나?"

로데가 씩 웃으며 말했다. "로데예요, 그래도 비슷하긴 하네요."

로데가 직접 이름을 알려 주니 사비나는 존중할 수밖에 없었다. 고맙다고 막 이야기하려는 순간, 마리아가 끼어들었다. "이쪽은 우리 친구 브리스가랍니다. 어머니가 유명하신 브리스길라 부인이죠. 부인께서도 아실 거라 믿어요. 천막 만드는 아굴라 님 아내시죠."

사비나는 브리스가를 위아래로 훑어보며 말했다. "어머니가 브리스길라라고요? 제가 아는 분이에요. 그러니까, 어렸을 때 서로 잘 알고 지냈는데, 못 만난 지 오래됐죠. 그래, 어머니는 잘 계시나요?"

"잘 계셔요, 물어 봐주셔서 감사합니다." 브리스가가 대답했다. "어머니와 아버지는 지금 그리스에 계십니다."

"아버지가 유대인이라서 그런 거 아닌가요?"

"네, 맞아요."

"저런, 저한테는 그런 거 별로 중요하지 않아요." 사비나는 미소를 지어 보였다. "최근에 사귄 친구들도 유대인이랍니다." 사비나는 마리아 일행을 쳐다보며 말했다. "이 용감한 여인들이 어제 내 생명을 구해 주었다고 할 수 있지요. 본인들 목숨이 위태로울 수도 있었는데 말이지요."

브리스가가 고개를 끄덕였다. "네, 어제 마르티우스 평원에서 소동이 벌어졌을 때 하마터면 큰 일 당하실 뻔했다는 이야기 들었어요."

사비나는 마리아의 두 손을 잡으며 말했다. "제가 여러분 모두에게 큰 신세를 졌어요. 제 가족도 여러분에게 큰 빚을 졌고요."

마리아는 기회를 놓치지 않고 솔직하게 물었다. "이런 질문, 해도 되는지… 혹시 저주 서판을 사는 중이셨어요?"

"아, 네, 아이고, 언제 끝날지 모르는 귀찮은 일인데요, 의지 약한 제 남편 우르바노가 즐겨 찾는 매춘부가 있어요. 좀 언짢을 정도로 그 여자한테 자주 드나든답니다. 대단한 여자는 아니지만, 남편에게는 그 여자가 첫 여자였어요. 남편이 첫 면도를 하던 날, 시아버지가 남편을 그 여자에게 데려갔죠. 그래서 잊을 수가 없나 봐요. 남편이 다른 여자를 찾는 걸 제가 꺼린다는 말이 아니고요, 아내인 제가 싫증 나서 다른 여자가 필요하다면 집안에 노예들도 있는데 왜 고집스럽게 그 뼈만 앙상한 늙은 여자를 자꾸 찾는지 모르겠다니까요. 그래서 결국 내 손으로 직접 문제를 해결하기로 했어요. 마법 용품 상인이 납 판에 저주문을 새겨 주면, 내가 그걸 우물에 빠뜨려요. 그럼 그 판이 저승에 떨어져서 저주가 뿌리를 내린답니다!

아니, 그런데 왜 제 고민거리를 이렇게 지루하게 늘어놓고 있는지 모르겠네요. 여러분들도 남편 때문에 저랑 똑같은 고민을 하고 있죠, 맞죠?"

여자들은 당혹스러운 얼굴로 서로를 쳐다봤다. 이번에도 로데가 나섰다. "글쎄요, 사실 브리스가하고 저는 결혼을 안 했는데요, 만약 결혼을 한다면, 뭐라고 표현해야 할까요, 아내와의 잠자리를 위해 힘을 아낄 남자와 결혼할 생각이에요."

사비나가 웃음을 터뜨렸다. "그럴 수만 있다면 얼마나 좋겠어요. 하지만 로마에서 그런 남자는 불사조만큼이나 희귀할걸요."

율리아가 사비나의 말에 심란해하는 것 같자 마리아가 사비나를 향해 웃는 얼굴로 말했다. "그 저주판이 부인의 고민을 해결해 줄 것 같지 않다고 말씀드린다면 어떡하시겠어요?"

사비나가 솔깃해했다. "뭐 새로운 마법이나 묘약이 있으면 제게도 알려 주세요."

"마법이나 묘약이 아니고요. 저주도 아니에요. 부인께서 만나보셨으면 하는 분이 있답니다. 부인 마음에 드실 거예요."

"용한 점쟁이라면 언제라도 환영이죠."

"글쎄요, 점쟁이는 아니지만, 아주 지혜로운 여자 분이죠. 한 번 만나보시겠어요?"

사비나가 고개를 끄덕였다. "이미 제 목숨을 한 번 구해 주셨으니 믿어도 될 거라고 생각해요. 좋아요, 한 번 만나볼게요."

불사조

기독교가 생기기 전부터 있었던 전설이 초대 교회에서 인기 있는 하나의 표상이 되었다는 것은 이상해 보일 수도 있다. 그러나 초기의 문서와 초대 교회 예술에서 불사조는 그리스도인에게 내세에 대한 약속을 일깨워 주는 표상이었음을 알 수 있다.

불사조 전설에는 세부 내용이 다른 여러 변형이 있지만, 간략히 말해 불사조는 고운 소리로 우는 암컷 새였다. 이 새는 종류가 한 가지였고, 그래서 불사조는 한 마리밖에 없었다. 이 새에게는 짝도 없었다. 초대 교회 미술에서 불사조는 어딘가 공작이나 홍학과 비슷하고, 흔히 머리에 찬란한 후광(後光)이나 관을 두른 모습, 혹은 불길 한 가운데 서 있는 모습으로 묘사된다. 불사조는 오백 년을 살며, 마지막에 고향으로 날아간다(불사조 전설 해석에 따르면, 아라비아나 이집트가 고향이라고 한다). 불사조는 대추야자 나무 꼭대기에 유향과 몰약으로 둥지를 지었는데, 사막의 태양열로 둥지에 불이 붙었다. 불붙어 타는 둥지는 불사조를 화장(火葬)하는 불이 되었지만, 새는 썩지 않는 몸으로 재 가운데서 살아나 하늘로 날아올라 가

■ **사진 4.9. 불사조 모자이크 이미지(산티 코스마 이 다미아노 성당, 로마)**

또 한 생을 살기 시작한다.

　초기 그리스도인들에게 불사조는 그리스도의 부활 및 그리스도 안에서 죽는 모든 사람이 부활하리라는 약속에 대한 일종의 은유가 되었다. 그러나 분명히 말해 불사조는 그리스도 자체를 나타낸다기보다는 부활 개념을 나타내려는 것이었다. 재에서 살아난 불사조는 사실 불 속에서 죽은 새가 아니라 그 새의 '새끼'로서, 이 새끼는 둥지에서 기어 나온 벌레로 생을 시작했다. 그러므로 확실히 이는 그리스도 자체를 나타내는 비유로서는 그리 훌륭한 비유가 아니다. 이것이 바로 교회에서 불사조 이미지가 시간의 검증을 끝까지 버텨내지 못한 한 가지 이유일 것이다.

　또한 초기 그리스도인들이 왜 불사조 대신 나비를 부활의 이미지로 사용하지 않았는지 질문해 볼 수 있다. 대답은 아마 나비는 너무 가벼워

■ **사진 4.10.** 불사조 모자이크 이미지(산타 프라세데 성당, 로마)

서 옛사람들이 보기에 몸과 떨어진 영혼을 나타내는 비유로 더 적당했으리라는 것이다. 초기 그리스도인들은 육체가 없는 영혼으로서의 내세를 기대하지 않았다. 이들은 부활한 몸을 입은 부활을 기대했다(고전 15장). 그리스도의 부활은 몸의 부활이었고, 그래서 초기 그리스도인들에게 부활을 일깨우는 이미지는 "육체"가 새 생명으로 살아나는 이미지여야 했다. 불사조가 바로 그런 이미지를

제공했다.

불사조는 카타콤이나 로마의 고대 바실리카의 후진(後陣: 교회당 제단 뒤쪽의 지붕이 둥글고 반원형으로 튀어나온 부분. 고대 교회당에서는 주교석이었다-옮긴이) 모자이크 장식에서 볼 수 있다. 역설적이게도 폼페이시에서는 불사조가 하나의 정치적 상징으로 쓰이기도 했다. 불사조를 비롯해 초기 그리스도인들이 사용한 상징들에 대해서는 Mike Aquilina의 *Signs and Mysteries: Revealing Ancient Christian Symbols* (Our Sunday Visitor, 2008)를 보라.

어느새 다음 경주가 시작될 시간이었다. 이번에는 말 네 마리가 끄는 전차 경주였다. 말들은 갈기와 꼬리에 저마다 소속 팀 색깔의 리본을 매고 있었다. 황실의 해방 노예들은 청색 팀 전차를 몰았는데, 홍색 팀에는 경주에서 천 번 넘게 우승하고 큰 부자가 된 디오클레스라는 유명한 전사가 있었다. 관중들은 대부분 디오클레스에게 환호를 보냈지만, 황제의 환심을 사려는 이들은 청색 팀에게 박수갈채를 보냈다. 원로원 의원들도 청색 팀에 환호를 보내자 사람들은 의원들이 디오클레스를 못마땅해한다고 여겼고, 관중들이 두 패로 나뉘어 서로 음란한 욕설을 내뱉기 시작하면서 관람석에는 긴장이 고조되었다. 마가와 스다구는 서로를 바라보고 고개를 끄덕이면서 암묵적 합의를 했다. 근위대원들이 벌써 관람석으로 들어와 관중들 사이로 돌아다니는 모습이 보였다. 황제는 그날 온종

일 싸움이 단 한 건도 벌어지지 않는다면 누구나 입장할 수 있는 야외 연회를 베풀고 돈도 나눠 주겠다고 약속했지만, 이는 황제가 지키고 싶어도 지킬 수 없는 약속이었다.

"자, 이제 집에 갈 시간이 된 것 같군." 스다구가 말했다.

더디오는 우는소리를 하기 시작했다. "뭐라고요? 싫어요! 황소 타기 곡예가 곧 시작돼요. 내가 제일 좋아하는 순서라고요."

"미안하다 더디오." 마가가 더디오를 달랬다. "여기 있으면 안 돼. 벌써 싸움이 벌어지려 하고 있다고. 더 있다가는 네가 다쳐. 자, 그러니까 이제 가자."

이들은 줄지어 관람석 계단을 내려와 스탠드를 벗어났다. 상점가를 지나노라니 천장 위에서 쿵쿵 발 구르는 소리가 들렸고, 발아래 땅에서도 진동이 느껴졌다. 이들은 서둘러 경기장을 빠져나와 가축 시장 쪽으로 향했다. 강변의 미리 약속해 둔 지점에서 여자들이 기다리고 있는 것을 보고 스다구, 마가, 빌롤로고는 안도의 한숨을 내쉬었다.

"키르쿠스 플라미니우스로 갔어야 해." 스다구가 고개를 절레절레 흔들며 말했다.

스다구 일행이 집에 돌아오니 벌써 저녁 모임을 준비해야 할 시간이었다. 각자 흩어져 오후에 할 일을 하는 사이, 스다구와 이야기를 나누려고 때를 보던 마리아의 눈에 마침내 스다구가 혼자 있는 것이 보였다. "우리 얘기 좀 해요." 마리아가 소리를 낮춰 스다구에게 말했다. 스다구는 그 말투만으로도 아내가 무슨 이야기를 하려는 건지 알 수 있었다. "더디오 일은 어떻게 할 생각이에요?"

"더디오에게는 개인 교사가 생길 거요."

"안 돼요, 여보. 난 받아들일 수 없어요. 그게 당신이나 더디오의 출세에 도움이 될 거라 생각한다는 거 알아요. 하지만 이건 누구에게도 좋지 않은 일이에요. 이 집안을 안전하게 해주지도 않을 테고, 당신 마음을 편하게 해주지도 않을 거예요. 오히려 그 반대죠. 당신들 로마인들은…"

"난 그리스 사람이오."

"그래요, 알아요. 하지만 제 말이 무슨 뜻인지 알잖아요. 당신들은 팍스 로마나(Pax Romana: 로마의 지배에 따른 평화-옮긴이)가 로마인들이 세상에 준 큰 축복이라고 생각하지요. 당신들은 식민지에서 약탈한 물건들을 수입하고, 자신들의 지배를 수출해요, 그리고는 그걸 평화라고 우기죠. 하지만 당신들 마음이 평화롭지 않은 한 당신들은 절대 세상에 평화를 줄 수 없어요. 그리고 남자아이들이 멘토링이라는 이름으로 성인 남자들한테 꾀임 당하는 세상에서는 절대 마음의 평화가 있을 수 없어요. 로마는 세상에 평화를 주지 않아요. 오히려 모든 사람에게서 평화를 앗아가죠. 부자도 탐욕과 시기심 때문에 마음의 평화를 빼앗기죠. 진짜 평화는 돈이나 권세를 불리는 데서 오지 않아요. 평화는 우리 주 예수아에게서 온다고요."

스다구는 아무 말도 하지 않았다. 그저 돌아서서 집을 나왔다. 그는 혼란스러웠다. 마리아의 말이 옳다는 것을 한편으로는 알고 있었다. 그리고 어찌 됐든 그는 자신을 방어할 기운도 없었다. 머리를 비우고 생각을 정리하려면 집에서 나올 수밖에 없었다는 사실 앞에서 그저 고개만 저을 뿐이었다.

■ **사진 4.11.** 보아리움 광장, 혹은 가축 시장의 한 신전

■ **사진 4.13.** 보아리움 광장, 혹은 가축 시장에 있는 헤르쿨레스 신전의 헤르쿨레스 상(카피톨리누스 박물관, 로마)

■ **사진 4.12.** 보아리움 광장, 혹은 가축 시장에 있는 헤르쿨레스 신전. 로마의 대다수 신전은 원형이 아니었다. 유일하게 원형으로 알려진 신전은 구 광장에 있는 베스타 신전과 이 헤르쿨레스 신전이었다. 이곳은 전에 그리스인 구역이었던 곳이며, 따라서 그리스의 영웅이자 신인 헤르쿨레스에게 봉헌된 신전이 있다는 게 이해가 된다.

개회 기도와 주의 자비를 구하는 간구를 마친 뒤 마가는 두루마리를 꺼냈다. 두루마리를 펼치고 있을 때, 여닫이 방문이 천천히 닫혔다. 누군가가 뒤늦게 들어오면서 사람들의 눈에 띄지 않으려고 가만히 방문을 닫는 게 틀림없었다. 그러나 가만히 닫으려다 보니 삐걱거리는 소리가 오히려 더 크게 들렸다. 모두들 누군가하고 고개를 돌려보니 한 나이 든 여인이 천천히 방으로 들어왔다. 허리가 굽어서 지팡이를 짚은 노인은 걸음을 옮기는 것만으로도 무척 힘들어 보였지만, 이 빠진 잇몸이 다 보이도록 활짝 웃는 얼굴이었고 눈은 한창때 여인의 눈처럼 반짝였다. 방 안에 있는 사람들이 모두 흥분하며 너도나도 소곤거렸다. "수산나야! 수산나가 왔어!"

수산나 뒤로 한 여인이 따라 들어왔다. 사비나였다. 몹시 수줍어하는 듯했고 어색해 보였다. 마가는 가만히 웃어 보이고는 두루마리를 읽기 시작했다.

"예수아는 제자들에게 말씀하셨다. '부자가 하나님의 나라에 들어가기가 심히 어렵도다.' 제자들은 그 말씀에 놀랐고, 이에 예수아께서 다시 말씀하시되 '얘들아 하나님의 나라에 들어가기가 얼마나 어려운지 낙타가 바늘귀를 지나는 것이 부자가 하나님의 나라에 들어가는 것보다 쉬우니라'고 하셨다. 제자들은 이 말씀에 더욱 놀라 물었다. '그러면 누가 구원을 얻을 수 있습니까?' 예수아께서는 제자들을 보시고 또 말씀하셨다. '사람은 할 수 없지만 하나님은 그렇지 않다. 하나님에게는 모든 일이 가능하니라.'"

마가는 두루마리를 덮었다. "하나님에게는 모든 일이 가능하니라… 거짓말만 빼고, 그렇지, 스크라프?" 스크라프가 빙긋이 웃으며 고개를 끄덕였다. "형제자매 여러분, 이곳 로마에 사는 우리는 가진 걸 다 팔아 모든 걸 함께 나누지 못합니다. 가장 큰 이유는 우리 중에 노예도 있고 타인의 소유인 분들도 있기 때문입니다. 여러분 중에는 재산은 말할 것도 없고 자기 한 몸조차 자기 것이 아닌 분들이 있습니다. 그리고 아파트에 사는 가난한 분들은 화재 한 번 당하면 집도 없이 길거리에서 굶주리는 신세가 되어야 합니다. 로마에는 굶주리며 떠도는 이들이 하루하루 늘어만 갑니다. 농사짓는 분들은 빚 때문에 땅을 잃거나 영농 회사의 농장에 합병당합니다. 혼인 신고를 하지 못한 탓에 유산도 못 받고 과부가 되는 여인들도 있습니다. 고아들이 쓰레기 더미에서 구출됩니다. 법은 돈 많고 힘 있는 사람은 보호하지만 가난한 사람은 규제만 합니다."

"부자들은 자유를 자기가 획득한 사치라고 생각합니다. 그건 곧 자유를 물려받았다는 의미지요. 그러나 이들은 진짜 자유를 모릅니다. 진짜 자유는 우리가 예수아 안에서 누리는 자유, 용서에서 비롯되는 자유입니다. 친구 여러분, 로마인들은 모든 사람이 하나님의 형상으로 창조되었다고 믿지 않는다는 것을 우리는 알고 있습니다. 로마인들은 세상에는 원래 다스리는 사람으로 창조된 이가 있고 그 외 사람들은 다스림 받아야 하고 신분 높은 이들의 이득과 즐거움을 위해 쓰이다 버려질 수 있다고 생각합니다. 로마인들은 모든 사람이 평등하게 창조되었다고 믿지 않지만, 우리는 그렇게 믿습니다. 어떤 사람이 부유하든 가난하든, 원래 자유로운 사람이든 노예였다 해방된 사람이든 노예이든, 혹은 남자든 여자든 예수 아께서는 다 사랑하십니다."

사비나는 마가의 말에 깜짝 놀랐다. 아무 꾸밈없는 단순한 말이라 사비나에게 아무런 호소력이 없어야 했지만, 사비나는 자기도 모르게 마가의 말을 집중해서 들었다. 지금까지 어떤 연설에도 이렇게 집중해 본 적이 없을 정도였다. 왜 그런 전복적이고 반사회적인 연설에 가슴이 쿵 내려앉았을까? 이 사람들은 각자 자기 신분을 받아들여야 사회질서가 안정된다고 믿지 않는 걸까? 사비나는 왜 그런 메시지에 마음이 끌린 것일까?

그때 젊은 클레멘스가 입을 열었다. "부자로 사는 게 죄일까요?"

"아닙니다." 마가가 클레멘스를 안심시켰다. "하지만 부를 감추고, 나누려 하지 않고, 부자를 대하는 태도와 가난한 사람을 대하는 태도가 다르면 그건 죄입니다. 여기, 주님의 상에서는 부자와 가난한 사람이 형제요 자매입니다."

사람들이 가져온 갖가지 음식이 식탁에 차려졌고, 마리아가 모두에게 알렸다. "감사하게도… 암블리아 님 가정에서 오늘 밤 닭고기를 제공해 주셨어요. 양이 넉넉해서 모두 조금씩 맛볼 수 있겠어요, 그러니까 뒤로 빼지 마시고 드세요."

빌롤로고가 부데의 집에 감사의 빵을 가지고 도착하자 부데 의원이 문에서 그를 맞이하며 말했다. "빌롤로고, 한 가지 용서를 빌 게 있네."

"무슨 용서요?" 그렇게 묻기는 했지만 빌롤로고는 부데의 말이 무슨 뜻인지 알고 있었다.

"오늘 원형 경기장에서 말일세. 자네가 나를 보고 손을 흔들었는데 내가 모른 척했지. 내가 일부러 고개를 돌려 버린 이유는, 만약 나도 자네를 보고 손을 흔들면 내 동료 의원들이 자네를 어떻게 아느냐고 물어볼까 봐 그런 거라네. 다른 이유로 그럴 리는 없지, 우리가 주님의 상에 둘러앉은 형제라는 것 말고는. 미안하네, 형제, 내가 두려워서 그랬다네."

빌로로고는 씩 웃었다. 부데가 자신을 싫어해서 그런 게 아니라는 걸 알게 되자 그냥 기분이 좋았다. "물론이죠. 용서해 드렸어요, 그리고 잊어버렸고요."

❖

스다구는 식사가 끝날 무렵 슬그머니 집 안으로 들어왔다. 눈에 띄지 않으려고 애썼지만 암블리아가 스다구를 보고는 함박웃음을 지었다. "안녕하십니까, 스다구. 반갑네요. 와서 닭고기 좀 드시죠. 양이 넉넉해서 모두 먹을 수 있어요."

스다구는 귀찮은 기분을 억제하려고 안간힘을 썼다. 하지만 마음이 갈피를 못 잡았고, 자기도 모르게 빈정거리는 말투가 새어나오는 걸 어찌할 수 없었다. "이런, 감사합니다, 주님!"

스다구는 음식을 먹을 기분이 아니었다. 암블리아가 가져온 닭고기를 보자 속이 메스꺼웠다. 빵 냄새는 불쾌했고, 생선은 구역질이 났다. 우르바노의 요구, 게타의 위협, 그리고 마리아의 간청 한가운데서 이러지도 저러지도 못하느라 머릿속이 온통 혼란스러울 뿐이었다. 우르바노의 요구에 응하면 출세에 한 걸음 더 다가갈 수 있을 테지만, 출세해서 이름이 나면 게타 때문에 위험해질 터였고 게다가 자신을 시기하는 이름 모를 경쟁자들은 또 얼마나 많을지. 아주 오랫동안 마리아와의 잠자리에서 환영받지 못 하리라는 사실은 말할 것도 없었다. 아니, 다시 잠자리를 하기는 할 수 있을지. 그러나 우르바노의 요구에 응하지 않으면 생계 수단은 물론 후견인을 잃을 가능성이 컸다. 아내는 기쁘게 해줄 수 있을 테지만 안락한 가정생활은 잃을 것이다. 어떻게 이 난관을 뚫고 나가 명예를 지킬 것인가?

이 상황이 계속되면 자살만이 유일하게 품격 있는 해법이 되는 지경까지 갈 수도 있었다. 스다구는 그렇게 될까봐 걱정되었다. 적어도 오십 세까지는 살고 싶었는데, 어쩌면 그건 비현실적 기대일지 몰랐다. 불명예스럽게 사는 건 결국 죽음만 못했다. 스다구는 죽음을 마지막 수단으로 남겨 놓기로 했다. 상황이 점점 악화되면 죽음을 택해서 동료 시민들 앞에서 자신의 명예를 지키기로 했다. 하지만 마리아와 마리아의 하나님 눈에는 그런 자신이 어떻게 보일

까? 그 생각을 떨쳐 버리려 고개를 가로젓는 순간, 모임 사람들의
노랫소리가 들렸다.

한 분 하나님, 아버지가 계시니
만물이 그에게서 나오고
우리는 그에게로 돌아간다네
한 분 주님, 예수아 크리스토스 계시니
만물이 그로 말미암고
우리는 그로 말미암아 돌아간다네

금성의 날

빌롤로고는 들고 있는 토기 잔을 내려다보았다. 잔에는 물만 담겨 있을 뿐, 물맛을 돋우어 줄 포도주 한 방울 섞여 있지 않았다. 지난밤 잠들기 전에 했던 생각이 다시 떠올랐다. 가족들은 가까스로 죽음을 피해 하루를 더 살았다. 그리고 이제 또 하루가 밝아오고 있다. 하지만 굶주림과 죽음을 얼마나 더 미룰 수 있을까? 미치광이 황제들에서부터 무너져가는 아파트 건물에 이르기까지 이 모든 현실에 대한 두려움 속에서 얼마나 더 목숨을 부지할 수 있을까? 회반죽공이었던 빌롤로고는 알고 있었다. 아파트 건물에 얼마나 균열이 많은지 당장 보수해야 하지만 사람들은 그저 회반죽만 처덕처덕 덧바르고 있다는 것을. 폭 좁은 거리를 따라 걷거나 아파트 건물 사이에 서 있는 것만으로도 얼마나 위험한지 그는 알고 있었다.

"그냥 물은 마시기 싫은데." 사소하기 짝이 없는 일에 관해서도 실업자의 좌절이 배어나왔다.

율리아는 그런 남편을 못마땅하게 쳐다봤다. 율리아는 작은 나무 탁자 앞 긴 의자에 앉아 시선은 여전히 남편에게 둔 채 아이들에게 말했다. "얘들아, 너희들 아버지가 지금 하는 행동을 불평이라고 한단다. 물이라도 마실 수 있는 걸 감사하지 않고 포도주가 없다고 투덜거리다니."

빌롤로고는 한숨을 내쉬었다. "우리 바로 이틀 전에 금식한 것 같은데."

"맞아요, 여보. 하지만 오늘도 금식일이에요. 그게 우리한테는 편해요, 어차피 점심 마련할 돈도 없으니까요. 그러니까, 주님께서 우리에게 복 주신 걸 알아야 해요."

빌롤로고는 율리아를 물끄러미 쳐다봤다. 아내가 천연덕스럽게 웃고 있었다. 말은 저렇게 해도 아내는 그렇게 순진한 사람이 아니었다. 하지만 아내의 말에 그는 입맛이 썼다. 가족 부양은 자신의 책임이라 여긴 까닭이었다. 오늘은 대회 이틀째 되는 날이었지만, 빌롤로고는 원형 경기장에 가지 않을 생각이었다. 오늘은 일거리를 찾아 나서야 했다.

스다구는 우르바노의 집 아트리움에 줄지어 서 있는 피후견인들

중 맨 앞에 서 있었다. 우르바노는 곧장 일 이야기로 들어갔다. "오늘 황제를 또 만난다네."

"황제가 오늘은 나리를 장관으로 임명할까요?"

"그럴 거라고 믿어. 그렇게 되면 게타는 한층 더 시샘하겠지. 오늘도 임명 이야기가 없다면 나로서는 치욕일세. 게타는 여전히 위협이고. 하지만 내게도 계획이 있지. 오늘 밤 자네를 좀 만나야겠어, 제 육시쯤. 아벤티누스 언덕 아래 강가에 있는 창고에서. 늦지 말게."

⌘

그 시간 근위대 막사 자기 방에서 또 왔다 갔다 하고 있던 게타는 한 대원이 급히 뛰어들어오는 바람에 깜짝 놀랐다.

"게타 각하."

"그래, 무슨 일인가?"

"사모님 말입니다. 방금 첫 진통이 시작되었다고 합니다. 마르티우스 신이 각하께 아들을 주시기를 기원합니다!"

"아. 아들, 정말 그래야지. 프리아포스 신 때문에 나는 딸을 셋이나 유기해야 했지. 아들을 얻으려고 말이야. 딸을 또 하나 버려야 한다 해도 그게 뭐 대수겠어. 아내에게 전갈을 보내게."

병사는 가죽으로 된 통신문서 가방에서 접이식 액자처럼 생긴 나무 틀 밀랍 판을 꺼냈다. 그리고 철필을 들고 서서 게타가 편지를 불러 주기를 기다렸다. 게타는 뭐라고 말해야 할지 잠시 생각에 잠 겼다가 입을 열었다. "나의 아내에게. 출산이 임박했다고 들었소. 야누스 신이 당신을 지켜 주기를 바라오. 일 때문에 아이가 태어나는 자리에 함께 있어 주지 못해 유감이오. 아들을 낳으면 거두시오. 당신의 남편."

병사는 밀랍 판을 접어 철필과 함께 가방에 넣었다. 게타가 갑자기 이마를 찌푸렸다. "아내는 내 결정을 좋아하지 않을 거야. 하지만 그게 내 생각이지. 자, 가서 전하게." 병사는 경례를 하고 돌아섰다.

"잠깐." 게타는 방을 나가려던 병사를 불러 세웠다. "글로 전하지 말고, 가서 산파에게 직접 말하게. 아내가 듣지 못하게."

"네, 각하."

"딸을 낳으면 물에 빠뜨리라고 하게. 버리지 말고. 포주가 주워가 사창가에서 키우는 건 싫으니까. 이제 가보게."

"네, 각하." 병사가 나가자 게타는 다시 방을 왔다 갔다 하기 시작 했다.

로마의 밤

인구 밀집 지역에 사는 우리로서는 고대 세계의 밤이 얼마나 어두웠을지 상상하기 어렵다. 로마의 밤하늘에는 가로등이나, 도시의 스카이라인을 에워싼 빛도 없이 오직 달만 떠 있을 뿐이었다. 게다가, 밤의 로마 도성에는 오늘날의 경찰 같은 존재도 거의 없었다. 야경꾼들이 조를 짜서 거리를 돌아다니기는 했지만, 어떤 사람이 죄를 저질러도 범죄 현장에서 잡히지 않는 한 기소되지 않았다. 그래서 밤이면 범죄자들이 아주 대담해졌다. 실제로, 로마 시민이 아니면 살해당해도 수사가 이뤄지지 않았다. 그래서 야간은 약탈자, 노상강도, 살인자의 세상으로 여겨졌고, 이들은 사건의 진상에 따라 범죄를 수사하는 체제가 마련되어 있지 않다는 걸 알고 있었다.

한편, 밤은 로마에서 모든 물자 수송이 이뤄지는 시간이었다. 낮에는 이륜 짐마차의 도성 안 통행이 법으로 금지되었다. 건축 자재를 나르는 마차, 그리고 베스타 신녀들의 권한으로 통행하는 마차만 예외였다. 그래서 모든 것을 밤에만 옮겨야 했다. 마차는 주요 도로의 포장석 위를 덜컹대고 삐걱거리며 지나다녔고, 마차에 탄 짐꾼, 마차 기사, 건축 노동자들은 고함을 지르며 욕지거리를 했고, 소방대는 도성 안 아파트 건물의 야간 화재 현장을 분주히 오갔다.

그러므로, 밤은 아주 어두우면서도 아주 소란스러웠다. 그래도 어쨌든 밤중에 밖에 나가는 건 위험한 모험이었다. 날이 어두워지면 사람들은 문을 닫아걸고 집

■ **사진 5.1.** 한밤의 로마 상가. 트라야누스 시장, 로마

안에만 머물렀으며, 연회나 사교 모임에 참석했다가 어두워진 후에 귀가하는 사람들은 노예들이 횃불을 밝혀 들고 길에서 기다렸다가 경호원 노릇을 하게 했다.

스다구가 저녁 모임 후에 외출하겠다고 하자 마리아는 눈에 띄게 동요했다. "밤에 나가겠다고요? 문을 다 잠근 후에 말이에요?"

"내게는 선택권이 없어요. 후견인이 시키는 일이니. 내가 뭘 어떻게 할 수 있겠소?"

"그건 공정하지 않아요."

"당신이 내게 공정에 대해 말하려는 거요?" 마리아는 멈칫하고는 한숨을 내쉬었다. "내 말 좀 들어봐요, 밤에 돌아다니면 위험해요. 게다가 오늘은 달도 안 뜨는 날이라 완전히 칠흑이라고요. 횃불을 들고 가야 할 거예요. 혼자 다니는 거 아니죠, 그렇죠?"

"혼자 가야 해."

마가는 아침 기도회를 마치고 돌아가는 사람들에게 인사를 한 뒤 아직 남아 있는 이들을 향해 말했다. "좋아요, 이제 공부할 시간입니다. 다들 여기 앉읍시다. 아버지, 어서 오세요, 공부할 시간이에요."

스다구는 한숨을 쉬었다. 세례받는 건 뒤로 미뤘지만, 공부 모임에서 빠지려면 이유가 있어야 하는데 여간해서는 핑계를 찾기 어려웠다. 게다가 자신의 결정을 마가와 의논하기도 싫었다. 스다구는 하는 수 없이 입을 꾹 다물고 마가가 부르는 데로 갔다. 뒷자리에 말없이 앉아 있을 속셈이었다.

마가는 학습자들과 마주 앉았다. "지금까지 우리가 세례받은 길 따름이들에게 기대하는 일에 관해 이야기했습니다. 왜냐하면, 그게, 여러분이 무엇에 헌신하는지를 알아야 하기 때문입니다. 여러분이 알다시피 길 따름이들이 살아가는 방식은 대다수 사람에게 익숙한 생활 방식과 매우 다릅니다. 대다수 사람이 애국적 로마인에게 기대할 만한 생활 방식과도 많이 다르고요. 제가 생각하기에 그것이 바로 우리를 길 따름이라고 부르는 이유입니다. 우리는 다른 길을 따르고 다른 생활 방식으로 살아갑니다. 로마인들이 행하는 수많은 일, 심지어 로마인들이 선하다고 생각하는 일 중에도 우리가 해서는 안 되는 일이 많습니다. 그 문제에 대해서는 이미 이야기를 했습니다만, 오늘은 그 모든 일의 근원이 단 한 곳이라는 점을, 혹은 그 모든 일이 한 가지 근원에서 나온다는 점을 말씀드리고 싶습니다. 그것은 바로 우상숭배입니다. 거짓 신들을 섬기는 것이 로마인들이 저지르는 모든 죄의 뿌리입니다. 그리고 솔직히 말씀드리면 로마의 신들이 사람의 마음을 아주 강하게 끌어당기는 힘이 있다는 걸 저도 압니다. 주문을 외워라, 그러면 친구와 적들을 내 마음대로 할 수 있고 사람들이 나를 좋아하며 구름처럼 몰려들 거라고 약속하지요. 이런 약속의 문제점은, 이 신들은 나무나 돌에 그림을 그려 만든 것일 뿐이기 때문에 그 약속을 지키지 못한다는

■ **사진 5.2.** 로마 시대 빌라의 채색 벽(팔라초 마시모의 국립 로마 박물관, 로마)

■ **사진 5.3.** 로마 시대 빌라의 채색 벽(팔라초 마시모의 국립 로마 박물관, 로마)

거지요. 이 신들은 존재하지도 않습니다. 하지만 존재한다고 믿으면, 그러니까, 한 가지 거짓말을 믿으면 다른 거짓말도 다 믿게 됩니다. 섹스, 남 험담하기, 욕보이기, 죽음 등을 모두 일종의 유희로 여기게 됩니다. 그러나 창조주가 아니라 피조물을 예배한다면, 이는 결국 자기 자신을 섬기는 데로 가는 지름길입니다."

스다구가 지금까지 배워 온 로마의 모든 가치를 가차 없이 비판하는 마가의 말을 듣고 앉아 있는 바로 그때 우르바노는 황제를 만나려고 다시 팔라티누스 언덕으로 향했다. 글라우디오는 오늘은 공식 알현실에 있지 않았다. 황제는 지난번보다 작은 방에, 솜털로 속을 넣은 침구와 베개가 딸린 놋쇠 침상에 비스듬히 기대앉아 있었다. 우르바노는 지난번에 비해 조금 더 사적(私的)인 주거 구역으로 초대받았다는 것을 알아챘다. 좋은 징조였다. 바닥부터 천장까지 사방 벽마다 건축적 요소들 모형, 화관과 화환, 거대한 연회와 피크닉 광경 등을 공들여 묘사한 그림이 그려져 있는 방을 우르바노는 감탄 어린 시선으로 구경했다.

로마인들의 덕목

로마인들의 전통적 덕목은 스토아 철학에 바탕을 둔 지혜, 용기, 자제력, 정의 등이다. 얼핏 생각하면 기독교의 도덕과 양립할 수 있는 것처럼 보이지만, 이들의 덕목은 오로지 상류층만 염두에 두고 착상되었으며, 힘 있는 사람의 필요에 부응하는 덕목이라는 식으로 이해되었다. 달리 말해, 로마인들의 덕목은 운이 덜 좋은 사람을 돕는 일에는 전혀 관심이 없었다. 로마인들의 덕목은 사실상 권세 있는 사람들이 합리적 결정을 내려 장기적으로 이들 자신에게 이득이 되게 하려는 것이었다. 그래서, 그리스도인이 자제력을 발휘해야 한다고 할 때 그 행동의 동기는 하나님과 타인에게 죄를 범하지 않으려는 것이고 내 이득을 위해 타인을 이용하지 않으려는 것이지만, 로마인들이 자제력을 발휘한다면 이는 실용적인 자기 이익을 위해서였다. 지금 나 자신을 절제해야 하며 그래야 나중에 내게 이득이 된다는 것이다(내가 자제력을 발휘해 타인에게 이득이 되게 하려는 것이 아니라).

로마인들의 덕목과 기독교의 도덕의 또 한 가지 차이점은 로마인들의 자선 행위와 기독교의 자비의 다른 점에서 볼 수 있다. 로마인들의 자선 행위는 로마시에 기부금을 내는 전통을 말하며, 대개 기념물을 세우거나 대회와 연극을 후원하는 형식이었다. 하지만 이 모든 행위는 기부자의 명성과 명예를 높이기 위한 것이었다. 반면 기독교의 자비는 모든 사람이 하나님의 형상으로 창조되었으며 따라서 모두 평등하다는 확신에 바탕을 두었다. 로마인들은 이런 믿음을 우스꽝스럽게 여겼을 것이다. 초기 그리스도인들의 도덕과 로마인들의 윤리가 어떻게 대비되며 갈등을 일으켰는지 더 깊이 알고자 한다면 필자와 마이크 아퀼리나(Mike Aquilina)의 공저 *How Christianity Saved Civilization: And Must Do So Again*(Sophia Institute Press, 2019)를 보라.

"문안드립니다, 신들의 아들이요 아버지….'

"됐어, 됐어," 글라우디오는 우르바노의 말을 가로막았다. 그리고는 잠시 아무 말 없이 찡그린 얼굴로 배를 움켜쥐더니 한쪽으로 비스듬히 기대앉아 큰 소리로 방귀를 뀌었다. 음식 시식하는 노예들의 눈이 휘둥그레졌고, 몇몇 시종들은 킬킬 새어 나오는 웃음을 참느라 안간힘을 썼다. 아그리피나는 창피해하는 게 확연했고, 나깃수는 초조한 얼굴이었다. 글라우디오는 주변 사람들의 다양한 반응이 성가신 듯했다. 나깃수가 바로 옆에 있는데도 그는 나깃수에게 고함을 쳤다.

"나깃수!"

"예, 폐하."

"받아 적으라!'

나깃수는 밀랍 판과 철필을 가져오게 한 뒤 말했다. "준비됐습니다, 폐하."

"공동 집정관 안티스티우스 베투스, 그리고 원로원에게 고하노라. 형제 원로원 의원들이여, 자연스러운 소화 과정에서 생기는 뱃속의 공기를 배출하지 않고 참으면 건강에도 안 좋고 내장 기관에 견디기 어려운 부담이 되므로, 로마인이 마음 내키는 대로 방귀를 뀌는 것은 자연스럽고도 대단히 용납할 만한 일이요, 결코 관심을 끌 만한 행위가 아니고 비웃음이나 조롱, 불쾌감을 낳는 행위가 아님을 확언해 주기를 원로원에 제안하고 조언하는 바이오. 서명하고 봉인, 기타 등등, 그리고 또… 디베료 글라우디오 가이사 아구스도 게르마니쿠스."

황제는 구술을 마치고 우르바노를 향해 말했다. "나깃수가 내게 조언하기를 자네를 곡물 수급부 장관으로 세우라더군." 잠시 아무도 말이 없었다. 우르바노는 감사를 표해야 할지 자신도 원하는 바라고 말해야 할지 분별이 안 됐지만, 그건 중요하지 않았다. 뭔가 대답할 말을 생각해낼 틈도 없이 황제가 또 물었기 때문이다. "그런가? 그 자리를 원하는가?"

"예, 폐하. 그 직분을 받을 수 있다면 영광이겠습니다."

"당연히 영광이겠지. 그건 분명해. 하지만 자네에게 그 직분을 주는 게 나에게도 영광일까? 내가 알고 싶은 건 그거야. 그리고 될 수 있으면 빨리 결정하고 싶다네. 그래야 마르티우스 신에게 제사 지내고 투기장에 가서 오늘 자 처형을 집행할 수 있을 테니. 프리아포스 신에게 맹세코, 해가 갈수록 경기가 지루해지기만 하는 것 같아. 그래서… 곡물 수급부 장관이 되면 어떻게 할 텐가?"

우르바노는 잠깐 생각에 잠겼다. 황제의 이런 질문에는 미처 대비하지 못했다. 한 가지 생각이 퍼뜩 떠올랐지만, 곧 떨쳐 버렸다. 그것 말고 다른 말을 생각해 내려고 애썼지만, 침묵은 점점 불편해져 갔고, 황제는 지겨워하는 기색이 역력했다. 우르바노는 마침내 입을 열었다. 방금 머릿속에서 떨쳐 버린 생각이 자기도 모르게 입에서 나오는 것을 듣고 우르바노 자신도 깜짝 놀랐다. 하지만 말은 입 밖으로 나왔고, 이미 엎질러진 물이었다. 다시 주워 담을 수는 없었다. "제가 어제 빌롤로고라고, 일자리를 잃어서 가족을 부양할 수 없게 된 사람을 만났습니다. 그가 빵을 배급받으러 갔는데, 차례가 되기도 전에 빵이 바닥났다고 합니다. 제가 장관이 되면 빌롤로고 같은 사람이 가족을 부양할 수 있게 해주고 싶습니다."

다시 스다구의 집, 학습자 반 공부는 기도로 끝났고, 사람들은 돌아갔다. 스다구가 보니 마리아가 소풍 도시락을 싸고 있었다. "이게 뭐지?" 스다구가 묻자 마리아는 그를 한번 쳐다보며 말했다. "오늘이 무슨 날인지 몰라요?"

"알아야 하는 날인가?"

"더디오 엄마요. 오늘이 그분 기일(忌日)이잖아요. 묘지에 가야죠.

당신도 가야 하고요."

스다구는 한숨을 쉬었다. 보통 때라면 마리아가 이 날을 기억해 준 게 고마웠을 것이다. 하지만 오늘은 가슴이 답답했고, 무엇보다도 아내와 거리감이 좀 느껴졌다. 스다구는 알겠다는 뜻으로 고개를 끄덕였다.

스다구의 가족들은 말없이 걸음을 옮겼다. 더디오가 앞장서서 마르티우스 평원을 지났다. 보병대 군단 신병들이 평원에서 폼페이우스 극장 서쪽까지 행군 훈련을 하고 있어서 이들 가족은 병사들을 에둘러 남쪽으로 갔다가 강을 따라 북쪽으로 올라가서 강을 건넌 후 바티카누스 언덕으로 가야 했다. 더디오는 무언극 극단이 그날 있을 공연을 홍보하느라 길거리에서 펼치는 짧은 희극에 잠시 정신을 팔았다. 조금 더 가자 이번에는 장례 행렬 때문에 길이 막혔다. 이들은 피리 부는 사람들과 돈 받고 울어 주는 애곡꾼들이 천천히 지나갈 때까지 기다렸다. 상복 차림의 애곡꾼들은 머리도 일부러 헝클어뜨린 모양새였다. 스다구 일행은 마침내 언덕에 올라, 칼리굴라 원형 경기장 뒤편 공동묘지의 우르바노 집안 묘에 도착했다. 우르바노 집안에서 해방된 노예로서 스다구와 스다구의 가족은 우르바노 집안 묘지에 묻힐 자격이 있었다.

스다구는 등불을 밝혀 들었고, 세 사람은 고개를 숙이고 스다구의 첫 아내가 묻힌 칸으로 들어갔다. 아내가 세상을 떠났을 때 스다구는 재산을 약간 헐어 석관을 장만해 장례를 치렀다. 석관에는 정원과 포도밭이 있는 엘리시움 정경이 정교하게 새겨져 있고, 관 측

면에는 얼굴 둘이 새겨
져 있는데, 하나는 더디
오 어머니 얼굴이었고,
다른 하나는 텅 빈 얼굴
로, 스다구가 죽으면 조
각하는 이가 거기에 스
다구의 얼굴을 새겨 넣

■ **사진 5.4.** 납골용 벽감이 있는 로마 시대 무덤 유적, 오
스티아 안티카

을 예정이었다. 그 얼굴을 보자 스다구는 약간 울적해졌다. 첫 아내
의 죽음은 견디기 힘들었다. 특히 겨우 한 살밖에 안 되어 엄마를
잃은 더디오 때문에 더욱 그랬다. 스다구는 자신의 죽음에 대해 생
각해 봤다. 스스로 목숨을 끊으면 명예는 지킬 수 있겠지만 가족들
은 가슴이 찢어질 터였고, 그래서 그건 차마 못할 짓이라는 것을 그
는 알고 있었다. 이런 생각을 하면서도 스다구는 냉정을 잃지 않았
고 아무 감정도 드러내지 않았다.

■ **사진 5.5.** 납골용 벽감이 있는 무덤의 벽화 파편. 벽감이 있었던 곳 아래 고인의 이름을 써넣는 공
간에 주목하라. 이름 자체는 지워져서 안 보인다(팔라초 마시모의 국립 로마 박물관, 로마)

마리아가 점심 바구니를 열어 석관 뚜껑에 음식을 차려 놓았다.

"내가 해도 돼요?" 더디오가 물었다.

스다구가 고개를 끄덕였다. "그럼. 네가 해봐."

마리아가 작은 토기 잔에 포도주를 따라 주자 더디오가 잔을 받아 석

▪ **사진 5.6.** 무덤 표지석 뚜껑의 헌주(獻酒)용 구멍. 사랑하는 사람의 기일에 사람들은 함께 모여서 매장지로 소풍을 나왔으며, 이런 의례를 레프리게리움(refrigerium)이라고 했다. 이 의례 때 고인을 위해 표지석의 이 구멍으로 포도주를 부어 넣었다(카피톨리니 박물관, 로마)

관 뚜껑의 헌주(獻酒)용 구멍으로 부었다. 그러고 나서 세 사람은 점심을 먹기 시작했다. 별 대화 없이 식사를 하던 중 더디오가 스다구에게 엄마 이야기를 해달라고 졸랐다. 새 아내가 불편해하지 않도록 조심하면서 아들이 좋아할 만한 첫 아내 이야기를 한다는 게 스다구는 늘 어색했다. 그래도 어쨌든 첫 아내의 기일을 기억해 주고 먹을 것을 장만해 묘지까지 동행해 준 마리아에게 감사는 표해야 했다. 그는 아들을 물끄러미 바라보았다. 너무도 어려 보였다. 아직 저토록 어린 아이였다. 개인 교사에게 맡기기에는 너무 어렸다. 마음이 약해지는 게 느껴졌으나, 그는 곧 생각을 바꾸지 않겠다고 결심을 단단히 했다.

언덕 위 우르바노의 집에서는 사비나가 오후에 극장 나들이를 할 채비를 하고 있었다. 사비나는 한껏 들뜬 기분으로 가장 밝은색 옷과 가장 값비싼 장신구를 고르는 과정을 즐겼다. 우르바노는 늘 그러듯 흉안이 시샘할지도 모르니 너무 눈에 띄는 차림새를 자제하라고 했지만, 사비나는 귀담아듣지 않았다. 남편이 말릴수록 귀족으로서 자신의 뜻대로 할 자유를 더더욱 행사하고 싶었다. 금팔찌를 채워 주는 노예를 내려다보며 사비나는 남편의 뜻을 무시할 수 있는 자신의 능력에 쾌재를 불렀다. 따지고 보면 사비나는 원로원 계급이었고, 우르바노는 고작 기수 계급이었다. 만약 두 번째 남편을 고를 시간 여유가 좀 더 있었다면 그래도 우르바노와 결혼했을까? 사비나는 속으로 그런 생각을 했다. 애도 기간이 끝나가고 있었고 재혼할 수 있는 시한 2년이 다 되었기 때문에 그냥 우르바노에게 안주한 것은 아닐까? 하지만 그런 생각을 할수록 우르바노는 다른 남자들에 비해 훌륭해 보였다. 사실 우르바노는 좋은 남자였고, 좋은 남편이었다. 아내를 부족함 없이 부양했고, 그보다 더 중요하게는 아내를 잘 보살펴 주었다. 아니, 사비나는 양산을 어깨에 걸치며 다시 판단했다. 자신은 우르바노에게 안주한 것이 아니라고. 자신은 그를 선택한 거라고.

사비나는 마리아, 로데, 율리아, 브리스가에게 목욕탕에 함께 가자고 했다가 거절당했다. 이 길 따름이 여자들은 대개 가난해서 개인적으로 여성 전용 목욕탕에 가려면 자기 돈을 써야 할 텐데 왜 초대를 거절하는지 사비나는 이해할 수 없었다. 거절하는 게 재미라도 있나? 하지만 극장에는 함께 갈 수 있을 것 같았다. 목욕탕에 함께 가자는 초대를 거절했으니 미안해서라도 극장에 함께 가자는 말은 거절하지 못할 것으로 생각했다. 여인들은 처음에는 매우 내켜 하지 않았지만, 결국 뜻을 굽히고 극장에 함께 가기로 했다. 사비나는 이 자그마한 승리에 자부심이 느껴져 혼자 미소를 지었다. 오늘은 고루하고 답답한 원로원 의원의 아내들과 동행할 때보다 훨씬 유쾌한 시간을 보낼 수 있을 것 같아 기대가 됐다.

율리아가 외출 준비를 하는 것을 본 빌롤로고는 아내가 혹시 밖에 나가서 그나마 집에 남은 돈을 다 쓰지는 않을지 걱정되었다. 율리아는 돈이 하나도 안 드는 외출이라고 남편을 안심시켰지만, 빌롤로고는 아내가 어디를 가려고 하는지 자세히 알고 싶어 했다. 극장에 가려고 한다고 율리아가 결국 이야기하자 빌롤로고는 고개를 가로저었다. "극장에 간다고? 진심으로 그런 데는 안 갔으면 좋겠는데. 마가가 길 따름이들은 극장 같은 데 가지 않는다고 한 거 당신도 알잖소. 극장에 가면 그날 공연을 바쿠스 신에게 헌정하는 순서가 있어요, 그 헌정식이란 게 관객 앞에서 실제 성행위까지 하는 거란 말이오. 게다가 극장에서 하는 연극은 온통 타인의 불행을 웃음거리로 삼는 이야기뿐이오. 우리는 그런 짓 안 해요, 율리아."
"헌정 순서 끝난 다음에 들어갈 거예요. 나머지는 그렇게 나쁜 거 아니에요. 어쨌든, 귀부인 사비나가 우리를 초대했으니, 가서 예수아 이야기를 들려주려고 노력해 봐야죠."

"극장에서 어떻게 예수아 이야기를 한단 말이지? 이도 저도 아닌 메시지가 되지 않을까? 내가 듣기로는 지금 '키니라스와 미라'(Cinyras and Myrrha)가 공연 중인데, 아버지와 딸의 근친상간 이야기라던데!"

"난 그 연극은 잘 몰라요. 우리는 '진짜 로마인 아내'(Verae Matronae Romae)를 볼 거 같아요. 아그리피나가 어떤 음모를 꾸미는지 궁금해요."

"연극은 실제와 달라요. 율리아. 당신도 알잖소. 무대 위에서 무슨 이야기를 하든, 실제 아그리피나의 행동은 아니라고. 그건 익살스런 연극이야. 황제의 아내가 정말 그런 음모에 가담했다고 생각해요? 간음하고 살인하는 일에?"

"돌아올 때까지 아이들이나 잘 보고 있어요, 여보." 율리아는 그 말을 남기고 집을 나섰다.

극장

로마 시대 극장은 부패한 그리스 극장의 잔존물이었다. 그리스 극장에서는 비극과 희극 두 종류의 극을 무대에 올린 반면 로마의 극장은 희극을 판토마임이라고 하는 에로틱한 음악 소극(笑劇)으로 대체했다. 비극 공연에서는 배우들이 여전히 가면을 썼고, 모든 역할을 남자 배우들이 연기하는 전통을 따랐지만, 판토마임에서는 가면 없이 연기했고 여자 배우도 무대에 올랐으며, 이들에게는 나체 연기가 많이 요구되었다.

판토마임은 흔히 실제 인물과 유명 집안을 욕보임으로써 관객에게 즐거움을 주었다. 판토마임의 요소로는 법석 떠는 익살, 희가극 풍의 노래와 춤이 있었고, 무대 위에서 실제 성행위를 하거나 싸움을 벌이기도 했다. 1세기 말에는 엽기적 잔학극도 무대에 올랐는데, 이런 연극에서는 유죄 관결받은 범죄자에게 무대에서 죽음으로 끝나는 인물 역할을 맡겨서 그 인물과 함께 범죄자도 죽게 할 수 있었다.

그리스 극장은 대개 언덕 위에 세워졌고, 그래서 관객은 무대가 잘 내려다보이는 언덕 높은 곳에 앉아 연극을 관람했다. 하지만 건축과 건설이 조금 더 발전했던 로마는 굳이 언덕에 극장을 지을 필요가 없었으며, 극장을 독립 구조물로 짓기도 했고 좀 더 규모가 큰 복합 건물의 한 부분으로 짓기도 했다. 검투 경기장과 마찬가지로 극장은 남녀 좌석이 구별되어 있었다.

연극 시즌은 4월에서 11월까지였고, 극장 건물에 지붕이 없으므로 추운 계절에는 휴식기를 가졌다. 각종 경기나 볼거리와 마찬가지로 연극은 늘 이교 의례로 시작되었으며, 무대에서 그리스-로마 신들에게 경의를 표했을 뿐만 아니라 연극 자체가 일종의 우상 예배 참여 행위가 되었다.

극장은 보통 사람들이 목소리를 낼 수 있는 몇 안 되는 장소 중 하나였다. 다수에 파묻혀 안심하고 정치적 불만을 드러내는 구호를 외칠 수도 있었고 심지어 황제에게 야유를 보낼 수도 있었다. 하지만 군중의 이런 행위가 폭동이 되어 버리면 역풍을 맞을 수도 있었다. 황제 칼리굴라가 한 번은 한 극장의 관객이 증세(增稅)에 항의한다는 이유로 관객 전체를 학살한 적도 있다.

초기 기독교 문서를 보면, 그리스도인이 연극이나 기타 구경거리를 보러 가는 걸 가로막으려 했다는 것을 알 수 있다(대개 헛수고였지만). 남을 욕보이고, 싸우고, 죄인을 공개 처형하는 등의 행위는 사람의 생명과 존엄성을 싸구려로 만드는 데 일조할 뿐이었기 때문이다. 몇몇 초기 기독교 신학자들은 그리스도인에게 어떤 행위가 허용되지 않는다면 그 행위를 구경하는 것도 허용되어서는 안 된다고 기록했다.

이 책의 이야기가 진행되던 시기에는 로마에 적어도 세 곳의 극장이 있었다. 발부스 극장은 마르티우스 평원 남측 플라미니우스 원형 경기장 근처에 있었다. 폼페이우스 극장은 마르티우스 평원 한가운데 있는 복합 건물의 한 부분이었다. 마르첼루스 극장은 성벽과 티베르 강이 만나는 지점 근처에 있었다. 이 극장은 훗날 콜로세움의 모델이 되었다.

■ **사진 5.7.** 로마 시대 극장 유적, 오스티아 안티카

여인들은 키르쿠스 플라미니우스 옆 발부스 극장 입구에서 만난 뒤 극장 안으로 들어가 여성 구역에 자리를 잡았다. 무대가 최대한 가까우면서도 함께 모여 앉을 공간이 충분한 곳이었다. 연극이 시작되자 사비나는 일행에게 귓속말을 하기 시작했다. 마치 극장에 한 번도 와본 적 없는 사람들을 대하듯 이것저것 알려 주면서, 손님을 접대하는 안주인 역할을 했다. 로데는 살짝 눈을 부라리기는 했지만 입을 꾹 다물고 아무 말 하지 않았다. 다른 여인들은 사비나의 설명을 예의 바르게 들었다.

"줄거리를 따라가기가 힘들 수도 있어요." 사비나가 말했다. "세쿤두스의 작품 중 가장 유명한 비극으로 손꼽히는 작품이랍니다. 흰 가면 쓴 남자들은 여자 역할이고 갈색 가면 쓴 남자들은 남자 역할이라는 것만 기억하세요. 흰 의상은 노인이라는 뜻이고요, 채색 의상은 젊다는 의미예요. 노란 의상은 고급 창녀라는 뜻이고요, 짧은 튜닉은 노예라는 뜻이랍니다. 음… 보라색 의상은 부자고요, 빨간색 의상은 가난한 사람을 뜻해요. 극이 진행되는 것을 보면 다 알게 되실 거예요."

여자들은 몇 장면에 조금 민망함을 느낄 정도로 극을 잘 따라갔다. 연극이 다 끝나자 일행은 자리에서 일어나 사비나를 향했다. "이제 판토마임 시간인데요." 사비나가 말했다.

"저는 '진짜 로마인 아내' 보고 싶어요." 율리아가 흥분한 얼굴로 말했다.

"그래요?" 사비나가 물었다. "마르첼루스 극장에서 카툴루스의

'라우레오루스'를 공연하고 있는데."

마리아가 얼굴을 찡그렸다. "오… 카툴루스… 그 사람 연극은 우리가 관람하기엔 안 좋을 것 같아요."

"좋아요, 그럼," 사비나가 웃으며 대답했다. "'진짜 아내'는 괜찮죠." 여인들은 폼페이우스 극장으로 향했다. 이 극장에서는 판토마임이 이미 진행 중이었다. 세상을 떠난 글라우디오의 세 번째 아내 메살리나 역할을 맡은 여자가 연인 실리우스 역할을 맡은 남자와 음란한 춤을 추고 있었고, 한편으로 글라우디오 역할을 맡은 또 한 남자가 무대 위를 절뚝거리고 비틀거리며 돌아다녔다. 그는 지금 벌어지고 있는 일이 안중에 없는 것 같았다. 관객은 글라우디오가 엉덩방아를 찧는 모습에 조소를 보냈고, 메살리나와 실리우스가 서로의 몸을 더듬자 "홀랑 벗어!"라고 고함쳤다. 메살리나 역할의 여자 배우는 왕족이 입는 토가 차림에 관을 썼는데, 여자가 토가 자락에서 선물을 연이어 만들어내자 관객은 웃음을 터트렸다. 마침내 여자는 긴 칼을 만들어낸 뒤 뒤꿈치를 들고 아무 의심도 없는 글라우디오를 향해 다가가기 시작했다. 하지만 근위대 역할을 하는 일단의 남자들이 무대 장치 뒤에서 나와 실리우스를 죽이는 시늉을 했고, 그 순간 메살리나는 자신에게 칼을 겨누며 길고도 긴 죽음 장면을 연기해 관중의 박수갈채를 이끌어냈다. 그러자 무대 위 배우들이 갑자기 노래를 불렀다. 사비나는 가사를 아는 것 같았지만, 다른 여자들은 후렴 부분만 겨우 알아들었다.

산다는 건 가혹해, 그러나 적어도 짧기는 하지.

마리아는 연극에 나오는 노래를 외울 수 있을 만큼 여유로운 삶은 대체 어떤 삶일지 궁금했다. "저 여자 사실은 자살 안 했어요." 사비나가 동행에게 설명했다. 마리아는 여기 오지 말았어야 한다는 생각이 들기 시작했지만, 일행은 사비나의 설명을 듣고 싶어 했다. "네, 자살 안 했죠. 나깃수가 글라우디오의 허락을 기다리지도 않고 은밀히 저 여자를 죽였어요. 그 후 글라우디오가 나깃수를 승진시켰죠."

2막이 시작되자 다른 여자가 등장했는데, 옷을 거의 안 입다시피 하고 나와서 글라우디오의 새 아내 아그리피나 역할을 했다. 이 여자는 절뚝거리는 글라우디오를 쫓아 온 무대를 돌아다녔고, 글라우디오가 넘어질 때마다 여자가 그를 부축해 세워 쫓고 쫓기는 행동을 다시 시작하는 것을 보고 관객은 웃음을 터뜨렸다.

로데가 사비나 쪽으로 몸을 숙이며 말했다. "아그리피나가 글라우디오의 조카라고 들었어요."

"맞아요," 사비나가 얼굴에 깃털 부채를 흔들며 대답했다. "글라우디오가 원로원을 압박해서 조카와 결혼을 금하는 법을 바꾸게 했답니다. 하지만 조카와 결혼하는 게 메살리나 같은 음탕한 여자와 결혼하는 것보다는 낫죠." 사비나는 아래 열에 앉은 일행도 더위를 식힐 수 있도록 깃털 부채를 건네주었다.

브리스가는 고개를 가로저었다. "그래도 어쨌든 근친상간이에요. 근친상간에서 선한 게 나올 리가 없어요."

율리아가 소곤거렸다. "제일 안 된 사람은 어린 브리타니쿠스예요. 엄마는 죽었고, 계모는 자기 아들이 글라우디오의 양자가 되게 하잖아요. 끝이 좋지 않을 거예요."

마리아는 이마를 찌푸렸다. "숙녀 여러분, 계모라고 해서 다 나쁘다고 생각하지는 맙시다. 계모 노릇은 힘든 일이랍니다. 게다가 의붓아들이 왕자라니, 상상이 잘 안 되네요."

율리아와 브리스가는 짐짓 마리아를 쳐다보며 동감이라는 듯한 표정을 지어 보였다. 사비나가 다시 설명을 시작했다. "속아 넘어가지 마세요. 진짜 권력은 여자들에게 있답니다. 아그리피나가 로마를 지배해요, 확실히 알아 두세요. 그 여자는 옥좌에 앉기도 하고 화려한 마차를 타고 로마 시내를 돌아다니죠, 장군이나 사제처럼 말이에요. 남자들은 자기들이 세상을 움직인다고 생각하죠, 자기들에게 유리한 법, 심지어 죽이고 싶은 사람을 마음대로 죽여도 되고 같이 자고 싶으면 누구하고든 잠자리해도 되는 완전한 자유를 허락하는 법으로 말이죠. 하지만 여자인 우리는 우리 나름의 권력 형태가 있어요, 안 그런가요? 우리는 지참금을 관리하고, 마법도 쓰죠. 우리는 주문을 외고 주술을 써요. 그리고 다른 모든 방법이 실패하면 그때는 묘약을 쓰죠. 역사는 위대한 남자들의 이야기일지 모르지만, 그 남자들은 무대 위에 꼭두각시일 뿐이에요. 꼭두각시 줄을 쥐고 있는 건 여자들이죠."

여자들은 서로의 얼굴을 쳐다봤다. 이어서 모두의 시선이 마리아를 향했다. "사비나," 마리아가 입을 열었다. "마법 말인데요. 주문이나 저주, 부적 같은 것." 마리아는 사비나의 목에 걸린 메달을 가리키며 말했다. "그런 것들은 사실 아무 효과도 없지 않은가요? 그러니까 제 말은, 사실은 그런 것들이 효력이 없다고 생각하는 거 아니냐는 거죠."

"어쩌면 효력이 없을 수도 있고 어쩌면 있을지도 모르죠." 사비나가 대답했다. "어쨌든 한 번 써볼 만하기는 해요."

"저는 그렇게 생각하지 않아요." 마리아가 이야기를 이어갔다. "제 말은, 그런 것들은 기껏해야 진짜 신이 아닌 엉뚱한 것에 정신을 팔게 만든다는 거예요. 그리고 최악의 경우 그런 것들은 집안에 악한 영들을 불러들일 수 있어요."

"정말요?" 사비나의 눈이 휘둥그레졌다. "그런 일이 일어날 수 있다고 생각하세요?"

"길 따름이들은 마법을 믿는 건 일종의 미신이라고 생각한답니다. 여자아이가 어른이 되면 그동안 갖고 놀던 인형을 버리는 것처럼 우리는 그 모든 것들을 다 버렸어요. 점성술도요."

"좋아요, 그런데 너무 멀리 나가셨어요." 사비나가 손부채질을 하며 비웃었다. "점성술이 나쁠 게 뭐가 있겠어요?"

그때 관객석에서 누군가가 소리쳤다. "이봐요, 글라우디오! 똥수레로 길거리 똥 좀 치워 주는 건 어때요?!" 관객이 웃음을 터뜨렸다.

무대 위의 추격전은 이제 춤으로 변해 있었다. 벌거벗은 여자들이 무대 한쪽에서 줄줄이 등장해 유혹하는 눈빛으로 글라우디오를 바라보다가 아그리피나가 차례대로 긴 칼을 하나씩 건네주자 자살하는 시늉을 했다. 이어서 아그리피나 역할의 여자가 글라우디오 앞에서 옷을 벗기 시작하자 글라우디오는 난처해하는 흉내를 냈다. 군중은 다시 "홀랑 벗어!"라고 고함쳤고, 여자는 이들을 실망시키지 않았다. 연극은 배우들이 무대 위에서 성행위를 벌이는 것으로 끝났다. 이어서 배우들이 애국적 가사의 노래를 부르자 모든 관객이 따라 불렀다. 율리아는 역겹다는 표정을 짓기 시작했고, 브리스가는 얼굴이 붉어져 바닥만 내려다봤다. 마리아와 로데는 이제 가야 할 때임을 깨달았다. 두 사람은 자리에서 일어나 일행을 이끌고 극장을 나왔다. 그리고 가능한 한 서둘러 사비나에게 감사를 표하고 인사를 나눈 뒤 헤어졌다.

율리아가 집에 돌아와 보니 빌롤로고와 아이들이 집에 없었다. 어딜 갔는지 궁금하기는 했지만 크게 걱정하지는 않았다. 그런데 갑자기 크게 우르릉거리는 소리가 들렸다. 율리아는 가슴이 쿵쿵 뛰었다. 우르릉거리는 소리는 점점 커져 와지끈거리는 소리로 변했고, 율리아는 무슨 일이 일어나고 있는지 알아차렸다. 근처의 건물이 무너지고 있었다. 얼마나 가까이 있는 건물인지 알 수 없었고, 붕괴 중인 건물이 율리아의 아파트 건물까지 무너뜨릴지도 알 수 없었다. 하는 수없이 율리아는 계단으로 내달렸다.

건물 밖은 소음으로 귀가 먹먹했다. 사람들이 사방에서 건물 밖으로 뛰쳐나왔다. 이들은 어느 방향으로 가야 할지 알지도 못한 채 서로 밀치고 떠밀며 거리로 뛰어들었다. 율리아는 아이들 이름을 불렀다. 빙빙 돌며 사방을 훑었지만 아이들은 보이지 않았고, 아이들 이름을 하도 불러 목이 쉬는 바람에 목소리마저 거의 나오지 않았다. 건물과 건물 사이 도로가 너무 좁아 바닥까지 빛이 들지 않았고, 게다가 이제 거리에는 흙먼지가 자욱해서 얼마 안 되는 빛마저도 모래 안개에 가려 버리고 말았다. 무너진 곳이 어디인지 알아야 멀리 피할 수 있을 텐데 건물 하나의 폭 정도만 가늠할 수 있을 뿐 그 너머는 보이지 않았다. 주변의 벽이 어느 하나 무너지기라도 하면 꼼짝없이 깔릴 수밖에 없었다. 여기저기서 고함치고 울부짖는 소리가 들려서 율리아는 그 소리 중에 혹시 아이들의 목소리가 들리지 않을까 귀를 곤두세웠다. 목이 완전히 잠긴 후에도 율리아는 계속 아이들의 이름을 불렀다. 건물 끝까지 달려가 모퉁이 너머를 살폈다. 사람들이 아구스도 광장 방향으로 피하는 것 같아서 율리아도 그쪽으로 달렸다. 아이들도 붕괴 현장에서 달아나고 있기를 바라면서, 광장에서 아이들을 찾을 수 있기를 기도하면서.

흙먼지가 가라앉았는데도 아이들이 어디에서도 보이지 않자 율리아는 무너진 건물 쪽으로 다시 달려갔다. 무너진 건물은 이제 잡석, 회반죽, 나무 기둥 더미로 변해 있었다. 율리아는 가까이 있는 사람들과 힘을 합해 살아남은 사람들을 건물 잔해에서 끄집어냈다. 그러면서도 시선은 여전히 주변을 샅샅이 훑으며 아이들을 찾았다. 누군가의 자식이었을 한 아이의 처참한 시신을 발견한 율리아는 눈물이 앞을 가리는 상태로 생기 없이 늘어진 그 작은 몸을 회반죽과 돌 더미에서 끌어냈다. 곧이어 또 하나의 시신이 발견되었고, 율리아는 두려움에 온 몸이 굳었다. 자신의 아이들이 안전하기를 율리아는 주님께 간절히 기도했다.

율리아는 있는 힘을 다해 잡석을 파내고 생존자를 구해내며 사람들이 가족을 다시 만날 수 있게 도왔다. 두 손의 피부가 다 벗겨지고 피가 날 무렵, 사람들의 울음소리도 잦아들었다. 이제 자신이 할 수 있는 일이 아무것도 없다는 게 확실해지자 율리아는 남편과 아이들이 집에 돌아와 있기를 바라면서 집으로 향했다. 하지만 실망스럽게도 아파트는 비어 있었다. 달리 어떻게 해야 할지 몰랐던 율리아는 스다구와 마리아의 집으로 갔다.

온 몸에 먼지와 흙을 뒤집어쓰고 손은 피투성이가 된 율리아를 보자 마리아는 달려와 율리아의 팔을 움켜쥐었다. 그리고 아무 표정이 없는 율리아의 얼굴을 들여다보며 물었다. "무슨 일이에요? 아이들은 어디 있어요?"

율리아는 울먹이며 간신히 대답했다. "건물이 무너졌어요. 우리 아파트는 아니고요, 다른 건물이요. 그런데 아이들이 어디 있는지 모르겠어요. 여기 있었으면 하고 왔는데." 율리아가 울음을 터뜨리자 마리아는 율리아를 가까이 끌어당겼다. 율리아는 마리아의 어깨에 힘없이 고개를 떨구었고, 말꼬리처럼 길게 묶은 율리아의 붉은 머리채가 흐느낌과 함께 들썩였다.

"무슨 일이오?" 그렇게 물으며 집안으로 들어선 사람은 빌롤로였다. 머리부터 발끝까지 시커먼 흙먼지를 뒤집어쓴 모습이었다.

남편의 목소리가 들리자 율리아는 한걸음에 남편에게 달려갔다. "오, 당신 안 다쳤군요, 그렇죠? 무너질 때 파묻혔던 거예요?"

"무너지다니, 뭐가?"

"우리 집 근처 아파트요. 아이들 어디 있는지 알아요?"

"당연히 알지. 부데의 집에 있소, 그 집 딸들하고 같이."

율리아는 안도의 한숨을 내쉬었고, 그 한숨은 곧 울음으로 변했다. 율리아는 흐느껴 울며 물었다. "어디에 있었어요? 아이들이 왜 당신하고 같이 안 있었어요?"

빌롤로고는 빙긋이 웃으며 대답했다. "일자리를 구했거든!"

"뭐라고요?" 율리아의 눈물이 그치고 얼굴이 밝아지기 시작했다.

"그래, 일자리를 구했소. 지저분한 일이지만, 그래도 반가운 것은 아주 장기간 일할 수 있는 데라는 거지. 채석장에서 무덤 파는 일인데. 부데 의원이 오래된 곡괭이를 하나 주면서 채석장 위치를 알려주더군. 당장 가서 계약했지. 이제 일자리가 생겼어!"

마가가 빙긋이 웃으며 축하 인사를 건넸다. "축하해요!"

스다구는 미심쩍어했다. "잠깐만. 무덤 파는 일은 사회에서 버림받은 사람이나 하는 일이오. 검투사나 포주, 배우보다 나을 게 없다고!"

마가가 얼른 끼어들어 빌롤로고를 변호했다. "아버지, 길 따름이들은 이미 사회에서 추방당한 사람들입니다. 그 개념에 익숙해지셔야 해요. 로마의 전통을 거부하는 한 우리는 절대 선량한 로마인으로 보일 수가 없어요."

"네," 빌롤로고가 동감을 나타냈다. "바울이 데살로니가의 길 따름이들에게 보낸 편지 들어 봤잖아요. 사람들은 잠이 들 겁니다. 길 따름이들도 격식을 갖춰 장례를 치러야죠. 제가 그 일을 도울 수 있을 겁니다. 길 따름이들은 죽어서 부활을 기다리는 사람들이니 우리가 우리의 죽음을 잘 보살펴야 해요. 실제로 우리 모임을 장례 공제회로 조직할 수도 있어요. 그렇게 하면 모든 게 합법적이에요."

젊은 클레멘스도 한마디 했다. "빌롤로고의 말이 맞을 수도 있습니다… 장례 공제회에서 회비를 걷으면 과부와 고아들을 돌볼 돈을 모을 수 있어요. 장례 공제회는 남자나 여자, 자유민이나 노예 등을 구별하지 않고 회원을 받지요. 공제회에서 연회를 열어 애찬을 나눌 수도 있어요. 완벽합니다. 정말 낭만적이고요. 우리의 안전이 묘지에 있다니."

"그래요," 마가의 말투는 신중했다. "그 문제는 베드로 님이 도착해야 결정할 수 있어요. 지금은 집회 준비나 합시다."

도성의 또 한 지역, 퀴리날리스 언덕과 비미날리스 언덕 사이 계곡 롱 스트리트에 있는 한 푸줏간 주인의 아파트에서는 길 따름이들의 또 다른 모임이 저녁 식사를 시작했다. 집주인이 모임 지도자에게 인사했다. "평안하십니까, 아퀼리누스!"

"평안하십니까, 형제님. 그런데, 말씀드렸다시피 다른 분들은 모두 저를 리노라고 부릅니다."

"네, 그럼 리노. 아버님 헤르쿨라누스는 어떻게 지내시는지요?"

"잘 지내십니다. 신경 써 주셔서 감사합니다."

"아 참! 에페부스. 리노 님, 에페부스 기억하시죠. 나깃수 집에서 일합니다. 그리고 여기는 비토인데, 황제 집안에서 일하는 분이죠."

"안녕하십니까, 형제님들. 자, 모두 모이셨죠! 모두 주목해 주십시오! 모여서 기도하십시다."

기도와 간구를 마친 뒤 리노는 두루마리를 펼쳐 다니엘이라는 사람에 관한 이야기를 읽었다. 다니엘은 사자에게 던져졌으나, 참되신 한 분 하나님께서 다니엘을 보호하셨고, 사자들은 마치 아무 해도 끼치지 않는 강아지처럼 다니엘의 얼굴을 핥기만 했다. 이어서 리노는 두루마리를 한쪽으로 치우고 이렇게 말했다. "이 다니엘 이야기는 오래전에 있었던 일입니다. 그런데 여기 우리는 문명화를 자랑스러워하는 시대에 살고 있지만, 사람들은 여전히 사자에게 던져집니다. 사실 사자에게 던져지는 사람들 중에는 유죄 판결받은 범죄자도 많지만, 그렇다고 해서 이들이 구원받을 수 없다는 뜻일까요? 예수아께서는 아니다, 이들도 구원받을 수 있다고 말씀하실 겁니다. 예수아께서는 삶을 돌이키거나 마음을 고쳐먹거나 새 출발을 할 수 없을 만큼 때가 늦은 사람은 없다고 말씀하실 겁니다. 형제자매 여러분, 제가 알기로 여러분이 여기 모인 것은 처형당할 만한 죄를 저지르기 위해서가 아닙니다. 하지만 투기장에서 최후를 맞는 사람들의 죽음을 구경하러 가서 그 죽음을 지켜보고 심지어 환호까지 한다면 그것은 살인에 동참하는 게 아닌지 생각해 보시기 바랍니다. 노예 신분이라는 것, 검투사 학교에 팔려갈 만큼 불운했다는 게 그 사람들의 유일한 죄목인 경우도 있습니다. 사흘간의 대회와 갖가지 볼거리가 펼쳐지는 지금, 저는 우리 길 따름이들은 대회나 연극을 보러 가지 말아야 한다고 생각합니다. 원형 경기장, 극장, 투기장 같은 곳에 가지 않는다고 주변에서 조롱해도 말입니다. 예수아께서 친히 말씀하시기를, 사람들이 우리를 조롱하면 우리에게 복이 있다고 하셨습니다."

⸎

베드로는 하늘을 올려다보며 기도했다. 몇 안 되는 선원과 승객도 함께 모여 하늘을 바라보며 손을 높이 들었다. 베드로가 기도를 마치자 이들은 노래를 부르며 흩어졌고, 선원들도 계속 찬송을 부르며 자기 위치로 돌아갔다.

베드로는 눈을 가늘게 뜨고 수평선을 살폈다. 화려한 노을이 반짝이는 수면을 그림처럼 물들이는 것을 보면서 베드로는 주 예수아, 곧 아브라함보다 먼저 계신 이에게 감사드렸다. 하지만 해안선이 보이지 않는 게 걱정스러웠다. 베드로가 도착하기로 되어 있는 곳은 오스티아였다. 배는 그곳에서 마침내 닻을 내릴 예정이었다.

베드로는 언젠가도 지금처럼 배가 해안에 닿아 닻을 내릴 수 있기를 간절히 바라던 때를 떠올렸다. 그때 폭풍우는 배를 거의 뒤집어엎을 듯했다. 예수아께서 바다를 잠잠케 하시기 전까지는. 그리고 이제 길 따름이들은 로마 제국이라는 거친 바다 위에서 이리 흔들리고 저리 흔들렸다. 베드로는 닻을 생각했다. 닻은 환난의 때에 안정된 상태를 나타낼 수 있었고, 평화롭고 안전한 천국 항구를 상징할 수 있었다. 길 따름이들에게는 이들을 연합시킬 상징이 있어야 했는데, 어쩌면 닻이 그런 상징일 수 있었다. 안정된 믿음과 영원 세상에서 누릴 평안에 대한 소망의 상징. 그런 생각을 하자 베드로는 빙긋이 웃음이 나왔다. 길 따름이들과 이들에게 전해진 좋은 소식을 나타내는 것으로 이보다 더 좋은 상징은 없을 것 같았다.

도성은 무덤처럼 어두웠지만 낮이나 다름없이 시끄러웠다. 횃불을 켜든 스다구는 야경꾼의 눈에 띄지 않도록 조심하면서 짐수레와 마차를 잽싸게 피해가며 걸었다. 짐수레가 모퉁이를 돌 때마다 앞바퀴의 철제 테두리가 길바닥 포석(鋪石) 위에 미끄러지면서 귀청이 떨어져 나갈 듯 긁히는 소리를 냈다. 양방향에서 오는 수레들이 좁은 도로에서 간신히 엇갈려 지나갈 때면 노새 모는 이들이 서로를 향해 고함을 질렀다. 짐꾼들은 화물을 부리고, 빵 굽는 이들은 밤 장사를 시작했다. 연회를 마치고 돌아가는 한 무리의 사람들이 횃불을 밝혀 든 경호원들에 둘러싸여 길을 따라 내려오면서 큰 소리로 노래를 불렀다. 어떤 사람은 수레바퀴가 자기 발등 위로 지나갔다고 비명을 질렀다. 몇몇 사람이 단지와 냄비를 두드리며 달빛을 다시 부르는 소리에 스다구는 깜짝 놀랐다.

창고 옆에서 스다구는 마침내 우르바노를 만났다. 스다구가 무언가를 말하려고 하는 순간 우르바노는 열려 있는 창고 안으로 스다구를 밀어 넣고는 손으로 그의 입을 막았다. 쭈그리고 앉은 우르바노는 스다구에게도 앉으라고 손짓을 했다. 두 사람은 그렇게 무언가를 기다렸다.

스다구가 참지 못하고 소곤거렸다. "무얼 기다리는 겁니까?"

"곧 알게 될 걸세. 지금은 조용히 있게나."

"이런! 꼭 이런다니까. 꼭 이런 때 변소에 가고 싶다니까요."

우르바노는 눈알을 부라리며 말했다. "잠깐만 참으라고."

잠시 침묵하던 스다구가 또 소리를 낮춰 물었다. "우르바노 님, 다른 모든 신들보다 높은 한 분의 신이 있다고 믿으십니까?"

"모르겠네. 철학자들 중에는 그렇게 가르치는 이들도 있지. 나는 올림포스산 꼭대기의 그 모든 말도 안 되는 이야기들보다는 그쪽이 더 일리가 있다고 보네. 하지만 그런 신이 진짜 있는지 내가 어떻게 알겠나?"

"길 따름이들은 오직 한 하나님만 믿습니다. 그런데 이 하나님은 단순히 다른 신들보다 높은 신이 아닙니다. 그리고 정말 이상한 것은, 이들 말로 이 하나님이 우리를 사랑한다는 겁니다. 기이하지 않습니까? 저는 한 남자와 그 연인 사이의 사랑이 어떤 건지는 압니다. 하지만 신과 인간 사이의 사랑이라니요? 이들은 이 하나님이 우리에게 일어나는 일을 보살핀다고 합니다. 믿어지십니까? 이들은 이 하나님이 우리에게 일어나는 일을 보살핀대요, 그리고 우리가 죽으면 낙원에 가서 이 하나님과 함께 한답니다."

"그게 사실이라면, 스스로 목숨을 끊어서 낙원에 좀 더 빨리 갈 수도 있을 텐데, 왜 그렇게 안 할까?"

스다구는 아랫입술을 삐죽하며 말했다. "좋은 질문이네요. 마가에게 물어봐야겠어요. 이 사람들은 죽음을 두려워하지 않지만, 그렇다고 죽기를 구하지도 않지요. 누군가가 죽으면 남은 사람들은 슬퍼한답니다."

"철학자들은 사람이 죽으면 이생으로 돌아와서 모든 걸 다시 시작한다고 하지. 아마 그 말이 맞을 걸세."

"그렇게 생각하세요?"

"그렇다네. 문제는 전생을 기억 못 하기 때문에 정말로 다시 시작해야 한다는 거지. 그걸 깨닫든 못 깨닫든 말일세. 내가 추측하기에 높은 데 있는 신은 사람이 하는 일을 감독할 거야. 사람이 그걸 깨닫기를 바란다는 의미에서 말이지. 하지만 신은 굳이 인간을 돕지는 않을 걸세. 그런데 플라톤의 말이 맞는다면, 세상은 왜 소크라테스가 사약을 받게 했을까?…. 자, 이제 조용히 하고 기다리세. 자네가 함부로 대접받은 것을 곧 앙갚음하게 될 걸세. 자네 눈으로 똑똑히 봐주었으면 하네."

잠시 후 두 사람의 귀에는 포석을 따라 걸어오는 군화 굽의 놋쇠징 소리가 들렸다. 스다구는 야경꾼들이 다가오는 것 아닌가 겁이 났다. 우르바노는 스다구를 향해 조용히 하라고 손짓을 했다. 그때 근위대 제복을 입은 어떤 사람이 우르바노와 스다구가 몸을 숨기고 있는 창고 칸을 지나갔다. 그 순간 창고 다른 칸에서 검투사 다섯 명이 나와 그 사람의 앞을 가로막았다. 스다구는 그 근위대원이 게타인 것을 알아보고 깜짝 놀랐다. 그런데 더 충격적이게도 검투사 일당이 주먹과 곤봉으로 게타를 두드려 패기 시작했다.

우르바노는 자신의 행동을 변호했다. "내가 검투사들을 고용했다네. 내 해방 노예를 위협하면 안 된다는 메시지를 보내려는 것뿐일세. 나를 모욕하는 행위에 어떻게든 대답을 해야 했지."

검투사들은 매질을 끝내고 달아났고, 길바닥에 쓰러진 게타는 아무 움직임이 없었다. 우르바노는 잠시 기다리더니 일어나서 천천히 게타에게 다가갔다. 스다구도 따라 일어났지만 우르바노의 뒤에 가만히 서 있기만 했다. 우르바노가 게타를 걸어차며 말했다. "제길!"

"뭐라고요?"

"죽었어."

"안 돼요! 확실해요?"

"그래, 확실해. 망할! 죽여서는 안 되는 건데."

"이제 어떻게 해요?"

"다리를 잡게."

"네?!"

"다리를 잡으라고. 야경꾼들이 오기 전에 시체를 치워야지. 날 도와줘야 해."

스다구가 게타의 다리를 잡고 우르바노는 팔을 잡았다. 두 사

■ **사진 5.8.** 로마의 변소는 공중변소였으며, 흐르는 물로 배설물을 씻어 내리는 설비가 되어 있었다. 대다수 주민은 (요강만 사용할 뿐) 집에 화장실이 없었기 때문에, 모두 날마다 공중 화장실 시설을 써야 했다.

람은 그렇게 게타의 시신을 티베르강까지 끌고 가서 소용돌이치는 물속으로 굴려 넣었다.

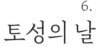

6.
토성의 날

스다구는 우르바노의 집에 가지 않았다. 후견인의 집에 아침 문안을 가지 않으면 무례라는 것을 알고 있었지만, 전날 밤에 있었던 일을 생각하면 우르바노와 거리를 두어야 했다. 문안을 빼먹었다고 우르바노가 노여워하더라도 감수하는 수밖에 없었다. 그리고 세례는 받지 않기로 마음먹었더라도 짧은 기도 정도는 해롭지 않을 거라고 판단했다. 그래서 스다구는 아침 기도회에 참석했다. 하지만 그는 사람들과 어울리지 않고 마리아나 마가와의 대화를 피했다. 스다구는 눈을 감고 주 예수아에게 이야기를 시작해 보려고 했다. 하지만 자꾸 다른 생각을 하게 되었고, 게타의 죽음에 자신도 한몫했다는 두려움과 불안을 적당한 말로 표현하기가 힘들기만 했다. 어젯밤 사건이 어떤 결과를 낳든 스다구는 그 결과를 필사적으로 회피하고 싶었다. 그리고 기도는 고사하고 사실 그 일이 도대체 어떤 결과를 낳을지 깊이 생각조차 할 수 없었다. 하지만 어떤 말로 기도해야 할지 떠오르지 않을 때는 성령께서 나를 위해 기도해 주신다고 전에 마가가 말한 것을 스다구는 기억했다. 그 말을 들었을 때 스다구는 매우 이상하다고 생각했다. 로마인들의 기도는 하고 싶은 말을 제대로 표현하는 게 중요했기 때문이다. 길 따름이들은 어떻게 적절한 표현이 뭔지도 모르면서 기도를 할 수 있단 말인가? 마가의 말이 어떻게 옳을 수 있는지 잘 몰랐지만, 지금 스다구는 자기도 모르게 그 방식에 의지하고 있었다.

마가는 길 따름이들이 극장이나 경기장에 구경 가지 않게 해주시기를 간구하면서 아침 기도회를 마쳤다. "오늘은 대회 삼 일째지만, 우리 길 따름이들은 검투 경기와 극장에서 진행되는 갖가지 볼거리의 잔혹성과 우상숭배를 응원해서는 안 됩니다." 마가는 어머니를 흘긋 쳐다보지 않을 수 없었다. "검투 경기나 연극은 사람이 굴욕당하고 죽는 것을 오락거리로 만들어 버립니다. 우리는 그런 일에 참여해서는 안 됩니다. 계명은 우리에게 거짓 증언하지 말라고 명령합니다. 그런데 연극이 바로 그런 일을 합니다. 그리고 계명은 살인하지 말라고 하는데 대회에서 하는 일이 바로 살인입니다. 우리에게 어떤 일이 허용되지 않는다면 그 일을 오락 삼아 구경하는 것도 허용될 수 없습니다. 구경하면 곧 참여하는 게 되니까요. 그런 행위에 유죄가 되는 겁니다." 모두들 고개를 끄덕였지만 마가는 몇몇 사람이 기도회를 마치고 곧장 대회 구경을 갈 생각이라는 것을 알고 있었다. 그중 몇 사람은 스다구의 집이 시야에서 사라지기도 전에 원형 극장 입장표를 꺼내 살펴보면서 어느 좌석에 앉게 될지 비교해 보기까지 했다.

스다구가 지난밤에 있었던 일을 마리아에게 이야기하자 마리아는 한동안 아무 말 없이 스다구를 쳐다보기만 했다. 마리아는 속으로 자기 자신에게 조금 놀랐다. 자신이 이토록 차분할 수 있다는 사실이 놀라웠다. 하지만 더디오의 개인 교사 문제가 등장한 이후 마리아는 스다구에게 매우 거리감을 느껴 왔다. 이제 스다구를 물끄러미 쳐다보고 있자니 그와 함께 가정을 이루면 좋겠다고 생각한 이유가 무엇이었는지 기억이 나지 않았다. 마리아는 고개를 가로 젓고는 마침내 입을 열었다. "당신이 그 사람을 죽인 게 아니고 후견인 때문에 곤란한 처지가 되었다는 건 알겠어요. 하지만 결정하기 어려운 일이 닥칠 때 당신은 가족을 보호하기보다 자기 일과 출세를 앞세운다는 것만은 이제 확실해 보여요. 여보, 당신이 당신 아들을 보호하지 않으면 내가 보호하겠어요. 이런 말 해서 유감이지만, 당신이 당신 아들을 개인 교사에게 넘기면, 당신하고 나는 끝이에요."

"뭐라고?" 스다구는 이런 일이 닥칠 줄은 몰랐다. 스다구와 헤어지면 마리아는 목숨 자체가 위태로워질 터였다. "당신 자신의 안전을 희생하겠다고? 나와 헤어지면 집도 없는 처지에 수입도 없어질 텐데. 당신 자신은 물론이고 마가도 위험해질 거요."

"마가는 성인이에요. 그리고 나는, 출세를 위해 자기 아들의 순결을 팔아먹으려 하는 남자와 같이 사느니 차라리 내 안전이 위태로워지는 편을 택하겠어요."

"하지만 여자 혼자 몸으로… 그러니까 내 말은, 당신 가족이 여기 있는 것도 아니고, 돌려받을 지참금도 없다면 당신은 빈손이란 말이오. 당신에겐 아무도 없소. 온갖 굴욕 앞에 자기를 내던지는 셈이란 말이지."

마리아는 팔짱을 끼고 스다구를 외면한 채 먼 곳만 바라보았다.

"마리아," 스다구는 애원했다. "그게 그렇게 나쁜 일은 아니오. 사실은 풍습이 다른 것뿐이지. 내 말은, 이 길 따름이들이 대체 어떤 사람들이기에 우리 로마인들에게 이래라 저래라, 이렇게 살라 저렇게 살라 하느냐는 거요. 무슨 권리가 있기에 나더러 자기들 규칙대로 살라고 하는 거냐고."

"무언가가 늘 잘못되어 있었어요, 여보. 늘 말이에요. 우리의 규칙은 순진무구한 아이를 보호하려는 거예요. 당신하고 내가 혼인신고 안 하고 사는 것과는 다른 문제라고요. 나는 내 규칙대로 살고 당신은 당신 것을 지키려고 하니 헤어지는 수밖에요. 아주 간단해요. 한나절도 안 걸릴 거예요. 길 따름이들의 식탁은 당신에게 어울리지 않나봐요. 당신과 나도 서로에게 어울리는 짝이 아닌 것 같고요."

스다구는 자기도 모르게 또 집에서 나왔다. 이번에도 역시 생각할 공간을 찾기 위해서였다.

로마의 명사(名士)들은 지금 거의 스타틸리우스 타우루스 원형 극장에 가 있을 터였다. 스다구는 티베르 강가의 마르티우스 평원 남쪽 끝에 있는 극장 방향으로 걸으면서 이제 어떻게 해야 할지 생각해 보기로 했다. 하지만 어떤 결론을 내리기도 전에 어느덧 그는 원형 극장 앞에 도착해 있었다. 스다구는 일단 안으로 들어가 남자 구역에서 자리를 찾아보기로 했다. 제사가 이제 막 끝나, 마르티우스와 아폴로 신을 기리기 위해 포도주를 붓는 순서가 진행 중이었다. 이제 그곳에 흐를 피의 전조(前兆)인 듯 포도주 방울이 제단 아래로 뚝뚝 떨어지면서 모래 속으로 스며들었다.

마리아는 집에서 나와 문법학교 수업 중인 더디오를 찾아갔다. 수업은 교사의 아파트 근처 길거리에서 진행 중이었다. 마리아는 교사에게 양해를 구하고 더디오를 데리고 나왔다. 마리아는 더디오를 보호할 작정이었다. 설령 그것이 자신의 법적 권한이 아니더라도 상관없었다. 마리아는 더디오를 원로원 의원 부데의 집으로 데리고 갔다. 가서 더디오가 부데의 딸들과 함께 있어도 되는지 부데에게 물어볼 생각이었다. 그곳은 경기장과도 거리가 멀고 안전도 보장되는 곳이었기 때문이다. 부데의 집에 도착해 아트리움으로 안내받은 마리아는 마가가 젊은 클레멘스와 함께 거기 와 있는 것을 보았다. 두 사람은 부데 의원과 함께 베드로를 도성으로 몰래 데리고 들어올 계획을 짜고 있었다. "방해해서 죄송합니다." 마리아가 입을 열었다. "더디오를 여기 잠깐 맡길 수 있을까 해서 찾아왔어요."

"어머니, 무슨 일이에요?" 마가가 보기에 마리아는 화가 난 것이 분명했다.

검투사와 투기장

'투기장'(arena)이라는 영어 단어는 사실 '모래'를 뜻하는 라틴어였다. 검투사들은 모래밭에서 싸우다 죽었다. 초기의 검투사 경기는 훤히 트인 광장에서 벌어졌지만, 이 책의 이야기가 진행되던 시기에는 대다수 결투가 원형 극장에서 벌어졌다.

원형 극장(amphitheater)은 둥근 형태의 극장이었다. 평평한 면에 무대가 있는 로마 시대의 반원형 극장이 아니라 그런 극장 두 곳이 합쳐져서, 한가운데 타원형의 움푹한 모래밭이 있고 그 둘레를 스타디움 형 좌석이 에워싸고 있는 극장 모양을 상상하면 된다. 스타틸리우스 타우루스 원형 극장은 이 책의 이야기가 진행되는 시대에 로마 유일의 진짜 원형 극장이었을 것이다. 물론 그 위치가 정확히 어디였는지는 알 수 없다. 하지만, 검투사 경기는 광장, 원형 경기장, 그리고 어쩌면 극장에서도 벌어졌다는 것을 기억하는 게 중요하다. 콜로세움은 아직 건설되기 전이었으며 삼십 년 후에나 생겨날 터였다.

다른 볼거리들과 마찬가지로 검투사 경기는 언제나 모종의 이교 의식과 함께 시작되었다. 극장처럼 원형 극장도 남녀 좌석이 구분되어 있었다. 남학생 구역도 있었으며, 개인교사들이 가까운 곳에서 이들을 감독했다.

원형 극장의 전형적 하루는 공개 처형으로 시작되었을 것이다. 아침에 투기장에 가면, '아드 베스티아스'(ad bestias), 즉 맹수에게 찢겨 죽는 형을 선고받은 범죄자를 볼 수 있었을 것이다. 형을 선고받은 두 범죄자가 서로 죽을 때까지 싸우게 하는 처형 방식도 있었다. 오후가 되면 직업 검투사들이 둘씩 짝을 지어 싸웠다.

검투사들은 대개 노예로서, 훈련사들이 투자 개념으로 이들을 사들여서 싸움 훈련을 시켰다. 여러 가지 이유로 검투사가 되기를 자원하는 경우도 있었다. 이들은 계약에 따라 수당을 받았는데, 빚을 지고 있는 사람이라면 이 수당 때문에 검투사가 되려 했을 수도 있다. 소수지만 여자 검투사도 있었다. 검투사 수효가 넉넉해서 이들이 실제 싸움에 나서는 경우는 일 년에 몇 번 안 되었던 것으로 보인다. 결투 중에 죽는 사람들은 대개 첫 번째 싸움이나 두 번째 싸움에서 죽었지만, 세 번째 싸움까지 살아남으면 그 후로도 한 동안 살아남을 확률이 높았다. 검투사가 삼 년 동안 명예롭게 싸워 살아남고 그 후 이 년 동안 훈련사로 일하면 자유를 얻을 수 있었다. 한편 검투사들은 경호원으로 고용되기도 했고, 결투에 이겨서 받은 상금으로 자유를 살 수도 있었다. 어떤 검투사는 돈도 많이 벌고 유명해져서, 팬들의 집이나 가게, 술집 혹은 목욕장에 초상화나 흉상이 전시되기도 했다.

모든 결투가 패자의 죽음으로 끝나지는 않았다는 것을 염두에 두어야 한다. 검투사들이 노예일 경우, 이들은 귀중한 자산으로 여겨졌기 때문에 주인들은 상당한 돈을 투자해서 이들을 먹이고 훈련시켰다. 노예가 아니라 하더라도, 훈련사들이 결투 예약을 대행하는 일을 했기 때문에 양측 검투사 모두 살아남는 경기를 성사시키는 것이 이들에게 가장 이익이었다. 검투사 주인들은 자기 소유 검투사가 한 경기에 졌다고 해서 투자를 바로 포기하지는 않았다. 그 경기에 돈을 걸었다가 잃었을 때는 특히 그랬다. 어떤 경우든, 명예로운 패배가 있었고, 군중 혹은 궁극적으로 황제가(황제가 경기를 참관했다면) 패자의 목숨을 살려 줘야 한다고 했다면, 그 검투사는 살아서 다른 날 또 시합을 했을 것이다. 사실 검투사 경기는 죽기 살기로 싸우는 싸움보다는 아마 일종의 스파링 비슷했을 것이다. 검투사들은 피를 보려고는 했겠지만 상대에게 치명적 상처를 입히는 일은 피하려 했을 것이다.

초기의 그리스도인 저자들은 대개 검투 경기를 야만적이라 비난했고 이 경기를 구경하는 것은 살인에 동참하는 것이라고 했다. 하지만 검투 경기를 보러 가지 말라고 신자들에게 간곡히 부탁한 것으로 볼 때, 실제로 그리스도인들을 만류해 경기장에 가지 못하게 하기가 매우 힘들었다는 것을 알 수 있다. 철학적 지성을 지닌 이교도 중에도 검투 경기가 문명사회에 해롭다는 걸 인식한 이들이 있었다. 스토아학파 철학자 세네카는 자신의 저서 『도덕 서한』(Moral Epistles)에서 검투 경기를 반대하는 글을 썼다가 나중에 클라우디우스 황제에게 추방당했다.

▪ **사진 6.1.** 검투사가 있는 로마 시대 투기장 그림(국립 고고학 박물관, 나폴리)

"나중에 이야기하자꾸나." 마리아가 대답했다. "지금은 더디오가 안전하게 있을 곳이 필요하단다."

부데 의원이 대답했다. "물론이지요, 여기 있어도 됩니다." 부데는 옆에 서 있는 노예를 향해 가까이 오라는 손짓을 했다. "아이들을 데려오게." 노예가 고개를 끄덕인 뒤 아트리움에서 나갔다. 그리고 곧 푸덴지아나와 프라세데가 아트리움으로 들어왔고, 스크라프도 뒤따라 들어왔다. 아이들은 마리아를 보자 꾸벅 하고 인사를 했다.

마리아는 더디오에게 말했다. "더디오, 원로원 의원님의 따님들 너도 알지? 물론 스크라프도 알고. 저녁때까지 여기 함께 있으렴. 자, 가서 놀아." 마리아는 여자아이들이 있는 쪽으로 더디오를 살짝 밀었다. 더디오는 아무 말 없이 마리아가 시키는 대로 세 아이를 쫓아 아트리움에서 나갔다.

푸덴지아나는 무슨 말이라도 해서 더디오와의 어색함을 없애려고 했다. "스크라프, 네 이름 이야기 해 줘."

"천 번은 들었잖아요." 스크라프가 대꾸했다.

"하지만 더디오는 못 들었잖아. 그렇지 더디오?"

"스크라프한테 직접 듣지는 못했어." 더디오가 대답했다.

"어서 이야기 해 줘!" 프라세데가 조르기 시작하자 다른 아이들도 합세했고, 스크라프는 하는 수 없이 입을 열었다.

"그래요, 그래. 내 이름이 왜 스크라프(Scrap: 찌꺼기, 허접쓰레기라는 뜻-옮긴이)냐면, 내가 태어나던 날 수부라의 한 뒷골목 쓰레기 더미에 버려졌기 때문이에요. 산파 할머니가 나를 거기 버린 것 같은데, 왜냐하면 부모님이 나를 원하지 않으셨으니까요. 나는 어머니 아버지에게 쓰레기 같은 아이였어요. 하지만 나는 거기 그냥 누워서 죽을 생각이 없었어요. 나는 울었어요! 울고 또 울었어요. 소리 지르고 앙앙 울었어요. 그래서 어떤 사람이 내가 우는 소리를 들은 거예요." 두 자매가 손뼉을 치자 스크라프는 씩 웃고 이야기를 계속했다. "그 사람은 우리 주인님의 아들 젊은 클레멘스였어요. 수부라를 지나다가 내가 우는 소리를 들으셨대요. 그래서 쓰레기 더미 있는 데로 와서 이게 무슨 소리인가 하고 살펴보셨대요. 그런데 아기가 버려져 있는 것을 보고 그냥 지나갈 수가 없으셨대요. 클레멘스 님은 그때 겨우 열두 살이었는데도 길 따름이가 되었고, 그래서 베드로 님이 사람은 누구나 한 분이신 참 하나님의 형상으로 지음 받았다고 말씀하시는 걸 들었대요. 사람은 모두 우리 주님에게 사랑받는다고요. 그래서 클레멘스 님은 나를 쓰레기 더미에서 주워서 집으로 데려왔대요. 클레멘스 님의 아버지는 길 따름이가 아니었는데, 그분이 나를 스크라프라고 부르기로 하셨죠. 하지만 언젠가 내가 노예 생활에서 해방되면 우리 주인님 이름을 따서 내 이름을 클레멘스(클레멘드)라고 지을 거예요."

푸덴지아나와 프라세데가 또 박수를 쳤고, 스크라프의 이름에 얽힌 자세한 이야기를 처음 들은 더디오도 미소로 화답했다. "나는 운이 좋아요." 스크라프가 이야기를 마무리했다. "아기들을 주워서 데려갈 길 따름이들이 많지 않기 때문에 쓰레기 더미에서 그냥 죽는 아기들이 많아요."

바로 그 시간, 또 한 아기가 운 좋게 살아났다. 누기오 게타의 시신이 어시장 근처 마블 스트리트 남쪽 강가 습지에서 발견됐다. 그리고 게타의 아내가 딸을 낳기 직전, 그가 죽었다는 소식이 그의 집에 전해졌다. 딸을 낳으면 버리라는 게타의 지시는 이행되지 않았다.

스다구는 원형 극장을 쭉 둘러봤다. 더할 수 없이 화려하고 고운 튜닉과 숄 차림의 원로원 계급 여자들은 저마다 옆에 앉은 여자의 의상과 장신구보다 멋져 보이려고 애썼다. 로마에서 가장 부유한 사람들에게 이곳은 그 부를 과시할 수 있는 최고의 장소였다. 평민 여자들은 지붕 없는 관람석 꼭대기 구역에 앉았는데, 이 구역 대부분 좌석에서는 경기장의 움직임이 거의 보이지 않았다. 스다구는 남자 아이들 구역과 그 근처의 개인 교사들 좌석을 눈여겨봤다. 아이들은 모두 어려 보였다. 스다구의 시선은 아이들과 교사들 사이를 오갔다. 그는 자신이 그 나이였을 때 있었던 일을 가급적 생각하지 않으려 했다. 생각하지 않으려 애썼지만, 생각하지 않으려 애쓸수록 오히려 자꾸 생각할 수밖에 없었다.

그러다 문득 스다구는 자신이 해야 할 일을 깨달았다. 그건 바로 아들을 보호하는 일이었다. 스다구의 아버지가 해줄 수 없었던 일을 스다구는 해야 했다. 아버지는 노예 신분이라 스다구를 보호해

줄 수 없었지만 스다구는 자유민이었다. 우르바노에게 가서 안 된다고 말해야 했다. 쉽지 않을 테지만 그렇게 해야 했다.

　그 날의 첫 짐승 사냥 순서가 시작되고 있을 때, 스다구는 우르바노에게 어떤 식으로 말을 해야 할지 생각해 봤다. 노예들이 사냥 게임의 배경막인 거대한 식물들을 가져다 놓았고, 짐승들이 뒤에 숨을 수 있는 장애물도 갖다 놓았다. 스다구는 사냥꾼이 그물과 창으로 곰 한 마리를 놀리는 것을 구경하느라 고민은 잠깐 뒤로 미뤄 두는 호사를 누렸다.

　오전 시간이 지나자 사람이 짐승을 사냥하는 공연이 끝나고 짐승이 사람을 사냥하는 순서가 되었다. 유죄 판결을 받은 범죄자들은 맹수에 찢겨 죽는 형을 선고받았고, 그래서 죄인들이 한 사람 한 사람씩 투기장으로 끌려나와 사자, 호랑이, 황소, 멧돼지와 마주했다. 글라우디오 황제와 그의 아내 아그리피나가 모습을 드러냈고, 군중에게서는 환호와 야유가 뒤섞인 소리가 터져 나왔다. 두 사람은 무대 바로 옆 사제들과 베스타 신녀들 사이의 황제 전용석에 자리 잡았다. 글라우디오는 기분이 좋아 보였다. 아그리피나는 직접 부채질을 했고, 지루한 것 같았다.

　황제가 도착한 흥분이 가라앉자 스다구는 이제 우르바노를 찾아서 소식을 전해야겠다고 마음먹었다. 우르바노와 대화를 나눌 일이 두렵기는 했지만, 더 미루는 건 지혜롭지 않았다. 스다구는 자리에서 일어나 기수 계급 사업가들이 많이 앉아 있는 구역 쪽으로 움직이기 시작했다. 걸음을 옮기면서 군중을 꼼꼼히 살피던 스다구는 비교적 덜 붐비는 구역에서, 그것도 바로 자기 옆에서 마침내 우르바노를 발견했다. "정오의 검투사들"이 싸움을 시작하고 있어서 점심을 먹으러 밖으로 나간 이들이 많았다. 유죄 판결을 받은 처음 한 쌍의 범죄자들이 싸움을 벌였고, 그중 한 사람이 죽자 또 한 범죄자가 나와서 승자와 싸웠다. 그 사이 스다구는 우르바노 옆에 말없이 앉아 있었다. 스다구가 자신의 계급보다 높은 좌석에 앉은 것을 보고 우르바노의 기수 계급 동료들이 눈총을 주었지만 애써 모른 척했다. 마지막 라운드가 끝나고 한 범죄자가 살아남아 다음 날 결투를 기약하며 간주가 시작될 때까지 두 사람 다 아무 말이 없었다.

먼저 입을 연 것은 우르바노였다. "오늘 아침 인사를 안 왔더군."

"죄송합니다. 무례를 범할 생각은 없었습니다."

"알고 있네. 화가 난 건 아닐세. 나도 이해하지. 어젯밤 사건은 불운했어. 하지만 우리만 알고 넘어간다면 아무 일 없을 걸세."

"검투사들은요? 그 사람들도 입을 다물까요?"

우르바노는 잠시 말이 없다가 대꾸했다. "그자들이 오늘 경기에서 운이 안 좋다면 우리가 운이 좋은 거겠지."

"그 자들이 결투 중에 다 죽기만 바랄 수는 없습니다."

"그게 바로 우리가 여기 와 있는 이유 아닌가?"

스다구는 이제 우르바노에게 이야기할 때가 되었다고 생각했다. "드릴 말씀이 있습니다."

우르바노가 한숨을 쉬었다.

"죄송하지만, 안 되겠다고 말씀드려야겠습니다. 제 아들 개인 교사는 고용하지 않겠습니다."

순간, 우르바노는 격분하는 것 같았지만, 대꾸할 말이 금방 떠오르지 않는 표정이었다. 때마침 팡파르가 울렸고, 우르바노는 씩씩거리며 스다구를 빤히 쳐다봤다.

이제 직업 검투사들이 경기장에 등장했다. 노예 검투사, 경범죄로 검투사 학교 형을 선고받은 범죄자, 빚더미에서 헤어 나올 마지막 수단으로 자원하여 검투사가 된 사람들까지 모두 경기장으로 행진해 나와 한 바퀴 돌면서 자신의 무기를 황제에게 보여 주었다. 이들 뒤로 글라우디오의 해방 노예 열두 명이 속간(束桿: 자작나무 막대기 여러 개를 붉은 가죽띠로 묶고 그 사이에 옆으로 날이 선 청동 도끼를 끼운 도구. 집정관의 권위 표지-옮긴이)을 들고 나왔다. 속간은 신체형과 극형을 내릴 수 있는 로마의 권세를 상징하는 도구였다. 해방 노예들이 글라우디오에게 허리를 숙여 절하면서, 황제의 권세에 복종한다는 표시로 속간을 내려 잡았다. 검투사들도 허리 숙여 절하면서 깍듯이 예를 표했다.

속간, S. P. Q. R., 그리고 황제의 권세

속간(fasces)은 나뭇가지 묶음에 도끼를 끼운 도구로, 신체형과 사형으로 범죄자를 처벌할 수 있는 로마의 권세를 상징한다. 이 책의 이야기가 진행되는 시기에 속간은 황제의 개인적 권력을 상징하게 되었다. 영어 단어 '파시스트'(fascist)와 '파시즘'(fascism)은 바로 이 개념에서 나왔다. 황제가 행차나 행진을 할 때마다 속간을 든 사람들이 뒤따르면서 황제의 권력이 절대적이라는 사실을 사람들에게 일깨웠다.

S. P. Q. R.은 '세나투스 포폴루스퀘에 로마누스'(Senatus Popolusque Romanus—"원로원과 로마 백성")의 약어다(Q는 접미사 que의 약어로, 이는 라틴어로 "그리고"[and]를 말할 때 쓰는 방식이다). 로마 공화정 때 이 약어에는 원래 원로원과 백성이 함께 통치한다는 개념이 담겨 있었다. 그 당시에는 백성도 투표를 통해 정부에 목소리를 냈다. 그러나 제국에서는 백성이 투표권을 거의 잃었고, 그래서 이 약어는 상징 이상의 의미를 지니지 못했다.

율리우스 카이사르가 원로원 의원들에게 암살당했기 때문에 첫 번째 진짜 황제 아우구스투스는 원로원을 불신하고 근위대를 오늘날의 첩보부처럼 개인 호위대로 만들었다. 칼리굴라가 암살당했을 때 원로원은 공화정을 복구하려고 논쟁을 벌였다. 다시 말해, 황제가 없던 시절로 돌아갈 수 있었으면 하는 이들이 많았다. 하지만 현실은 그럴 수 없었다. 근위대의 권력이 너무 강했고, 게다가 근위대가 클라우디우스를 새 황제로 옹립했기 때문이다. 이렇게 공화정에서 제국으로 이행(移行)한 것은 어떤 면에서 "원로원과 로마

■ **사진 6.2.** 조상(彫像) 기단석에 새겨진 약어 SPQR의 한 예. 카피톨리누스언덕, 로마

백성"에서 "원로원과 황제"로 이행한 것이었다. 더 나아가 칼리굴라는 "황제와 원로원" 상태로 세력 균형이 이뤄지게 했고, 클라우디우스의 치세로 원로원은 아예 권력 대부분을 잃었으며(클라우디우스는 해방 노예들의 신분을 승격시켜 권세 있는 직분을 맡을 수 있게 했고 원로원 계급이 아니었던 집안을 원로원 계급으로 편입시켜 이 계급의 수를 급격히 늘렸다). 그리하여 실제 통치는 "황제와 근위대"에서 이뤄졌다.

글라우디오는 일어나서 검투사들을 향해 소리쳤다. "담대하라, 제군들. 오늘이 그대들이 죽는 날이거든 용감하게 죽으라. 적에게서 달아나지 말라. 그러면 경기장 모서리에서 죽게 될 것이고, 그 광경을 몇 사람밖에 못 본다. 경기장 한가운데서 적과 맞서라, 승리하든 죽든 모두가 그대들의 용맹을 볼 수 있도록." 그러고 나서 황제는 경의를 표했고, 이어서 나팔이 팡파르를 울리면서 첫 번째 검투사가 위치를 잡았다.

"자네가 어떻게 나한테 안 된다고 할 수 있나?" 우르바노가 말했다. 격노한 것이 분명했다. "나는 자네 후견인일세. 자네의 다른 주인 크레스투스 때문인가?"

"아닙니다. 적어도 직접적인 이유는 아닙니다. 제 아버지가 그 옛날 나리 아버님께 안 된다고 말하지 못했기 때문에 저는 나리께 안 된다고 말할 수밖에 없다고만 해두죠."

"내 아버지가 자네를 총애하신 것이 유감이란 말인가?"

"우르바노 님, 더디오 나이였을 때 개인 교사가 있었습니까?

"있었지."

"아버지가 안 된다고 말해 주었다면 좋았을 거라고 생각하십니까?"

우르바노는 대답하지 않았다. 그리고 한참 만에 이렇게 말했다. "그건 중요하지 않아. 난 장관직을 얻지 못했어. 그러니까 자네, 아니 자네 아들은 이제 아무래도 좋네."

안도감을 느껴야 했으나 스다구는 그렇지 못했다. 게타의 죽음이 스다구의 마음을 무겁게 짓눌렀다.

때마침 군중이 환호성을 지르는 덕분에 우르바노와 스다구는 잠시 대화를 멈추고 각자 다른 생각을 할 수 있었다. 첫 번째로 등장한 검투사가 쓰러졌다. 상대 검투사는 쓰러진 검투사의 목을 검으로 누르고 서서 군중을 둘러보았다. 패배한 검투사가 용감히 싸웠는지, 그래서 살아서 다음 경기에 또 나와야 한다고 생각하는지의 여부에 따라 사람들은 환호하거나 야유했고 엄지를 치켜들거나 거꾸로 들었다. 승리한 검투사는 황제 쪽을 바라보았다. 글라우디오가 일어서자 군중은 점차 잠잠해졌다. 글라우디오는 엄지손가락을 치켜들어서 승자가 최후의 일격을 가해 패자를 죽여야 한다는 뜻을 표했다. 스다구와 우르바노는 승자가 상대의 경정맥에 정확히 칼을 꽂아 넣는 것을 말없이 지켜보았다. 숨이 끊어져 가고 있는 사람에게서 승자가 물러나자 저승의 강 스틱스(Styx)의 뱃사공 카론으로 분장한 노예가 나와 커다란 철퇴로 패배한 검투사의 머리뼈를

박살 냈다. 시체는 질질 끌려 나갔고, 모래밭은 다음 경기를 위해 정비되었다. 묘약 상인들이 검투사의 피가 밴 모래를 좀 얻어 볼까 하고 기웃거렸으나 근위대원들이 모두 쫓아버렸다.

스다구는 일어나서 자리를 떴다. 우르바노가 놀란 듯한 얼굴로 스다구를 쳐다봤지만 아무 말도 하지 않았다. 스다구가 출구 쪽으로 향하고 있는데 근위대원 네 사람이 군중을 헤치고 다가왔다.

스다구는 근위대원들이 자기를 향해 오고 있는 줄 모르고 있다가 나중에야 깨달았지만 도망치기에는 때가 너무 늦었다. 하지만 근위대원들이 자신을 잡아챘을 때도 스다구는 신분상 앉아서는 안되는 구역에 앉아 있었기 때문에 이들이 자신을 그 구역에서 빼내려는 것이라고만 생각했다. 스다구가 잡히는 것을 본 우르바노는 반대 방향으로 도망치기 시작했지만 한 무리의 근위대원들에게 가로막히고 말았다.

여덟 명의 근위대원이 스다구와 우르바노를 원형 극장 밖으로 질질 끌어냈고, 두 사람의 중요한 사업상 지인들 대다수가 충격과 공포로 이 광경을 지켜봤다. 관람석 밖으로 일단 나와 원형 극장의 아치형 계단 통에 이르자 근위대원들은 두 사람의 손을 등 뒤로 묶었다. 근위대 막사에서 고문 위협을 당한 것이 기억난 스다구는 공포에 질려 손목에 감긴 밧줄을 잡아당겼다. 우르바노는 병사들에게 고함쳤다. "너희들 내가 누군지 알아? 내 후견인이 누군지 알아!" 근위대원들은 그저 웃음을 터뜨리며 두 사람을 출입문에서 거리 쪽으로 밀치고 나갔다. 병사들은 두 사람과 나란히 걸으면서 당기거나 밀쳐서 걸음을 헛디디게 했고, 그러다 넘어지면 손바닥으로 철썩 때렸다. 두려움 때문에 다리에 힘이 풀린 스다구는 체중을 지탱하고 서 있을 수가 없었다. 공명정대하게 처벌받을 수 있으리라는 유일한 희망이 바로 자기 옆에서 자기와 똑같이 묶여 있다는 사실에 스다구의 머릿속은 미친 듯 날뛰었다. 우르바노는 분노한 얼굴로 이 상황을 부인하며 거칠게 반항했다. "아니야! 안 돼! 이거 못 봐! 기다려!" 그는 자꾸 그렇게 소리쳤다. 병사들은 아랑곳하지 않고 두 사람을 계속 밀고 나갔다.

두 사람은 길거리 군중의 시선과 근위대원들의 얼얼한 주먹질과 매를 견디며 티베르 강을 따라 남동쪽으로 향했다. 폰티날리스 문이 있는 동쪽으로 돌자 멀리 스다구의 집이 보였다. 스다구의 몸이 본능적으로 집 쪽을 향했지만, 한 병사가 그를 발로 차 폰티날리스 문과 카피톨리누스 언덕 방향으로 돌려세웠다.

오르막길은 영원히 끝나지 않을 것처럼 길고 고통스러웠다. 마침내 언덕 꼭대기에 이르자 근위대원들은 스다구와 우르바노를 동쪽의 타르페이아 절벽(Tarpeian Rock) 방향으로 밀쳤다. 구 광장이 내려다보이는 그 절벽에 이르니 나깃수가 두 사람을 기다리고 있었다.

근위대원들은 스다구와 우르바노를 절벽 가장자리에 세웠다. 나깃수는 두 사람을 외면하고 구 광장을 내려다보며 입을 열었다.

"우르바노, 여기서 보게 되다니 놀랍소, 이 모든 일의 와중에 말이오. 하지만 검투사 네 사람의 증언을 들어보니, 당신이 그들을 고용해 게타를 습격하라고 했다더군."

우르바노는 신속히 생각을 정리했다. "검투사들의 증언은 법정에서 인정되지 않소."

나깃수의 말투가 경멸조로 바뀌었다. "주위를 둘러봐요. 여기가 지금 법정이오? 우르바노, 난 당신을 도우려 했소. 꽤 그럴 법한, 게다가 아주 벌이가 좋은 직위를 얻게 해주려고 애썼지. 그런데 은혜를 어떻게 이렇게 갚는 거요? 당신은 황제 앞에서 말도 안 되는 소리를 했지. 덕분에 난 바보 같은 모양새가 됐고. 그러니 당신 운명이 어찌 되든 난 아무 유감이 없소." 나깃수는 스다구를 위아래로 훑어보았다. "이 자는 또 누군가?"

우르바노가 대답했다. "내 해방 노예 스다구요. 올리브기름 상인이고, 길 따름이요." 그 순간 스다구는 공포에 질린 얼굴로 우르바노를 돌아봤다.

나깃수의 눈썹이 치켜 올라갔다. "길 따름이가 뭔가?"

모두의 시선이 스다구를 향했다. 스다구는 목청을 가다듬었다. 감히 후견인의 말을 반박할 것인가? 그랬다가는 일이 더 악화될 수도 있었다. 스다구는 한 번 더 목청을 가다듬었다.

"뭐냐고?" 나깃수는 점차 짜증이 났다.

"저는 길 따름이 교육을 받고 있습니다. 말하자면 그들 패에 입문한 게 아닙니다… 아직은요."

"그건 질문에 대한 답이 아니다." 나깃수가 스다구를 절벽 가장자리로 한 걸음 더 밀어붙이며 말했다. 그 바람에 한쪽 발이 휘청한 스다구는 절벽 모서리로 넘어가지 않으려고 몸을 뒤로 젖혀야 했다.

"음." 스다구는 가슴이 두방망이질 쳤다. "길 따름이들은 기도를 한다거나, 한 분이신 하나님을 믿는다거나, 죽은 사람을 장사지낸 다거나, 자기 몸을 정숙하게 관리한다는 점에서 유대인들과 똑같습니다. 하지만 이들은 어떤 면에서는 유대인들과 다릅니다. 길 따름이들은 특정한 음식을 가리지도 않고, 남자들에게 무얼 베어내라고 하지도 않…"

"그만!" 나깃수는 짜증을 감추지 못했다. "내가 길 따름이 교육 받고 싶다고 그랬나? 아니지! 난 그저 길 따름이가 뭐냐고 물었다."

스다구는 자신이 길 따름이를 어떻게 알고 있는지 생각해 봤다. 그때 문득 아끼는 사람들 얼굴이 하나하나 떠올랐다. 더디오, 마리아, 마가, 그리고 기도회를 위해 자신의 집에 모이는 사람들. 얄밉기만 하던 암블리아까지. 그리고 스크라프에게까지 생각이 미치자 스다구의 마음에는 전에 없던 용기가 솟구쳐 올랐다. "길 따름이가," 스다구는 고개를 꼿꼿이 쳐들고 입을 열었다. "어떤 사람이냐면, 쓰레기 더미에서 들려오는 아기의 울음소리를 그냥 지나치지 못하는 사람입니다." 나깃수는 잠시 잠잠하더니 이윽고 물었다. "그래서 너는 이 길 따름이들과 한 패인가, 아닌가?"

스다구는 대답을 주저했지만, 잠시뿐이었다. "저도 길 따름이입니다."

나깃수는 다시 고개를 돌려 절벽 너머를 바라봤다. "공화정 시절에," 그는 생각에 잠긴 듯 말했다. "배신자들을 처형할 때 이 절벽에서 던져 버렸다는 걸 알고 있나?"

우르바노와 스다구는 아무 말이 없었다.

나깃수는 구 광장을 내려다보며 이야기를 이어갔다. "여러 면에서 이 절벽은 로마와 비슷해. 무엇이든 로마의 전통을 위협하는 것은 다 없애 버릴 수 있는 로마의 권세를 상징하지. 두 사람은 지금 발밑에 단단한 땅이 느껴지겠지. 하지만 살짝 한 번 밀치기만 해도 두 사람은 떨어져 죽는다. 그러니 내가 두 사람을 지금 당장 여기서 던져 버릴 수도 있는데 무엇으로 나를 막을 텐가?"

우르바노가 말했다. "이 사람과 나는 둘 다 로마 시민이오."

"아, 그렇군, 로마 시민. 재판받을 권리가 있고, 고통 없이 신속하게 처형당할 권리도 있지. 두 사람 모두 그 권리를 누릴 것이오." 나깃수는 그렇게 말하고 돌아서서 어딘가로 향했다.

근위대가 스다구와 우르바노를 절벽 가장자리에서 끌어당겨 나깃수가 앞서간 방향으로 밀어댔다. 나깃수는 카피톨리누스 언덕을 넘어 구 광장으로 향했다. 구 광장 경계에 이르자 근위대는 스다구와 우르바노를 툴리아눔(Tullianum)이라고 하는 토굴 감옥으로 데리고 갔다. 이곳은 전 황제 칼리굴라가 특히 정치범을 가두려고 만든 지하 감옥이었다. 스다구는 돌연 그동안의 모든 의심에 대해 후회가 밀려와 가만히 예수아께 기도하며 자신들을 구해 달라고 빌었다. 근위대는 우르바노와 스다구의 손목에서 밧줄을 풀고 대신 쇠고랑으로 묶었고 발에도 족쇄를 채웠다. 그렇게 스다구와 우르바노는 몸을 숙이고 지하 감옥으로 들어갔다.

로마 시민권

신약성경을 읽은 사람이라면 사도 바울에게 로마 시민권이 있었다는 사실을 대개 다 알 것이다. (당시) 이는 바울에게 일정한 권리와 특권이 있다는 의미였고, 로마에서 재판받지 않고는 처형될 수 없었다는 것도 그런 권리에 속했다. 바울이 어떻게 혹은 왜 로마 시민권을 획득했는지는 알 수 없지만, 통상적으로 로마 시민권은 이탈리아 출생에게 주어졌다. 속주 출신에게는 국가를 위해 공헌했을 때 이에 대한 상급으로 시민권이 주어질 수 있었고, 어떤 경우 뇌물을 주고 시민권을 살 수도 있었던 것으로 보인다. 신약성경을 읽어 보면, 누구도 바울에게 시민권자라는 증거를 제시하라고 요구한 적이 없다. 하지만 바울의 집안에는 아마 시민권을 부여한다는 내용이 새겨진 청동 "공문서"가 있었을 것이다. 이 책의 이야기가 진행되던 시기에 클라우디우스 황제가 충성에 대한 보상으로 시민권을 주었을 것이다. 로마 시민권에는 두 단계가 있었다. 정규 시민권을 가진 사람은 사적/공적 권리를 행사할 수 있었다. 모든 이탈리아인에게는 사적 권리가 있어서, 사업을 할 수 있었고 (법적 결혼을 포함해) 계약을 맺을 수 있었다. 절차상으로 여성에게는 계약을 맺을 보호자가 있어야 했지만, 자녀가 셋이나 그 이상인 여성(해방 노예 여성의 경우 넷이나 그 이상)은 스스로 계약을 맺을 수 있었다.

사적 권리에 더하여, 지주들은 공적 권리도 가졌는데, 이는 이들이 공직을 가질 수 있다는 뜻이었다. 로마에 거주하는 외국인들은 시민으로서의 이런 권리를 전혀 누리지 못했으며, 이는 이 시기 대다수 그리스도인이 아마 로마 시민이 아니었을 거라는 의미다.

　로마 시민의 해방 노예는 해방 증서상으로 시민권(사적 권리)을 받았으며, 이들의 자녀는 설령 이탈리아인이 아니더라도 자유 시민으로 간주했다. 그러므로, 사실상 노예 신분은, 빈곤한 자유민들은 가질 수 없는 시민권을 부여받고 사회적 신분 상승을 이루는 길일 수 있었다. 로마법이 작성된 것은 로마 시민, 특히 공적 권리를 지닌 시민(지주)을 보호하기 위해서였다.

　남편이 체포되었다는 소식을 들은 사비나는 그가 어디에 잡혀 있는지 알아보려 했으나 아무도 사비나를 도와주지 않았다. 친구로 지내던 원로원 의원들의 아내들도 사비나를 집안으로 들이려 하지 않았다. 신분이 같은 사람들에게 배신감을 느끼던 사비나는 귀족 신분 처자이면서 길 따름이인 브리스가를 떠올렸다. 달리 어떻게 해야 할지 몰랐던 사비나는 천막 가게로 브리스가를 찾아갔다. 그러나 가게 전면에 널빤지가 덮이고 문이 잠겨 있는 것을 보고 사비나는 맥이 풀렸다.

　바로 그때 등 뒤에서 귀에 익은 목소리가 들렸다. "안녕하세요, 사비나." 고개를 돌려보니 그 목소리의 주인은 최근에 사귄 길 따름이 친구 수산나 어르신이었다.

　"수산나 님, 만나게 돼서 다행이에요. 브리스가를 찾아왔거든요."

"아, 브리스가는 마리아 집에 있어요. 내가 지금 거기서 오는 길이라오. 모두 모여서 스다구와 부인의 남편을 위해 기도하고 있지요."

사비나는 어려움에 빠진 자신을 대하는 친구들의 태도와 길 따름이 여인들의 태도가 이렇게 다른 것을 보고 놀라지 않을 수 없었다. "정말요? 제 남편을 위해 기도하고 있다고요? 이해가 안 되네요. 그분들은 우리를 잘 모르는데, 지금 같은 상황에서도 우리를 가까이 하려고 한다고요? 정말 고마운 분들이군요, 제 친구들은 저를 모르는 체하는데. 수산나 님하고 함께 가고 싶은데, 먼저 마법 상인한테 들러서 저주 서판을 좀 사도 괜찮을까요?

수산나가 빙긋이 웃으며 말했다. "부인, 로마의 상류 사회에 환멸을 느낀다니 반가운 일이군요. 하지만 저주는 우리 방법이 아니라오. 누군가를 미워하기는 쉽지요, 나도 안답니다. 하지만 부인에게 정말로 필요한 것은 기도하고 소망하는 거라오."

"소망." 사비나는 한숨을 쉬었다. "소망은 어제 사냥한 사슴고기 같은 거예요. 하루만 지나도 상해 버리죠. 그러니까 소망하는 거 말고 다른 걸 해야 해요." 사비나는 무너져 내릴 것 같은 심정을 부여잡느라 목이 메어 말이 잘 나오지 않았다.

"그 다른 게 바로 기도하는 거라오." 수산나가 말했다. "자, 기도 모임으로 갑시다."

율리아는 흐느낌을 참으려 했지만 잘되지 않았다. 그 소리에 마가의 기도가 자꾸 중단되었다. 율리아와 마리아가 서로를 감싸 안고 있는 동안 마가가 간절한 기도를 이어갔다. 브리스가 눈가를 훔쳐내며 물었다. "우리는 어제 극장에 갔었어요. 사람들이 이런 노래를 불렀죠, '산다는 건 가혹해, 그러나 적어도 짧기는 하지' 뭐 그런 노래였어요. 우리는 이런 인생을 어떻게 살아가죠?"

마가는 브리스가의 질문에 성의껏 답변했다. "브리스가, 우리는 소망에 집중해야 해요, 영생에 대한 소망에. 화평은 우리 마음을 계속 거기 집중하는 데서 나옵니다. 영생은 이생보다 중요하고요."

마리아가 소리 내어 울기 시작했다. 마리아는 스다구가 세례받기 전에 죽어서 영생을 기대할 수 없게 될까 걱정이었다. 마리아는 눈물을 참고 화제를 바꿔 보려 했다. "로데는 어디 있지?" 하지만 로데가 어디 있는지 아무도 모르는 것 같았다. "요한이… 아니 마가가… 예수아 이야기를 좀 해주렴. 우리에게 소망이 될 만한 이야기로."

"어머니, 그분에 대해서는 어머니가 저보다 더 잘 아시잖아요. 전 너무 어려서 제자가 될 수 없었어요."

"제자들하고 같이 동산에서 기도하던 때 이야기 좀 해주렴."

"아니요, 어머니, 지금은 아무도 그 이야기 듣고 싶어 하지 않아요."

"그러지 말고 해주려무나, 그럼 모두 웃게 될 거야."

"재미있는 이야기가 아니에요. 예수아께서 잡히시던 날 밤이었으니까요."

"얘기해 주세요." 브리스가 상냥하게 부탁했다.

마가는 브리스가의 청은 거절할 수 없었다. "좋아요." 마가는 한숨을 내쉬었다. "병사들이 예수아를 잡으러 오자 모두 사방으로 도망쳤어요. 우리는 모두 두려웠어요, 나이든 분들도요. 베드로 님만 물러서지 않고 칼을 빼들었죠. 한 병사에게 칼을 휘둘렀지만, 병사는 휙 피했고 그 가련한 노예 말고가 대신 칼을 맞았어요. 대제사장을 위해 횃불을 들고 있던 노예였는데, 칼이 그의 귀를 베어 버렸죠. 하지만 예수아께서 다시 붙여 주셨어요." 마가는 그게 끝인 양 이야기를 멈추었다.

"계속해요, 이야기가 더 있잖아요!" 로데가 문을 열고 들어오며 부자연스러운 미소를 지어 보였다.

마가는 또 한숨을 쉬었다. "그러면 하여간, 병사들에게 잡히지 않으려고 우리가 다 사방으로 도망치고 있는데, 한 병사가 손을 뻗어 나를 잡으려고 했어요. 그런데 한 가지 알아두셔야 할 것은 그날 밤은 정말 더워서 제가 튜닉을 벗고 허리 두르개만 하고 있었다는 겁니다. 병사가 허리 두르개를 잡으니 그냥 벗겨지고 말았죠. 전 발가벗은 몸이 되고 말았어요. 그리고 그렇게 발가벗은 채로 집까지 도망쳤답니다.."

사람들은 여전히 눈가에서 눈물을 닦아내면서도 살짝 웃음을 터뜨렸다. "일대기를 쓰시면 그 이야기도 꼭 포함시켜야 해요." 브리스가가 말했다.

"전 그렇게 생각하지 않아요."

우르바노와 스다구는 지하 감옥에 들어온 지 얼마나 되었는지 도무지 알 수가 없었다. 그때 감옥의 침묵을 깨뜨린 것은 여자아이들의 목소리였다. 스다구는 고개를 들고 귀를 기울였다. 아는 목소리였다. 푸덴지아나와 프라세데가 간수들에게 뭔가를 이야기하고 있었다.

"죄수들에게 주려고 먹을 것과 물을 가져왔어요." 프라세데가 말했다.

"그리고 이 바구니는 아저씨들 주려고 가져온 거예요." 푸덴지아나가 동전이 가득 들어 있는 바구니를 간수들에게 보여 주며 덧붙였다. "저분들 친절하게 대해 주실 거죠, 그렇죠?" 간수들은 고개를 끄덕이며 거리에서 지하 감옥으로 통하는 덮개 문을 열어 주었다. 곧 음식 바구니와 진한 포도주가 들어 있는 주전자가 스다구와 우르바노에게 디밀어졌다.

"어떻게 알았니?" 스다구가 아이들에게 물었다.

푸덴지아나가 간수들의 주의를 흩뜨리는 사이 프라세데가 소리 죽여 대답했다. "나깃수 집의 노예들에게 들었어요. 그 사람들이 우리 집에 와서 이야기해 줬어요. 마리아와 사비나 아줌마는 지금 어쩔 줄을 모르세요." 프라세데는 나깃수 집의 노예들이 어깨너머로 듣고 전해준 이야기를 계속해서 두 사람에게 전달했다. 스다구와 우르바노는 몇 시간 후 성벽 밖으로 끌려 나가 참수될 거라고 했다. 스다구는 두 손에 얼굴을 파묻었지만 우르바노는 벌컥 화를 냈다.

"재판도 안 받고?"

"황제는 아직도 원형 극장에 있어요. 나깃수는 황제 모르게 할 작정인가 봐요, 근위대를 진정시키려고요."

"얘들아!" 스다구가 다급히 말했다. "우리 일은 잊어버리럼. 너희는 여기 있으면 안전하지 않아. 프라세데, 네 동생 어디 있니? 간수들을 믿으면 안 돼."

"걱정하지 마세요. 아저씨들을 잘 대해 달라고 뇌물을 썼어요. 간수들은 아저씨들이 여기 오래 있을 수도 있다고 알고 있어요. 그래서 뇌물도 계속 들어올 걸로 기대하겠죠. 어쨌든, 젊은 클레멘스 아저씨하고 몇몇 분들이 멀리서 지켜보고 있어요. 그러니까 우리는 안전해요. 하지만 이제 가봐야겠어요. 마가 아저씨 집에서 우리 모두 기도하고 있어요."

아이들이 돌아가려는데 스다구가 중얼거렸다. "사실은 내 집이지. 내 집이야." 스다구는 고개를 흔들었다.

우르바노는 놀란 것 같았다. "자네 친구들이 여기까지 오다니 믿을 수가 없군. 들켜서 우리하고 같이 벌을 받을지도 모르는데 그런 걸 두려워하지 않다니 믿을 수가 없어. 먹을 것을 갖다 준 건 고맙지만, 굶어 죽을 만큼 우리가 여기 오래 있지는 않을 게 분명해."

"희망은 있습니다, 우르바노 님."

"무슨 희망?"

"길 따름이들이 우리를 위해 기도하고 있습니다. 그건 무언가 의미가 있어요."

"하지만 그 사람들은 한 신에게 그저 기도할 따름 아닌가? 될 수 있으면 여러 신에게 기도해야 하는 것 아닌가?"

"나리는 어떤 신에게든 원하시는 대로 기도해도 됩니다." 스다구는 결연히 말했다. "하지만 제 경험으로 보건대 그리스와 로마의 신은 제게 한 번도 자기를 증명해 보인 적이 없습니다. 길 따름이들이 섬기는 이 한 분 하나님은 다릅니다. 제가 본 것을 나리도 보셨다면, 제가 들은 이야기를 나리도 들으셨다면 좋았을 텐데… 저는 주 예수아께 기도할 겁니다. 그분이 저를 구원하시든지, 아니면 이대로 죽든지 하겠지요. 하지만 예수아가 제 편에 계시지 않는다면 저는 죽을 게 확실합니다."

두 사람 모두 한동안 말이 없었다. 스다구는 소리 내지 않고 기도했다. 입술은 움직였지만 소리는 내지 않았다. 한참 후 우르바노가 말했다. "이건 내 문제만이 아니야. 나야 죽으면 죽는 거지. 하지만 사비나는 치욕을 당하겠지. 우리 딸들도 인생을 망칠 테고. 그 애들은 매춘부 신세가 되지 않을까? 노래 부르는 재주가 없으니 배우가 되지는 못할 거야. 내가 떠나 버리면 가족들에게는 뭐가 남을까? 한 아이는 태어났을 때 내다 버릴 뻔했는데, 어떻게 그런 생각을 할 수 있었는지…."

스다구도 가족 생각을 했다. "마리아, 그리고 내 의붓아들 마가,

이 두 사람은 로마 시민이 아닙니다. 게다가 마가는 로마에 불법 체류하는 유대인이지요. 두 사람이 저와 연루되면 아마 십자가형을 당할 겁니다. 그리고 더디오, 이 아이는 누가 보호해 줄까요? 저는 출세를 하면 가족들을 안전하게 해줄 수 있다고 생각했습니다. 나리 말씀이 맞았어요, 출세는 위험해요. 내가 무언가를 얻으면 그만큼 잃는 사람이 있고, 그 사람이 내게 주목하게 되죠. 그렇게 되면 가족들에게 안전을 줄 수 없어요. 지금 내가 할 수 있는 일은 가족들을 주님에게, 그리고 우리 모임 사람들에게 맡기는 것뿐입니다."

"스다구, 자네는 나보다 상황이 좋은 것 같군."

"상황이 어떻게 좋다는 겁니까?"

"핏줄은 아니지만 이런 대가족이 있고, 이 사람들이 자네를 위해 자기 명예를 잃을 위험을 무릅쓰지 않나. 이 사람들은 자네가 가장 불명예스러운 형편에 있는 바로 그때 오히려 자네와 어울리고 싶어 하는 것 같군."

"가장 불명예스러울 때야말로 이런 사람들이 가장 필요할 때죠."

"이 사람들은 대체 어떤 사람들인가?"

"길 따름이들입니다. 교회 말입니다."

"교회가 뭐지?"

"교회는 마치 작은 보병대 같습니다. 서로에게 충성하고 우리 주님께 충성하죠, 무슨 일이 있어도 말입니다. 심지어 죽음 앞에서도요. 생명은 죽음보다 중요하니까요. 이생의 삶보다도요. 교회는 주 예수아에게 자비를 받은 사람들로 구성된 보병대입니다. 그 보병대는 계속 커져가고 있습니다. 곧 군단이 될 겁니다."

"나도 그런 보병대 대원이 된다면 좋겠군." 우르바노가 말했다. "흐음, 이생보다 중요하다고? 자네가 믿는 하나님에게 헌신한다고 약속하면 하나님이 우리를 구해 줄 거라고 생각하나?"

"제가 아는 건, 한 분이신 참된 하나님은 매수당하지 않는다는 겁니다. 하지만 그렇게 부탁해 봐도 해로울 건 없지요. 제가 듣기로 주 예수아는 사람들이 옥에서 탈출할 수 있게 도우셨다고 합니다. 기이하게도, 자살까지 고려했던 저인데 이제 죽을지도 모른다고 생각하니 죽고 싶지 않네요. 이제는 살고 싶습니다. 하지만 그건 중요하지 않습니다. 우리가 여기서 탈출한다 해도, 그 다음엔 어떻게 해야 합니까? 늘 어깨 너머를 살피며 도망자로 살 수는 없습니다. 단 한 순간인들 어떻게 마음이 편할 수 있겠습니까?"

몇 시간 후, 나깃수가 근위대 호위병들을 데리고 다시 와, 우르바노와 스다구를 지하 감옥에서 끌어냈고, 이어서 처형장으로 향하는 행진이 시작됐다. 스다구는 손목 둘레가 다 벗겨져서 병사들

■ **사진 6.3.** 도성에서 오스티아로 들어가는 주도로

■ **사진 6.4.** 베스타 신전 유적(상당 부분이 복원된)

이 밀칠 때마다 팔 전체로 통증이 충격처럼 전해졌다. 옆에서 발을 질질 끌며 걷는 우르바노는 눈빛이 흐렸고 얼굴엔 아무 표정이 없었다. 툴리아눔에서 시작된 행렬은 신성한 길에서 동쪽으로 돌아 구 광장을 통과한 뒤 카페나 문과 아피아 가도 쪽으로 이어졌다.

일행이 구 광장을 가로지르고 있을 때 어디선가 녹색 팀 응원 구호를 외치는 일단의 남자들이 튀어나와 길 한가운데를 가로막고 섰다. 신으로 공경받는 율리우스 카이사르 제단 뒤에서 신호를 기다리고 있던 또 한 무리의 남자들은 로데가 고개를 한 번 끄덕이자 청색 팀 응원 구호를 외치면서 군중 사이로 뛰어들었다. 이어서 대소동이 벌어지면서 신성한 길은 통행이 막혔다. 근위대는 남쪽으로 방향을 틀어 구 광장의 다른 측면으로 향하다가 다시 동쪽으로 돌아 베스타 신녀들의 집 바로 앞을 지나게 되었다.

행렬이 베스타 신전을 지나갈 때 신녀들이 신전 마당에서 거리로 줄지어 나와 또 한 번 처형 행렬의 갈 길을 막았다. 나깃수는 매우 초조해 보였지만 그가 할 수 있는 일은 아무것도 없었다. 나깃수는 율리아가 걸어나와 글라우디아의 귀에 무언가를 속삭이고, 이어 글라우디아가 비비디아의 귀에 또 무언가를 속삭이는 것을 지켜볼 수밖에 없었다.

■ **사진 6.5.** 베스타 신녀들의 집 마당 유적

모두가 가만히 서서 말없이 지켜보고 있을 때 비비디아가 위엄 있는 몸짓으로 병사들 앞으로 천천히 걸어 나왔다. 들리는 소리라고는 비비디아의 신녀 예복이 사각거리는 소리뿐이었다. 비비디아는 나깃수와 마주 서서 그의 눈을 정면으로 바라보았다. 나깃수는 비비디아와 시선을 마주쳤지만 다른 병사들은 고개 숙여 경의를 표하며 군화만 내려다봤다. 비비디아가 목청을 가다듬자 무슨 말이 나올지 모두들 기다렸다. "폰티펙스 막시무스의 권한에 근거해, 그리고 베스타 여신의 중재로써 이 사람들은 사면되었습니다. 즉시 이 사람들을 풀어 주어야 합니다."

나깃수는 이를 갈았다. 법은 비비디아의 편이었다. 나깃수가 할 수 있는 일은 아무것도 없었다. 그는 글라우디아를 노려보며 자기 자신에게 맹세했다. 이 일에 대해서는 누군가가 보복할 것이라고, 오늘은 아닐지라도 언젠가는. 스다구와 우르바노는 곧 풀려나 각자 아내의 품에 안겼다.

마가가 저녁 식사와 예배를 준비하는 사이 스다구와 마리아는 둘만의 대화 시간을 가졌다. 하지만 안도감과 재미없는 상투적 이야기가 뒤엉킨 어색한 시간이었다. 스다구는 자신이 무사히 집으로 돌아온 것을 마리아가 진심으로 기뻐한다는 것을 알고 있었지만, 그래도 아내가 아직도 약간의 거리감을 느끼고 있음을 알 수 있었다.

"걱정하지 말아요, 더디오 개인 교사 문제는 없던 일이 될 거요." 마리아는 한숨을 내쉬었고, 그 한숨은 이내 눈물로 변했다. 스다구의 가슴에 고개를 파묻은 마리아는 그의 튜닉을 움켜쥐고 가까이 끌어당겼다. 스다구는 아내를 품에 안으며 말했다. "어쨌든, 우르바노는 곡물 수급부 장관직을 얻지 못했소. 하지만 당신 말이 맞았어요, 마리아. 당신 말이 맞았어. 내 아들의 어머니가 되어 주어서 고맙소." 스다구의 말에 마리아는 그의 튜닉에 얼굴을 파묻고 울었다. "다 잘 될 거요. 우리는 이제 모두 안전해."

모임이 시작되고 있을 때 누군가가 문을 두드렸다. 브리스가 문을 열고는 우르바노와 사비나, 그리고 이들의 두 딸을 반가이 맞이했다. 집안으로 들어온 사비나는 모임 사람들이 대개 비천한 신분이라는 것을 알아보고서도 모두에게 고개 숙여 인사하며 말했다. "반갑게 맞아 주셔서 감사합니다."

마가가 미소와 함께 대답했다. "우리 모두 한때는 진리에 대해 유랑자요 나그네였습니다. 하지만 진리가 친히 우리를 반가이 맞아 주고 우리가 진리의 도성의 시민이 되게 해주었습니다. 그래서 어디를 가든 우리는 진리의 대사들입니다."

그때 여닫이문이 다시 한번 열렸다. 아리스도불로 집의 노예였다. 그는 집 안으로 들어오지 않고 안에 있는 사람들에게 들릴 정도로만 말했다. "시간이 되었습니다. 그분이 오셨어요."

마가가 스다구를 보며 고개를 끄덕였다. "할 수 있겠습니까?"

"그럼, 준비됐다." 스다구가 자신 있게 대답했다.

"좋습니다, 그럼 가세요. 클레멘스 집에 가서 때가 되었다고 하세요."

아직 문간에 서 있던 노예가 말했다. "한 가지 문제가 있습니다. 우리 친구 하나가 베드로님의 이름을 크게 말하는 바람에 누군가가 그걸 들었습니다. 확실하지는 않지만 사람들이 베드로 님을 알아볼 수도 있어요. 우리 친구들이 지금 그분을 숨겨 드리고 있긴 한데, 오스티아에서 그분을 모시고 나와 도성까지 오기가 쉽지 않을 겁니다."

"알았습니다." 마가가 대답했다. "스다구 님과 함께 가세요, 그리고 클레멘스를 만나거든 상황을 확실히 알려 드리도록 하세요." 스다구가 고개를 끄덕이고는 노예와 함께 집을 나섰다. 마가는 우르바노를 향해 말했다.

"우르바노 님, 이런 부탁 죄송하지만, 혹시 가마를 타고 오셨습니까?"

"그렇소"

"우리가 가마를 좀 빌릴 수 있을까요?"

"물론이지요."

"감사합니다. 빌롤로고와 암블리아가 우르바노 님의 가마꾼들하고 함께 가세요, 오스티아까지 가마를 가지고 가세요. 가는 동안, 가마에 귀부인이 타고 있는 것처럼 빈 가마를 향해 이야기하세요. 누가 뭐라고 하거든 가마에 귀부인 사비나가 타고 있으니 길을 비키라고 하세요."

몇 시간 후 빌롤로고와 암블리아가 지휘하는 가마꾼들이 오스티아의 칠현자 여인숙에 도착했다. 빌롤로고와 암블리아는 주변의 시선을 끌지 않도록 조심하면서 안으로 들어가 주실(主室)을 살폈다. 상인들이 술을 마시고 있었고, 선원들은 노래를 부르며 술 마시기 시합을 하고 있었다. 작은 탁자가 일렬로 놓인 뒤편에서는 남자들이 돈을 걸고 불법 주사위 놀이를 하고 있었다. 그때 황실 출신 길 따름이인 비토가 한 구석에 혼자 앉아 있는 것이 눈에 띄었다. 비토는 베드로를 알아본 사람들을 손가락으로 가리켰다. 이들은 베드로가 여인숙에 왔을 때 누군가가 그의 이름을 말하는 것을 들은 사람들인데, 지금 탁자에 앉아 베드로를 얼핏이나마 볼 수 있기를 기다리고 있었다. 하지만 베드로는 어디에서도 보이지 않았다.

"어디 계시지요?" 빌롤로고가 물었다.

비토는 대답 대신 빙긋 웃으며 고개를 흔들었다. "시간제 객실에서 한 매춘부에게 예수아 이야기를 해주고 계십니다."

그때 젊은 클레멘스가 한 무리의 남자들과 함께 여인숙 문을 벌컥 열고 들어왔다. 남자들은 비틀거리며 노래하면서 술 취한 시늉을 했다. 클레멘스가 암블리아를 가리키며 고함을 질렀다. "베드로, 내 친구! 만나서 반갑소! 그리스로 간다고 해서 우리가 배웅하러 왔소! 자! 배까지 함께 가서 거기서 작별합시다."

앞서 베드로의 이름을 들었던 사람들은 어리둥절한 표정으로 이게 무슨 상황인지 추측하기 시작했다. 그리고 클레멘스 일당이 암블리아를 에워싸고 여인숙을 나가자 이들도 뒤따라 나섰다. 클레멘스 일행을 따라 좁고 어두운 길을 따라 항구 쪽으로 가느라 이들은 여인숙에서 점점 멀어졌다.

그때 베드로가 뒷방에서 조심스레 모습을 드러냈다. 빌롤로고는 경탄 어린 시선으로 베드로를 바라봤다. 정말 그였다, 베드로 사도. 얼굴 정면. 강인해 보이는 턱. 숱 많고 구불구불한 백발에 흰 수염. 베드로는 미소를 지으며 빌롤로고를 끌어안았고, 두 사람은 서로의 뺨에 입을 맞추었다.

이윽고 두 사람은 여인숙을 나왔다. 그리고 아무도 보는 사람이 없을 때 베드로는 가마에 올라탔다. 빌롤로고와 가마꾼들은 온 길을 되짚어 로마로 향했고, 항구 쪽으로 갔던 클레멘스 무리도 빙 돌아와 멀찍이 가마를 뒤따르며 이들의 안전을 확인했다. 아침까지 한 사람도 빠짐없이 도성으로 돌아왔고, 베드로도 로마에 입성했다.

동이 틀 무렵, 일단의 길 따름이들이 피라미드 모양의 가이우스

케스티우스 묘지 근처에 대기하고 있었다. 이들은 베드로를 다시 보자 기뻐서 어쩔 줄을 몰랐다. 물론 소리 내지 않고 공손한 표정을 유지하려 애썼다. 베드로는 가마에서 내려 이들이 있는 곳까지 걸어왔고, 우르바노의 가마꾼들은 인사를 하고 돌아갔다. 빌롤로고는 기뻐 어쩔 줄 모르는 일행을 이끌고 라우두스쿨란 문을 통해 부데의 집 쪽으로 향했다. 그러나 키르쿠스 막시무스의 둥그스름한 모서리를 돌아가려고 하는 순간, 한 무리의 퇴역 검투사들이 이들 앞을 가로막았다. 글라우디오의 해방 노예 나깃수가 고용한 덩치들이었다.

"이건 뭐지?" 검투사 하나가 베드로를 위아래로 훑어봤다. 빌롤로고가 검투사 일당을 재빨리 살펴보니 검투사들 뒤로 나깃수 쪽 사람들이 서 있는 것이 보였다. 빌롤로고는 주변을 둘러보며 빠져나갈 길이 없는지 살폈다.

나깃수의 사람 하나가 말했다. "듣자 하니 어떤 유대인들이 도성으로 몰래 숨어들어 오려고 한다던데. 내가 보니 여기 있는 사람들이 바로 그자들 같은데, 아닌가?"

검투사들의 우두머리가 칼로 손을 가져가며 말했다.

"틀림없습니다."

7.
태양의 날

검투사가 칼을 빼들기 전, 커다란 손 하나가 검투사의 손목을 철썩 내리치며 꽉 쥐었다. 두툼한 손이 꽉 조이자 검투사는 아파서 주춤했다. 그 큰 손에는 문신이 새겨져 있었다. 주먹 쥔 네 손가락에 S. P. Q. R.이라는 철자가 하나씩 새겨져 있었다. 손의 주인은 백부장이었다.

"이분들은 너희가 찾는 사람들이 아니다. 그러니 그만 갈 길 가라, 보리 먹는 자들(barleymen:검투사들의 무덤을 발굴해 유골을 분석한 결과 이들의 주식은 동물성 단백질보다 밀과 보리, 콩이었던 것으로 밝혀졌다. 이를 반영하듯 당시 검투사들은 '보리 먹는 사람들'이라고도 불렸다-옮긴이)."

검투사들은 백부장을 물끄러미 쳐다봤다. 이어서 이들의 시선은 백부장 뒤 분대 규모의 병사들에게로 옮겨갔다. 검투사들은 곧 칼에서 손을 떼고 그 자리에서 물러갔다.

백부장이 베드로에게 다가왔다. 그는 베드로를 한참 응시하더니 빙그레 미소를 지었다.

베드로도 미소로 화답하며 말했다. "고넬료!" 두 사람은 서로를 힘차게 끌어안으며 뺨에 입을 맞추었다. "고넬료, 내 친구. 로마에 있는 줄 몰랐소!"

"방금 닻을 내렸습니다. 부데의 말을 들어보니 말썽이 있을 수도 있다고 해서요. 제가 호위하겠습니다."

베드로는 고넬료의 손을 쳐다보며 말했다. "군단 문신이군. 그런데 저쪽 손에 있는 건 뭡니까? V. P. M. S.라, 무슨 뜻이지요?"

고넬료가 씩 웃었다. "바데 포스트 메 사타나(Vade Post Me Satana)의 약자입니다."

베드로가 고개를 가로저었다. "'사탄아, 내 뒤로 물러가라.' 예수 아의 꾸짖음을 기억하게 해 줘서 고맙소."

"마음 놓으세요, 베드로 님." 고넬료는 그렇게 말하며 부데의 집 방향으로 걸음을 옮기기 시작했다. "이 문신은 개인적인 의미가 아닙니다. 전에도 사실상 베드로 님에 관한 게 아니었고, 지금도 마찬가지입니다. 그저 진짜 싸움은 혈과 육의 싸움이 아니란 걸 저 자신에게 슬쩍 일깨우려는 뜻입니다. 그런데 이 문장을 그렇게 빨리 해석하실 수 있다니 놀랍습니다. 라틴어 실력이 아주 좋으십니다."

"오순절 이후로 그렇게 됐지요."

부데 집에서 모이는 아침 기도회는 흥분으로 와자지껄했고, 모두를 조용히 시키기가 쉽지 않았다. 다른 집에서 모이던 여러 길 따름이들이 부데의 집으로 모여들었고, 베드로와 고넬료가 눈앞에 있다는 것 때문에 사람들을 진정시키기가 어려웠다.

베드로가 마침내 사람들을 주목시킨 뒤 입을 열었다. "여러분, 우리 친구 고넬료를 소개하겠습니다. 고넬료는 유대인이 아닌 사람으로서는 첫 번째로 신자가 된 사람입니다. 그래서 여러분 대다수가 지금 어떤 형편인지 아주 잘 알지요. 말하자면 새로운 계보로 접붙임된 사람의 심정을 말입니다. 고넬료, 이쪽은 아나클레투스, 오늘 아침 모임의 지도자입니다."

클레투스는 고넬료와 악수했다. "그냥 클레투스라고 부르세요. 베드로 님, 오늘 아침 모임을 직접 인도하고 싶지 않으세요?"

"아닙니다, 여기 없는 사람인 척하고 있겠습니다."

클레투스가 빙긋이 웃었다. "그건 불가능할 텐데요."

기도 모임이 끝나자 각각 다른 네 회집의 목자들이 베드로와 마주했다. 이들 외에 로마에 있는 길 따름이들의 지도자들도 함께였다. 마가, 리노, 클레투스, 아벨레가 있었고, 빌롤로고와 암블리아 집사, 그리고 젊은 클레멘스도 있었고, 율리아와 브리스가도 있었다. 베드로는 이들을 가까이 불러 모았다. 스크라프는 커튼 뒤에 숨어 베드로의 말을 엿들었다.

"형제자매 여러분, 로마에 돌아오니 좋군요. 제가 없는 동안 양무리를 지켜 주셔서 감사합니다. 예루살렘에서 좋은 소식을 가져왔습니다. 사도 분들도 반가운 소식 전해 주셨습니다."

"좋은 소식만 가져오신 거죠?" 빌롤로고가 걱정스레 물었다.

"네, 빌롤로고. 좋은 소식만요. 왜요? 제가 먹구름을 몰고 돌아옵니까?"로마에 처음 왔을 때가 기억났는지 베드로의 얼굴에서 웃음기가 가셨다. 그때 그는 야고보가 죽었다는 소식을 가지고 왔다. "아, 좋아요. 네, 주님께 감사하게도 그때 같은 일은 없습니다. 자, 공의회 소식은 여러분도 들으셨을 텐데, 제가 편지에서 이야기하지 않은 게 있습니다. 직접 얼굴 보고 말씀드리고 싶어서요."

모두들 입을 다물고 귀를 쫑긋 세웠다.

"이제부터 우리를… 그리스도인이라고 부르기로 의견을 모았습니다."

모두들 일시에 반문했다. "길 따름이가 아니고요?" "그게 무슨 뜻이지요?" "그리스도인이 무슨 뜻입니까?"

브리스가가 말했다. "난 알겠어요. 그리스도인. 우리가 따름이들이기는 한데 주님의 길만 따르는 게 아니라 주님 자체를 따르는 사람들이기 때문이지요. 그분이 길이시니까요. 그리스도인이란 크리스토스를 따르는 사람들이란 뜻이에요."

"그래요, 하지만 그보다 더 많은 뜻이 있지요." 베드로가 들뜬 얼굴로 설명했다. "크리스토스란 '기름 부음 받은 분'이라는 뜻이란 걸 기억하세요. 따라서 예수아가 기름 부음 받은 분이신 것처럼 우리 그리스도인 또한 하나님에게 기름 부음 받고 하나님의 아들과 딸로 입양된 사람들입니다."

사람들은 저마다 한마디씩 했다. "그리스도인." "우리는 그리스도인이야."

초대 교회의 복음 전도와 회심

초대 교회 생활은 "구도자 중심" 유형의 체험이 아니었다. 특히 박해 당하던 시기의 초대 교회 그리스도인들은 누가 거리에 나가서 아무나 붙들고 자기들 모임에 나오라고 권면하려고 한다면 그 사람을 의혹의 시선으로 보았을 것이다. 실제로, 모임에 교회에 들어오려면 먼저 교인 들을 친밀히 알아야 하는데 그렇지 않은 상태에서 무조건 교회에 들어 오라고 권유한다는 것은 상상하기 힘든 일이다.

초대 교회에서 회심은 관계를 통해 이뤄졌다. 그리스-로마 세계에서 사람들은 대체로 자기 자신을 오늘날 우리처럼 개별적 존재로 생각하 지 않았다는 것을 기억해야 한다. 오늘날 미국인들에게는 개인의 자유 와 인권 개념, 그리고 한 사람이 세상을 "변화시킬" 수 있다는 인식이 있다. 그런 우리가 보기에, 상위 "일 퍼센트" 외에는 누구도 이런 개념이 나 인식이 가능하지 않았다는 것은 이해하기 어려운 일일 것이다. 로마 에서 한 인간의 인격은 전체의 일부로서 형성되었다. 그래서 한 로마인 의 정체성은 개인으로서의 정체성이 아니라 집단의 구성원으로서의 정 체성이었다. 그 집단은 대개 가정이었고, 후견인-피후견인 관계망, 상업 길드, 스포츠팀 파벌, 그리고 사교(邪教) 종파 같은 그 외 상호 관계도 여 기 포함되었다. 이는 어떤 종교로 회심하는 것이 일반적으로 개인의 결 단이 아니었다는 뜻이다. 한 집안의 가장이 혹 그런 결단을 한다면 이는 집안 전체에 영향을 끼쳤다.

게다가 기독교 신앙을 갖겠다는 결단은 모든 그리스-로마 종교에 더는 충성하지 않겠다는 약속을 의미했다. 그래서 어떤 지원 시스템을 갖추지 않은 채 교회에 들어오는 사람은 거의 없었으리라는 것을 알 수 있다. 이는 초기 기독교에서 대다수 회심은 가정 단위의 회심이었다는 뜻이며, 이 가정들은 교회라는 더 큰 가정으로 받아들여졌다. 교회는 이들에게 새로운 확대가족이 되었으며, 혈연관계의 실제 확대가족은 이들을 쫓아냈을 수도 있지만 교회가 흔히 그 확대가족을 대신했다.

초기 몇 세기 동안 기독교의 성장에 관해 더 알고자 하면 로드니 스타크의 저작, 특히 『기독교의 발흥』(*The Rise of Christianity*, Princeton University Press, 1996, 좋은씨앗 역간)과 *Cities of God* (HarperOne, 2007)을 읽으라.

베드로는 이야기를 계속 이어나갔다. "우리는 이제 로마에 왕성하게 성장하는 네 곳의 회집을 갖게 되었습니다. 세례받은 신자가 각각 열다섯 명이 넘게 모입니다. 언젠가 유대인들이 로마에 돌아오는 게 허용되면, 브리스가의 가게에서 모이는 회집까지 해서 다섯 곳이 됩니다. 우리는 점점 규모가 커지고 있습니다. 이는 이제 집사님들이 감사의 빵 바구니를 들고 다른 회집으로 달려가 전달하는 건 효율적이지 않다는 의미입니다. 그래서 제가 마가, 리노, 클레투스, 아벨레, 이 목자 분들 모두에게 감사의 빵을 축성(祝聖)하는 기도를 주관할 권한을 드립니다. 그러면 각 회집마다 주관자가 있게 될 것이며, 그가 그 그리스도인 모임의 가장 역할을 하게 됩니다. 그 주관자가 자기 양무리를 감독하고, 빵과 포도주를 나누기 전

기도를 하십시오. 빌롤로고, 젊은 클레멘스, 암블리아, 이 세 집사님은 빵과 포도주 나누는 일을 도우십시오. 병자나 회집에 나올 수 없는 분에게는 계속 감사의 빵을 가져다주셔야 할 겁니다. 가서 병자를 돌보시고, 도움이 필요한 사람이 있을 때는 목자에게 알리세요. 병자가 여자인데 집안에 이 여인을 보호할 남자가 없을 때는 여자분들이 가서 돌보도록 하세요. 수산나가 여자분들의 안내자가 될 것입니다. 여자분들도 혹시 도움이 필요한 사람이 없는지 늘 귀를 열어 두시고 목자에게 알리시기 바랍니다. 우리 주님께서 누구든 몸이 아프거나 굶주리는 사람에게 관심을 갖게 해주시면, 그리고 우리에게 그 사람을 도울 힘이 있다면 마땅히 도와야 합니다. 그 사람이 그리스도인이 아니라 해도 마찬가지입니다. 우리 모임 중에서 누군가가 세상을 떠나면 빌롤로고가 장례를 주관하도록 하세요."

그때 마가가 입을 열었다. "하지만 베드로 님도 여기 계속 계실 거지요? 그렇죠?"

"그럴 겁니다, 마가." 베드로가 대답했다. "로마에 최대한 오래 머물면서 부데의 집에서 섬김에 동참할 겁니다. 부데의 회집이 가장 규모가 크니까요." 베드로는 잠시 생각에 잠겼다가 이어서 말했다. "우리 주님과 마지막으로 나눈 대화 한 토막이 기억나는군요. 주님께서는 당신을 사랑하느냐고 제게 물으셨습니다. 그리고는 당신의 양을 돌보라고 하셨지요. 그래서, 예수아가 우리 모두에게 선한 목자이신 것처럼, 각 교회 회집의 양무리에게는 목자가 필요합니다. 하나님이 우리의 아버지이신 것처럼, 각 회집에는 가장이 있어야 합니다. 우리에게 이런 체계가 필요한 데에는 몇 가지 이유가 있습니다. 이런 체계가 있어야 세례받은 모든 신자가 감사의 빵의 거룩한 신비에 다가갈 수 있습니다. 이런 체계가 있어야 예수아께서 우리에게 주신 가르침이 확실하게 한 세대에서 다음 세대로 충실하고 진실하게 전달될 수 있습니다. 그리고 마지막으로, 이런 체계가 있어야 병자나 굶주린 사람, 혹은 옥에 갇힌 사람을 돌볼 수 있습니다."

마가가 물었다. "바울 님도 로마에 오십니까?"

"조만간 올 겁니다." 베드로가 대답했다. "바울은 아직 기독교 신앙이 전해지지 않은 곳을 집중적으로 찾아가고 있습니다. 그곳 사람들은 예수아를 모르니까요. 고마운 것은, 제가 이미 로마에 터를 닦아 놓았는데 자기가 와서 그 위에 무언가를 세우면 제 기분이 상하지 않겠느냐고, 그렇게 하고 싶지는 않다고 하더군요. 하지만 제 생각에 바울은 결국 로마에 올 겁니다. 바울은 서반아(스페인)로 가고 싶어 하므로, 어느 시점이든 반드시 로마를 지나가야 합니다."

회집을 마치고 베드로는 스다구를 따로 불렀다. 그리고는 스다구의 어깨를 꼭 잡고 눈을 들여다보며 말했다. "스다구, 본론으로 바로 들어갈게요. 우리에게는 집사가 한 분 더 있어야 합니다. 마가의 말을 들어보니 스다구는 세례받을 준비가 되었다고 하던데, 세례받으시겠습니까?"

스다구는 잠시 어안이 벙벙했다. "죄송합니다, 베드로 님." 스다구는 고개를 가로저었다. "마가는 잘 모릅니다. 마가가 그렇게 말하는 의도는 알지만, 저는 아직 세례받을 준비가 안 되었습니다. 제가 무슨 일을 겪어 왔는지 베드로 님은 잘 모르십니다."

"조금은 들어서 알고 있습니다. 하지만 제게는 스다구가 신앙의 한고비를 넘었다는 말로 들립니다. 제가 듣기로는 그리스도인으로 살겠다고 약속할 준비가 되었다는 말 같았습니다."

스다구는 베드로의 눈을 마주 볼 수 없었다. "그렇지 않습니다. 지금 그 약속을 할 수는 있습니다. 하지만 베드로 님은 모르십니다… 제가 무슨 짓을 했는지. 무슨 말을 했는지."

"여기 앉아 보세요." 베드로가 걸상을 가리켰다. 스다구가 걸상에 앉자 베드로도 그 옆에 앉았다. 스다구가 생각하기에 베드로는 스다구에게 위로를 주려고 좀 가까이 붙어 앉는 것 같았다. 베드로는 스다구 쪽으로 몸을 기울이며 나지막이 말했다. "말씀해 보세요."

스다구는 다 털어놓을 마음의 준비가 아직 안 되어 있었다. 하지만 마음 깊은 곳으로는 알고 있었다. 누군가에게는 털어놓아야 한다는 것을. "처음에… 너도 길 따름이냐고 그 사람들이 물었을 때… 저는 아니라고 했습니다. 한 가족이 아니라고 말했는데 어떻게 제가 가족들의 상에 둘러앉게 해달라고 요구할 수 있겠습니까?"

베드로가 빙긋이 웃었다. "아, 스다구. 모르셨겠지만 전에 저도 똑같은 질문을 받은 적이 있습니다." 베드로의 목소리가 변하면서 갑자기 눈시울이 붉어지고 눈물이 고이기 시작했다. "잠깐이지만… 그분과 함께 물 위를 걸었으면서도. 반석처럼 견고한 믿음을 갖는 데 필요한 모든 증거를 다 가졌으면서도, 나는 그분을 부인했습니다. 한 번도 아니고 세 번씩이나 말입니다. 예수아에게 친구가 어느 때보다 필요한 순간에 나는 그분의 친구가 아니라고 말했습니다. 스다구, 뭔가를 두려워한다는 게 어떤 건지 나는 압니다. 두려움 때문에 어떤 행동을 한다는 게 어떤 건지, 나중에 수치스러워할 말이나 행동을 해 놓고 그런 말 그런 행동을 한 게 바로 나였다는 생각에 소름이 끼치는 그 느낌이 어떤 건지 나는 압니다. 하지만 예수아께서는 나를 용서하셨습니다. 내 연약함을 불쌍히 여기셨습니다. 그리고 지금 나를 보세요, 그분의 대사(大使)로서 배 타고 제국 곳곳을 돌아다닙니다. 나 같은 사람이 사도일 수 있다면 스다구도 집사가 될 수 있어요."

"하지만 정말로 저를 원하세요? 저보다 자격 있는 사람들이 분명 있을 텐데요."

"스다구, 가장 크게 용서받아야 하는 사람이 가장 크게 감사하는 사람이고, 때로는 그런 사람이 우리 주님을 위해 가장 가슴 뜨거운 대사가 된답니다. 내가 또 다른 이야기 하나 해드리지요. 승천하시기 전 주님께서는 저를 비롯한 사도들에게 자신의 이름으로 죄를 사할 수 있는 권세를 주셨습니다. 가서 잃어버린 양을 찾아 양무리 가운데로 다시 데려오라고 말이지요. 그래서 예수아의 이름으로 내가 스다구를 죄에서 놓아드립니다. 이제 거칠 것 없이 주님을 섬기세요. 그리고 주님이 당하신 수난의 표로, 예수아를 주님으로 고백하는 모든 사람의 죄 사함을 위한 최종적 희생 제사의 표로 스다구를 인(印) 칩니다." 베드로는 엄지손가락으로 스다구의 이마에 작은 십자가를 그었다. "이제 세례를 받자마자 곧 로마 교회의 집사가 되실 겁니다."

　오후에는 로마에 있는 모든 그리스도인이 가축 시장 남쪽, 그리스인 구역 근처의 티베르 강가에 모였다. 햇살은 좋았지만 덥지는 않았다. 산들바람이 시원하게 불어와 머리를 맑게 해주었다. 베드로는 강둑 근처 수심이 깊지 않은 곳으로 들어가면서 학습자들을 향해 따라오라고 손짓했다. 흰색 새 튜닉을 입은 스다구가 앞장서서 물속으로 들어갔다. 아이들을 대동한 몇몇 가정과 다른 몇 사람이 스다구를 뒤따랐다. 이제 곧 있을 일을 생각하자 스다구는 갑자기 그 일의 무게감이 온 몸으로 느껴졌다. 좀 더 시간을 두고 준비해야 하는 것 아닌가 하는 생각이 들어서 스다구는 옆으로 비켜서서 뒤에 오는 사람들이 앞서가게 했다.
　마침내 자기 차례가 되자 스다구는 베드로 앞으로 나갔다. 차가운 티베르 강물이 스다구의 허벅지를 휘감으며 흘러갔다. 스다구는 고개를 숙였고, 베드로는 스다구의 머리에 한 손을 얹고 어깨에 또 한 손을 얹었다. "스다구," 베드로가 입을 열었다. "참되신 한 분 하나님만 믿고 다른 신은 믿지 않습니까?"

"네."

"하나님의 유일한 아들, 예수아 크리스토스를 통한 구원 외에 다른 구원은 없으며, 하늘 아래 다른 어떤 이름으로도 우리가 구원 받기를 소망할 수 없다고 믿습니까?"

"네."

"그분께서 죽으심으로써 죽음을 정복하셨고 죽음에서 일어나심으로써 부활의 시작이 되셨다고 믿습니까?"

"네."

베드로는 스다구의 머리를 가만히 눌러 무릎 꿇는 자세가 되게 했다. 차가운 물이 이제 스다구의 어깨까지 차올랐다. "스다구, 내가 성부와… 성자와… 성령의 이름으로… 우리 주 예수아께서 우리에게 행하라 명하신 대로 그대에게 세례를 줍니다." 성 삼위의 각 이름과 함께 베드로는 스다구의 머리를 물속으로 밀어 넣었다가 등쪽의 튜닉을 잡아 다시 끌어올렸다. 마리아는 얼마나 함박웃음을 지었는지 얼굴이 아플 정도였다. 하지만 마리아는 아랑곳하지 않았다. 오늘 같은 날을 얼마나 오래 기다려 왔는지.

이어서 베드로는 스다구의 어깨에 두 손을 얹으며 말했다. "스다구, 성령을 받으시오."

세례식이 끝나고, 새로 세례받은 모든 그리스도인이 성령을 선물로 받고 믿음을 확실히 하자 베드로는 모두를 향해 강설을 시작했다. 베드로는 그리스도인들 뒤로 길 가던 사람들이 걸음을 멈추고 서서 자신들을 구경하는 것을 봤다. 베드로는 이를 기회 삼아 누구든 귀 기울이는 사람에게 믿음의 씨앗을 심어야겠다고 생각했다.

"형제자매 여러분," 베드로는 목소리를 높였다. "참되신 한 분 하나님께서 죄 사함과 화해를 주시려고 자기 아들을 세상에 보내셨습니다. 하나님께서 요구하시는 것은 믿음으로 하나님께 돌아서서 하나님에게만 충실하라는 것뿐입니다. 이렇게 하면, 그리고 오늘 우리가 여기서 행한 것처럼 그분의 상에 둘러앉기 시작하면, 여러분은 두 가지 선물을 받습니다. 하나는 죄를 사함 받는 것이고, 다른 하나는 성령께서 여러분에게 내주하시는 것입니다. 이 두 가지 선물이 여러분을 구원과 영생으로 인도할 것입니다. 이것이 참되신 한 분 하나님께서 여러분과 여러분의 자녀에게 하신 약속입니다."

베드로가 갓 세례받은 그리스도인들을 강에서 이끌고 나왔을 때 스다구에게 가장 먼저 축하 인사를 전한 사람은 암블리아였다. 암블리아는 스다구의 손을 덥석 잡고는 힘차게 흔들었다. "주님의 상에 오신 것을 환영합니다… 형제님."

스다구는 한숨을 쉬며 미소를 지었다. 그리고 답례로 다시 한번 악수를 했다. "감사합니다…형제님."

"죄송합니다만," 마리아가 눈물이 그렁한 얼굴로 두 사람 사이로 끼어들었다. "제 남편에게 입맞춤 한 번 해도 될까요?"

세례식 후 베드로는 활발하게 모이는 가정 집회소 네 곳을 모두 찾아가 가능한 한 많은 사람과 대화했다. 그리고 로마의 그리스도인이라면 누구나 저녁에 원로원 의원 부데의 집에서 모두 모여 애찬을 나누고 예배드릴 수 있다는 소식을 널리 퍼뜨리라고 모두에게 부탁했다. 스다구와 마리아의 집을 찾은 베드로는 두 사람은 물론 빌롤로고와 율리아의 결합을 축복했다.

사비나는 베드로가 두 부부를 축복하는 것을 지켜보며 우르바노의 팔을 꽉 쥐었다. 축복이 끝나자 사비나는 남편에게 속삭였다. "나도 저렇게 하고 싶어요. 나도 저런 결혼 하고 싶다고요. 계약이 아니라 그… 뭐라고 했더라? 한 몸이요. 내게는 당신뿐이고 당신에게는 나뿐인 그런 거 말이에요. 그러면 우리 두 사람 중 누구에게 더 좋은 짝이 나타나더라도 상대를 버리고 떠나갈 것을 걱정하지 않아도 되잖아요. 우리도 저렇게 할 수 있는 방법이 없을까요?"

우르바노는 아내를 향해 얼굴을 돌리며 말했다. "여보, 당신은 당신보다 신분이 낮은 사람과 결혼한 사람이오. 상대가 떠날 것을 걱정해야 할 사람이 있다면 당신이 아니라 나지. 그런데 현실적으로 우리에게는 그 문제와 관련해 아무 선택권이 없다고 생각하오. 저런 유형의 결합은 길 따름이들에게나 기대되는 결합이지. 저런 결합을 하려면… 우리도 길 따름이가 되는 수밖에."

그 날 저녁, 부데의 집 아트리움은 기쁨에 겨운 사람들로 가득했다. 베드로가 함께 있다는 사실에 모두들 마음이 들떴다. 모두들 베드로 주변으로 몰려드는 사이, 그는 사람들 사이로 돌아다니며 옛 친구들의 안부를 묻고 새 친구들을 만났다. 우르바노와 사비나는 딸 드루드루배나, 드루보사와 함께 도착했다. 잠시 후 부데는 사람들을 다 불러 집안으로 맞이했고, 이어서 가족들에게 책을 읽어 주거나 강연을 후원할 때 이용하는 개인 강당으로 이들을 인도했다. 강당 벽에는 화환과 기하학적 문양이 다채롭고 정교하게 그려져 있었다. 강당 전면 단상에는 값비싸 보이는 등받이 의자가 놓여 있었고, 의자 뒤로는 커튼이 쳐져 있었다. 남자들은 강당 왼편으로 모였고, 여자들과 아이들은 오른편으로 모였다.

베드로는 개회 기도를 리노에게 양보했다. 기도가 끝나자 마리아가 "주여 자비를 베푸소서"라는 영창(咏唱)을 했고, 모두가 가사를 따라 읊조렸다.

베드로가 고개를 끄덕이자 마가가 두루마리를 집어서 펼쳤다. 마가는 두루마리를 읽기 전 이렇게 말했다. "우리 형제 베드로 님이 로마에 오셔서 무척 기쁩니다. 아시다시피, 저는 예수아께서 제자들과 함께 계시던 때의 이야기를 기록하는 일을 해 왔습니다. 저는 이 기록을 '베드로의 회상'(Memoirs of Peter)이라고 이름 붙였습니다. 하지만 베드로 님의 직접적 도움을 조금 더 받지 않으면 기록을 완성할 수 없습니다."

베드로가 마가의 말을 잠깐 중단시켰다. "마가 형제, '베드로의 회상'이라고 하지 마세요. 제목에 제 이름이 들어가서는 안 됩니다. 그 이야기는 사실 저에 관한 이야기가 아닙니다. 할 수 있는 한 예수아에 관한 이야기를 많이 담으시기 바랍니다. 설령 회상이라는 제목을 붙인다고 하더라도 그건 저만의 회상이 아니라 사도들 모두의 회상입니다."

마가는 겸손히 고개를 끄덕인 뒤 두루마리를 읽기 시작했다.

예수아는 베드로, 야고보, 요한을 데리고 따로 높은 산에 올라가셨다. 그리고 그분은 세 사람 앞에서 모습이 변하셨고, 옷은 눈부시게 희게 되었으니 세상에서 빨래하는 사람이 그렇게 희게 할 수 없을 만큼 희어졌다. 이어서 엘리야가 모세와 함께 이들 앞에 나타나 예수아와 더불어 이야기했다. 그러자 베드로가 예수아께 말하기를 "선생님, 우리가 여기 있는 것이 좋습니다. 우리가 초막 셋을 짓되 하나는 주님을 위해, 하나는 모세를 위해, 하나는 엘리야를 위해 짓겠습니다." 베드로는 자기가 무슨 말을 하고 있는지 몰랐으니 이는 몹시 무서웠기 때문이다. 그때, 구름이 와서 이들을 덮었다. 그리고 구름에서 한목소리가 말하기를 "이는 내 사랑하는 아들이니 너희는 그의 말을 들으라"고 했다.

모인 사람들은 마가의 이야기에 깜짝 놀랐다. 그리고 짧은 침묵이 이어진 뒤 이들은 그곳에 있었을 때 어땠는지 이야기해 달라고 베드로에게 청하기 시작했다. 베드로는 강당 맨 앞에 있는 의자에 앉았다. 그리고 웃음 가득한 얼굴로 말했다. "회상록에 제 이름을 붙이면 안 되는 또 하나의 이유가 바로 이것입니다. 이 이야기에서 저는 그다지 바람직한 모습으로 나오지 않습니다. 오 글쎄요, 주님은 제가 늘 겸손하기를 바라시는 것 같습니다. 그때 그곳이 어땠느냐고요? 정직하게 말하자면, 저는 거기 없는 거나 마찬가지였습니다. 너무 겁이 나서 달아날 뻔했으니까요."

베드로는 잠시 생각에 빠져들었다. "그때 저는 예수아와 세베대 형제들과 함께 있었지요. 거룩한 산 위에 올랐는데, 우리 주님께서는 우리가 자신의 부활한 몸의 위엄을 보게 하시려던 거였어요. 이제 와서 뒤돌아보면 주님은 부활 후의 모습과 아주 흡사했습니다. 부활 후에 그분은 알아보기가 어려웠지요. 그런데 그때 그 산에서는 주님의 영광의 빛이 너무 환해서 제가 기절하고 말았습니다. 앞도 안 보였고요. 아무것도 안 보였지만 주님께서 모세와 엘리야와 이야기를 나눌 때 목소리가 들리던 것이 기억납니다. 물론 무슨 말을 나누는지는 들을 수 없었습니다. 다시 앞이 보였을 때도 뭐가 보였는지 설명조차 할 수 없습니다. 제가 초막 셋을 짓는다는 둥 한 것 이야기를 해볼까요? 전 그저 예수아의 관심을 끌어서 우리가 여기 있다는 걸 기억하시고 그 영광으로 우리를 바싹 불태우지는 말아 주시기를 청했을 뿐입니다. 저는 제가 무슨 말을 하고 있는지 몰랐습니다. 다만 도망치지 않은 것이 다행입니다. 만약 도망쳤다면 구름에서 들리는 음성을 못 들었을 테니까요. 아시다시피 많은 사람이 예수아를 따르기 시작했습니다. 하지만 오래가는 사람이 많지 않았어요. 이들은 예수아를 떠났습니다. 그렇습니다, 그게 사실이에요. 하지만 저는 그분을 떠날 수 없었습니다. 그건 그 목소리를 들었기 때문이기도 하지요."

베드로는 잠시 생각하다가 다시 이야기를 이어갔다. "여기 있는 우리는 모두 다른 곳에서 왔습니다. 로마 사람들이 대개 다른 여러 곳에서 온 것과 비슷합니다. 로마에는 유대에서 온 사람도 있고, 브루기아, 갑바도기아, 애굽, 심지어 아시아에서 온 사람도 있습니다. 여러분들 중에는 오순절에 그 현장에 계시던 분들도 있습니다. 우리 중에는 예수아를 직접 아는 사람이 얼마 안 됩니다. 하지만 우리가 어디에서 왔고 전에 어떤 사람이었는지는 중요하지 않습니다. 이제 우리는 그리스도인이기 때문입니다. 이제 우리는 교회입니다. 저는 바울이 공의회에서 하는 말을 들었습니다. 바울은 우리가 유대인이든 아니든, 노예든 자유인이든, 남자든 여자든 상관없이 우리 주 예수아 크리스토스 안에서 모두 하나라고 말했습니다. 실제로 우리는 주님과 나란히 십자가에 달렸던 도적처럼 주님께로 나갑니다. 믿음을 가지려 애쓰면서, 낙원에 대한 소망에서 비롯되는 그 평강을 주님께서 우리에게 주시기를 소망하면서 말입니다"

강당 뒤에서 어떤 사람이 목소리를 높여 물었다. "예수아께서는 언제 돌아오십니까? 벌써 거의 이십 년이 지났습니다!"

베드로가 빙긋이 웃었다. "때와 시기는 우리가 알아야 할 일이 아닙니다. 하지만 예수아께서 재림을 늦추신다는 사실은 자비의 행위입니다. 예수아는 가능한 한 많은 사람이 자신을 통해 하나님과 화해하기를 기다리고 계십니다. 또한, 예수아께서 재림을 늦추시는 것으로 보이기에, 마가처럼 기록을 남겨 두는 게 좋습니다. 여러분이 알다시피 어떤 그리스도인들은 이미 세상을 떠났고, 앞으로 더 많은 그리스도인이 죽을 것이며, 우리는 아마 2세대, 그리고 3세대 그리스도인인 우리 후손들과 더불어, 예수아와 동행한 사람을 한 번도 본 적 없는 사람들에게 믿음을 전해주어야 할지도 모릅니다. 하지만 걱정하지 마세요, 하나님에게는 천 년이 하루와 같습니다. 그러므로 재림이 아무리 지체되어도 약속의 의미는 전혀 줄어들지 않습니다."

"자, 어디까지 이야기했더라?" 베드로는 답변을 마치고 하던 이야기로 돌아갔다. "그렇지, 낙원에 대한 소망. 우리 주님께서 변화하신 사건과 부활을 보면서 우리는 어떤 막연한 현존, 혹은 저승과 엘리시움 신화로서의 내세 설화를 믿어서는 안 된다는 것을 알았습니다. 또한 우리는 철학자들이 가르치는 것처럼 육체가 없는 현존으로서의 내세를 믿어서도 안 됩니다. 그렇습니다, 우리는 부활을 믿어야 합니다. 다윗 왕도 '하나님이여 나를 지켜 주소서 내가 주께 피하나이다'라는 말로 시작되는 시편에서 부활을 예언했습니다. 사실 철학자들은 복 받는다는 개념 자체에 동의 못 합니다. 피타고라스파는 이성이 선한 삶의 열쇠라고 말하지요. 소피스트는 개체주의와 상대주의를 주장하고요. 소크라테스는 법이 중요하다고 했고 플라톤은 정의가 중요하다고 했습니다. 회의론자들은 모른다는 걸 인정하는 게 우리의 최선이라고 말합니다. 견유학파는 세속에 초연한 태도를 좋아하고, 에피쿠로스학파는 쾌락을 추구하지요. 스토아학파는 덕(德)을 정의했다고 주장합니다. 하지만 주위를 둘러보세요, 로마인들이 덕이 높습니까? 로마인들이 행복합니까? 아닙니다, 예수아께서는 가난한 사람, 애통해 하는 사람, 겸손한 사람, 굶주린 사람이 복이 있다고 하셨습니다. 자비를 보이는 사람, 화평케 하는 사람이 복이 있다고 하셨습니다. 마음이 청결한 사람… 박해받는 사람이 복이 있다고 하셨습니다."

마가가 혼자 중얼거렸다. "이걸 기록해야 해."

베드로는 계속해서 말했다. "그런데 이런 사람들이 왜 행복할까요? 왜 복 받았다고 여길까요? 하나님의 영원한 제국에서 부활 생명을 유업으로 받으리라는 것을 알기 때문입니다. 이들은 목숨보다 더 큰 어떤 것에 소망을 두었습니다."

클레투스가 기도를 인도했다. 모임의 규모가 큰 만큼 기도도 아주 길게 이어졌다. 마침내 기도가 마무리되었고, 푸덴지아나와 프라세데가 빵과 포도주를 앞으로 가지고 나와 베드로 앞의 작은 탁자 위에 내려놓았다. 베드로가 로데를 향해 고개를 끄덕이자 로데는 모임 사람들을 인도해 예언서 이사야 본문으로 가사를 붙인 노래를 불렀다.

거룩하다 거룩하다 거룩하다 만군의 여호와여

그의 영광이 온 땅에 충만하도다

거룩하다 거룩하다 거룩하다 주 하나님 곧 전능하신 이여

전에도 계셨고 이제도 계시고 장차 오실 이시라!

베드로는 주기도문을 인도했고, 이어서 모두가 시편의 고백 기도를 암송하면서 감사의 빵을 받을 준비를 했다.

하나님이여 주의 인자를 따라 내게 은혜를 베푸시며 주의 많은 긍휼을 따라 내 죄악을 지워 주소서 나의 죄악을 말갛게 씻으시며 나의 죄를 깨끗이 제하소서 무릇 나는 내 죄과를 아오니 내 죄가 항상 내 앞에 있나이다 내가 주께만 범죄하여 주의 목전에 악을 행하였사오니… 하나님이여 내 속에 정한 마음을 창조하시고 내 안에 정직한 영을 새롭게 하소서….

베드로는 떡과 잔을 두고 기도한 다음 모두가 볼 수 있도록 높이 들었다. 그리고 목소리를 높여 말했다. "내가 예수아께서 말씀하시는 것을 들었으니 '누구든지 내 살을 먹고 내 피를 마시는 사람에게는 영생이 있고, 마지막 날에 내가 그를 다시 살리리라. 이는 내 살은 참된 양식이요 내 피는 참된 음료인 까닭이다. 누구든 내 살을 먹고 내 피를 마시는 사람은 내 안에 거하고 나도 그의 안에 거하니라. 살아 계신 아버지께서 나를 보내셔서 내가 아버지로 말미암아 사는 것 같이 누구든 나를 먹는 그 사람도 나로 말미암아 살리라. 이것은 하늘에서 내려온 빵이니 조상들이 먹고 죽은 빵과 같지 않아서 누구든 이 빵을 먹는 사람은 영원히 살리라'고 하셨습니다."

"예수아께서 또 말씀하셨습니다. '너희 모두 이것을 받아서 먹으라 이것은 너희를 위해 내어줄 내 몸이다. 너희가 다 이것을 받아 마시라 이것은 내 피, 새롭고 영원한 언약의 피의 잔이다. 이 피는 죄 사함을 얻게 하려고 너희와 모든 사람을 위해 흘릴 피니라 이를 행하여 나를 기념하라.' 보십시오, 여기 세상 죄를 지고 가시는 하나님의 어린양이 있습니다." 베드로는 빵을 떼었고, 세례받은 사람들은 모두 엄숙하게 앞으로 나와 베드로에게서 빵을 받았다.

스다구는 빵을 받고서 손에 쥐고 바라보았다. 그리고 이 순간의 엄중함이 마음에 새겨지도록 잠시 행동을 멈추었다. 그는 방금 들은 예수의 말씀을 떠올려 보았다. '내 안에 있으라, 그러면 나도 네 안에 있으리라.' 그러고 나서 스다구는 빵을 입에 넣었다. 평안한 느낌이 온 몸으로 밀려들었고, 서로에게 크리스토스의 평안을 빈다고 했을 때 그게 무슨 뜻이었는지 이해할 수 있을 것 같았다. 포도주를 건네받은 스다구는 한 모금만 살짝 맛보았다. 욕심내지 않으려 했고 너무 많이 마시지 않으려고 조심했다. 하지만 그는 크리스토스의 피를 원했고, 자신을 제어할 수 없었다. 그래서 크게 한 모금 벌컥 들이키고는 씩 웃었다.

세례받은 이들이 모두 주님의 몸과 피를 받은 뒤 베드로가 회집을 향해 연설했다. "찬양을 하기 전에 몇 가지 말씀드리고자 합니다. 먼저, 최근에 새 신자가 되신 한 분에게 제가 집사 직분을 받아주시기를 청했습니다. 스다구 형제는 섬김의 책임을 수락하셨습니다." 모두가 찬동한다는 뜻을 표하며 스다구에게 축복하자 스다구는 얼굴이 붉어졌다. "그리고 마지막으로, 로마의 가난한 형제자매를 위해 연보를 하겠습니다. 여기 계신 분들 중에는 일자리가 없거나 최근 일거리가 별로 없어서 생계에 어려움을 겪는 분이 많습니다." 이번에는 빌롤로고와 율리아의 얼굴이 붉어졌다. 베드로는 두 사람을 향해 미소를 지어 보이며 이야기를 계속했다. "형편이 넉넉하신 분들은 가진 것을 좀 나누어 주시기 바랍니다. 집사가 되신 스다구 형제님이 첫 공식 직무로 바구니를 들고 방안을 한 바퀴 돌겠습니다. 부디 후하게 나눔을 실천하시기 바랍니다."

마리아와 로데가 함께 찬송을 인도했다. 개별 집회 때 부른 노래라 모두 다 알고 있는 노래였지만, 로마에 있는 그리스도인들이 모두 함께 부른 것은 이번이 처음이었다.

> 모든 피조물은 잠잠히 기다리라, 우리가 성부와 성자와 성령을 찬양하니
>
> (Let all creation wait in silence, as we praise the Father, Son, and Spirit)
>
> 모든 피조물은 아멘 하라. 우리가 모든 복의 근원을 찬양하니
>
> (Let all creation say Amen, as we praise the source of all our blessings)

초기 가정 교회의 예배

초대 교회에서 회심이 개인의 결단이 아니었던 것처럼, 로마인 개인의 집단정신은 예배 또한 단순히 개인 경건에 속한 일이 아니었음을 의미했다. 대다수 초기 그리스도인은 개인 성경 공부, 개인 기도와 묵상의 관점에서 사고하지 않았다. 초기 그리스도인들에게 예배란 주님의 상에 둘러앉은 사람들이요 집단의 차원에서 구주이신 예수 그리스도와 일체감을 갖는 사람들로서 집단 정체성을 기뻐하며 축하하는 일에 가까웠다. "개인적" 구주라는 개념은 아마 이들에게 그다지 큰 의미가 없었을 것이다.

처음 몇십 년 동안의 기독교 음악과 노래가 어떠했을지 사실상 우리는 많이 알지 못한다. "찬송가"라고 할 만한 것에는 리듬에 맞춰 말하기에서부터 억양을 붙여 말하기, 영창, 멜로디를 붙여 노래하기에 이르기까지 다양한 "단계"가 있었을 것이다. 이 책에서 예배 때 노래를 불렀다고 한 것은 사도 바울이 서신서에서 찬송을 인용했다는 이론에 근거해서 한 말이다. 하지만 인용된 구절이 실제로 찬송인지 어쩌면 기도문인지에 대해서는 학자들 사이에 많은 논쟁이 있다. 어떤 경우든, 바울이 기존 자료를 인용하는 것이라면, 이 노래 혹은 기도문의 내용이 아주 중요하다. 이 내용이 지금까지 우리에게 기록된 형태로 정해진 초기 기독교의 신학적 진술을 나타내기 때문이다. 바울 전에 존재한 이러한 찬송에 관해 더 알고자 하면 필자의 책 *Trinity 101*(Liguori, 2012)을 참고하라.

초기 기독교 음악이 어떠했을지를 묻는다면, 질문이 훨씬 더 복잡해진다. 초대 교회 그리스도인들의 음악은 고대 유대인들의 음악과 그리 다르지 않았을 것이 틀림없지만, 로마 같은 곳에서 이 음악은 그리스와 로마식 음악에 영향을 받았을 것이다. 그리스도인들이 노래를 불렀다는 것은 확실히 알 수 있으며, 바울은 "시와 찬미와 신령한 노래"로 노래하라고 사람들에게 권면한다(엡 5:19, 골 3:16. 그리고 고전 14:15, 26도 보라). 유감스럽게도 바울이 이 세 가지 유형의 노래를 어떻게 정의했는지, 또는 이 세 가지 유형이 정말로 각각 다른 종류이기는 했는지 우리는 알지 못한다.

초기의 교회들에서 노래 부르기는 아마 화답 형식, 즉 인도자가 한 구절 노래하면 사람들이 이를 되풀이하는 부름과 화답 형식이었을 것이다. 어쩌면 독창자가 한 악절을 노래하면 사람들이 "아멘"으로 응답했을지도 모른다. 그렇게 하다 보면 회중이 마침내 더 긴 악절을 외워서, 아마도 곡조에 맞춰 제창(齊唱)하게 되었을 것이다. 하지만 노래에 곡조가 붙었더라도 현대 음악처럼 노래 부르는 이들이 화음에 맞춰 각각 다른 음으로 노래하는 화성(和聲)은 없었을 것이다. 우리가 아는 한, 중세가 되기까지 교회에서 부르는 모든 노래는 같은 가락을 부르는 제창이었다.

초기 교회에서 악기를 썼는지는 확실히 알 수 없다. 요한계시록에 등장하는 천상의 예배 장면이 실제 예배를 반영하는 것이라면, 초기 그리스도인들은 예배 때 수금(대개 "비파"로 번역되는)을 썼을 것이다. 또한 팬파이프도 썼을 것이다. 하지만 음악은 반주라기보다 노래하는 이들을 안내하는 역할을 했다. 악기는 사람들이 노래할 때 단순히 멜로디를 연주했을 것이다. 수 세기가 지나 악기가 이교도 예배나 에로틱한 춤과 연관되는 탓에 교회가 아마 여러 악기(트럼펫, 드럼, 심벌즈) 사용을 회피했으리라는 것을 우리는 알고 있다. 흔히 "통소"(flute)라고 번역되는 악기는 실제 플루

사진 7.1. 현대판 옥시링쿠스 찬송(3세기), 필자가 번안하고 편곡.

트가 아니라 '아울로스'(aulos)라는 리드(reed: 목관악기에서 소리를 내는 얇은 판-옮긴이) 악기로서, 오늘날의 오보에나 클라리넷 비슷한 악기였다. 이 책 마지막 장 끝부분에 등장하는 노래는 초대 교회에서 옥시링쿠스 찬송(Oxyrhynchus hymn)으로 알려졌던 노래를 간략하게 옮긴 것이다. 이 노래는 이집트의 옥시링쿠스라는 도시의 파피루스에서 기보법과 함께 발견된 3세기의 찬송이었다. 필자가 영어로 번안한 가사는 아주 단순화해서 현대어로 정리한 것이지만, 이 가사는 그리스어 가사의 주제를 그대로 담았고, 곡조는 악보의 선율을 바탕으로 했다. 학생들과 예배 합창으로 부를 수 있도록 필자가 현대의 화음을 추가했다. 악보를 보고 직접 불러보고 초기 몇 세기 동안 우리와 똑같은 믿음을 가지고 예배드린 사람들과 일체감을 느껴 보기 바란다.

사람들이 이야기를 나누거나 노래를 부르며 해산하는 동안 스다구는 바구니를 들고 사람들 사이를 돌아다니며 연보를 모았다. 우르바노와 사비나 앞에 이르자 두 사람이 스다구를 불러 세웠다.

"스다구, 내 친구. 자네 선생 베드로에게 우리도 그리스도인 학교에 들어가고 싶다고 말했다네. 우리 두 사람 다. 그리고 우리 딸아이들까지. 우리 평판이 안 좋아질 수도 있겠지만, 지금까지 있었던 일들 때문에 더 안 좋아질 평판이 남아 있기나 한지 잘 모르겠네."

사비나가 빙글빙글 웃으며 말했다. "물론 내 평판은 이 사람과 결혼했을 때 다 망가졌지만요."

우르바노는 한숨과 함께 미소를 지으며 사비나의 어깨에 팔을 둘렀다. "나를 겸손하게 만드는 게 내 아내의 천직이지. 어쨌든, 베드로의 말이 그리스도인 학교에 들어가려면 보증인이 있어야 한다고 하네. 우리가 그리스도인답게 살 준비가 되었을 때 이를 확인해 줄 사람 말일세. 참 뜻밖의 일이 아닐 수 없네만, 자네하고 마리아가 우리 보증인이 되어 주지 않겠나?"

스다구는 빙그레 웃으며 대답했다. "물론이지요, 친구님. 이보다 기쁜 일은 없을 겁니다. 이제 곧 서로를 형제라고 부를 수 있겠군요."

우르바노는 작은 가죽 쌈지를 꺼내 뒤적이더니 가장 소중히 여기는 소지품을 꺼냈다. 희귀한 금화였다. 그는 금화를 한 번 문지르며 행운을 빌고는 스다구가 들고 있는 바구니로 톡 떨어뜨렸다.

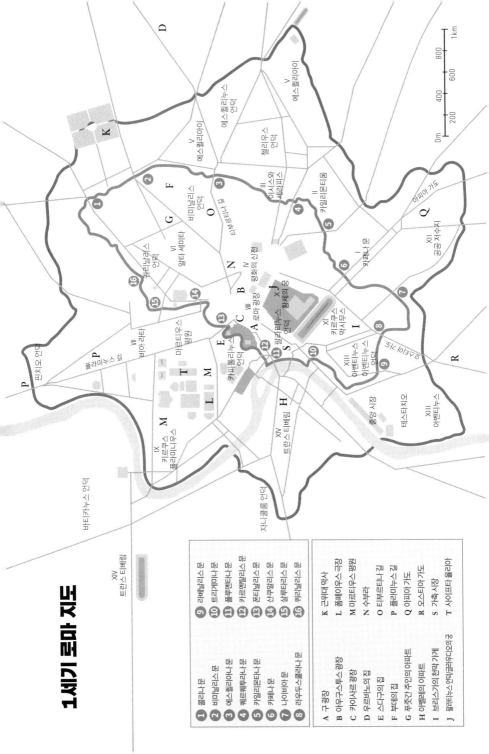

1세기 로마 지도

① 콜리나문
② 비미날리스문
③ 에스퀼리아나문
④ 카롤케투라나문
⑤ 카일리몬타나문
⑥ 카페나문
⑦ 나이비아문
⑧ 라우두스쿨라나문
⑨ 라베날리스문
⑩ 트리게미나문
⑪ 플루멘타나문
⑫ 카르멘탈리스문
⑬ 폰티날리스문
⑭ 산쿠알리스문
⑮ 살루타리스문
⑯ 카리날리스문

A 구 광장
B 아우구스투스 광장
C 카이사르 광장
D 우르바의 집
E 스다귀의 집
F 부대의 집
G 푸줏간 주인의 아파트
H 이벨리움의 아파트
I 브리스기아 전막 가게
J 쿨라티누스 언덕/굴라우리오의 홈

K 근위대 막사
L 폼페이우스 극장
M 마르티우스 평원
N 수부라
O 티부르티나 길
P 플라미누스 길
Q 아피아 가도
R 오스티아 가도
S 가축 시장
T 사이프타 율리아

MEMO

MEMO

MEMO

MEMO